应用型人才培养产教融合创新教材

建设工程项目管理

郝永池 贾 真 杨小辉 主编

JIANSHE GONGCHENG
XIANGMU GUANLI

化学工业出版社

·北京·

内容简介

《建设工程项目管理》系统地讲解了建设工程项目管理的相关知识。全书共有9个单元，系统地论述了建设工程项目管理概述、建设工程项目组织与管理、建设工程项目质量控制、建设工程项目进度控制、建设工程项目成本控制、建设工程项目职业健康安全管理、建设工程项目环境与绿色施工管理、建设工程项目合同与合同管理、建设工程项目信息管理等内容。为了让读者能够及时地检查自己的学习效果，把握自己的学习进度，每章后面都附有丰富的习题。

本书可作为高等职业院校与应用型本科学校建筑工程技术、工程造价、工程管理、建筑装饰工程技术等专业和相关专业的教材，也可供有关工程技术人员参考。

图书在版编目（CIP）数据

建设工程项目管理/郝永池，贾真，杨小辉主编.—北京：化学工业出版社，2022.10
ISBN 978-7-122-41672-8

Ⅰ.①建⋯ Ⅱ.①郝⋯ ②贾⋯ ③杨⋯ Ⅲ.①基本建设项目-项目管理-高等职业教育-教材 Ⅳ.①F284-44

中国版本图书馆CIP数据核字（2022）第100323号

责任编辑：邢启壮 李仙华　　　　　　　　　　　　　　装帧设计：史利平
责任校对：王　静

出版发行：化学工业出版社（北京市东城区青年湖南街13号　邮政编码100011）
印　　装：河北鑫兆源印刷有限公司
787mm×1092mm　1/16　印张16$\frac{1}{4}$　字数356千字　2022年10月北京第1版第1次印刷

购书咨询：010-64518888　　　　　　　　　　　　　　售后服务：010-64518899
网　　址：http://www.cip.com.cn
凡购买本书，如有缺损质量问题，本社销售中心负责调换。

定　价：46.00元　　　　　　　　　　　　　　　　　　　　版权所有　违者必究

本书编审人员名单

主　　编　郝永池（河北工业职业技术大学）
　　　　　　贾　真（河北工业职业技术大学）
　　　　　　杨小辉（石家庄铁道大学）

副 主 编　梁海军（河北工业职业技术大学）
　　　　　　高彩兰（石家庄市公路服务保障中心勘测设计队）
　　　　　　韩宇轩（石家庄铁路职业技术学院）
　　　　　　张瑶瑶（河北工业职业技术大学）
　　　　　　田园方（河北工业职业技术大学）

参　　编　张　磊（河北工业职业技术大学）
　　　　　　袁影辉（河北工业职业技术大学）
　　　　　　刘　芳（河北工业职业技术大学）
　　　　　　孙晓波（河北工业职业技术大学）
　　　　　　栗晓云（河北工业职业技术大学）
　　　　　　林苡琛（河北工业职业技术大学）

主　　审　雷书华（石家庄铁道大学）

序

国务院印发的《国家职业教育改革实施方案》中指出："建设一大批校企'双元'合作开发的国家规划教材，倡导使用新型活页式、工作手册式教材并配套开发信息化资源。每3年修订1次教材，其中专业教材随信息技术发展和产业升级情况及时动态更新。适应'互联网+职业教育'发展需求，运用现代信息技术改进教学方式方法，推进虚拟工厂等网络学习空间建设和普遍应用。"河北工业职业技术大学为落实方案精神，并推动"中国特色高水平高职学校和专业建设计划""双高"项目建设，联合河北建工集团、广联达科技股份有限公司等业内知名企业共同开发了基于"工学结合"，服务于建筑业产业升级的系列产教融合创新教材。

该丛书的编者多年从事建筑类专业的教学研究和实践工作，重视培养学生的实践技能。他们在总结现有文献的基础上，坚持"立德树人、德技并修、理论够用、应用为主"的原则，基于"岗课赛证"综合育人机制，对接"1+X"职业技能等级证书内容和国家注册建造师、注册监理工程师、注册造价工程师、建筑室内设计师等职业资格考试内容，按照生产实际和岗位需求设计开发教材，并将建筑业向数字化设计、工厂化制造、智能化管理转型升级过程中的新技术、新工艺、新理念等纳入教材内容。书中二维码嵌入了大量的数字资源，融入了教育信息化和建筑信息化技术，包含了最新的建筑业规范、规程、图集、标准等文件，丰富的施工现场图片，虚拟仿真模型，教师微课知识讲解、软件操作、施工现场施工工艺模拟等视频音频文件，以大量的实际案例启发学生举一反三、触类旁通，同时随着国家政策调整和新规范的出台实时进行调整与更新。不仅为初学人员的业务实践提供了参考依据，也为建筑业从业人员学习建筑业新技术、新工艺提供了良好的平台。因此，本丛书既可作为职业院校和应用型本科院校建筑类专业学生用书，也可作为工程技术人员的参考资料或一线技术工人上岗培训的教材。

  "十四五"时期,面对高质量发展新形势、新使命、新要求,建筑业从要素驱动、投资驱动转向创新驱动,以质量、安全、环保、效率为核心,向绿色化、工业化、智能化的新型建造方式转变,实现全过程、全要素、全参与方的升级,这就需要我们建筑专业人员更好地去探索和研究。

  衷心希望各位专家和同行在阅读此丛书时提出宝贵的意见和建议,在全面建设社会主义现代化国家新征程中,共同将建筑行业发展推向新高,为实现建筑业产业转型升级做出贡献。

全国工程勘察设计大师 梁金刚

2021 年 12 月

前言

"建设工程项目管理"是建筑工程技术人员、施工管理人员的核心工作任务，是建筑工程技术、工程造价、工程管理等专业高技能人才必须具备的基本技能，也是高职高专土木建筑类专业的一门重要的专业核心课程。本书以训练学生的建设工程项目管理技能为目标，详细介绍建设工程项目管理基本理论和技术方法。

高职高专教育是高等教育的重要组成部分，其对于培养适应生产、建设、管理、服务第一线需要的高等技术应用型人才具有重要作用。本教材结合高职高专教育的特点，按照高等职业教育对本课程的要求，以国家现行建筑法律法规以及最新规范、标准等为依据，根据编者多年工作经验和教学实践编写而成。本书对建设工程项目管理的理论、方法、要求等做了详细的阐述，坚持以就业为导向，突出实用性与创新性。教材编写在力求做到保证知识的系统性和完整性的前提下，以章节单元为组织形式，在项目编写过程中，吸取了当前行业、企业改革中应用的管理方法，并认真贯彻我国现行规范及有关文件，从而增强了适应性、应用性，具有时代性的特征。每章除有一定量的习题外，增加了具有行业特点且较全面的工程实例，以求通过实例培养学生综合应用能力。

本书由河北工业职业技术大学郝永池、贾真，石家庄铁道大学杨小辉任主编；河北工业职业技术大学梁海军，石家庄市公路服务保障中心勘测设计队高彩兰，石家庄铁路职业技术学院韩宇轩，河北工业职业技术大学张瑶瑶、田园方任副主编；河北工业职业技术大学张磊、袁影辉、刘芳、孙晓波、栗晓云、林苡琛参编；石家庄铁道大学雷书华主审。本书在编写过程中，还得到了参加编写教师的单位的大力支持和帮助，在此深表感谢。

由于时间仓促，编者水平和经验有限，书中难免有欠妥之处，恳请读者批评指正。

编　者

2022年4月

目 录

单元1 建设工程项目管理概述

1.1 项目管理与工程项目管理　　002
　　1.1.1　项目　　002
　　1.1.2　项目管理　　003
　　1.1.3　工程项目管理　　004

1.2 建设工程项目管理　　005
　　1.2.1　建设工程项目管理概述　　005
　　1.2.2　建设工程项目管理的目标和任务　　007

1.3 项目管理的产生与发展　　011
　　1.3.1　建设工程项目管理在国外的发展历程　　012
　　1.3.2　项目管理在我国的应用和发展　　012
　　1.3.3　项目管理的发展历程　　013
　　1.3.4　建造师职业资格制度　　014

能力训练　　015

单元2 建设工程项目组织与管理

2.1 建设工程项目管理组织　　019
　　2.1.1　组织论和组织工具　　019
　　2.1.2　项目结构分析在项目管理中的应用　　022
　　2.1.3　组织结构在项目管理中的应用　　023
　　2.1.4　工作任务分工在项目管理中的应用　　027
　　2.1.5　管理职能分工在项目管理中的应用　　029
　　2.1.6　工作流程组织在项目管理中的应用　　029
　　2.1.7　合同结构在项目管理中的应用　　031

2.2 建筑工程项目采购模式 031
2.2.1 项目管理委托模式和设计任务委托模式 031
2.2.2 项目总承包模式 032
2.2.3 施工任务委托模式 034

2.3 施工企业项目经理的工作性质、任务和责任 036
2.3.1 施工企业项目经理的工作性质 036
2.3.2 施工企业项目经理的任务 037
2.3.3 施工企业项目经理的责任 038

2.4 建筑工程项目风险管理 040
2.4.1 项目的风险类型 040
2.4.2 项目风险管理的工作流程 042

能力训练 043

单元3 建设工程项目质量控制

3.1 建设工程项目质量控制概述 051
3.1.1 项目质量管理的相关概念 051
3.1.2 项目质量控制的目标和任务 052
3.1.3 项目质量的影响因素 052
3.1.4 项目质量风险分析和控制 054

3.2 建设工程项目质量控制体系 056
3.2.1 全面质量管理思想和方法的应用 056
3.2.2 质量管理七项原则 058

3.3 建筑工程项目施工质量控制 059
3.3.1 施工质量控制的依据与基本环节 060
3.3.2 施工质量控制点的设置与管理 062
3.3.3 工序施工质量控制 064

3.4 建筑工程项目质量验收 066
3.4.1 施工过程的质量验收 066
3.4.2 竣工质量验收 068

3.5 施工质量不合格的处理 070
3.5.1 工程质量问题和质量事故的分类 070
3.5.2 施工质量问题和质量事故的处理 071

3.6 质量控制的数理统计方法 074
3.6.1 分层法的应用 074
3.6.2 因果分析图法的应用 075

3.6.3	排列图法的应用	076
3.6.4	直方图法的应用	077

能力训练 **080**

单元4　建设工程项目进度控制

4.1	**施工项目进度控制概述**	**084**
	4.1.1　项目进度控制的目的	084
	4.1.2　项目进度控制的任务	085
	4.1.3　计算机辅助建设工程项目进度控制	087
4.2	**建设工程项目进度计划编制**	**087**
	4.2.1　横道图进度计划的编制方法	087
	4.2.2　工程网络计划的编制方法	088
4.3	**建设工程项目施工进度检查与调整**	**101**
	4.3.1　进度计划的检查	102
	4.3.2　进度计划的调整	103
4.4	**建设工程项目进度控制**	**104**
	4.4.1　项目进度控制的组织措施	104
	4.4.2　项目进度控制的管理措施	105
	4.4.3　项目进度控制的经济措施	105
	4.4.4　项目进度控制的技术措施	105

能力训练 **106**

单元5　建设工程项目成本控制

5.1	**施工成本管理任务与措施**	**112**
	5.1.1　建设工程成本管理的基本概念	112
	5.1.2　施工项目成本的构成	112
	5.1.3　施工成本管理的措施	114
5.2	**施工成本计划**	**115**
	5.2.1　施工成本计划的类型	115
	5.2.2　施工成本计划的内容编制方法	116
5.3	**施工成本控制**	**118**
	5.3.1　施工成本控制的依据	118
	5.3.2　施工成本控制的步骤	119

	5.3.3 施工成本控制的方法	121
5.4	施工成本分析与考核	**128**
	5.4.1 施工成本核算	129
	5.4.2 施工成本分析的基本方法	129
	5.4.3 施工成本考核	133

能力训练　　　　　　　　　　　　　　　　　　　　　　　　　　　133

单元6　建设工程项目职业健康安全管理

6.1　建设工程职业健康安全管理概述　　　　　　　　　　**138**
  6.1.1　建设工程职业健康安全管理的目的　　　　　　　138
  6.1.2　建设工程职业健康安全管理的特点　　　　　　　139
  6.1.3　建设工程职业健康安全管理的要求　　　　　　　139

6.2　建设工程安全生产管理　　　　　　　　　　　　　　**140**
  6.2.1　安全生产管理制度　　　　　　　　　　　　　　140
  6.2.2　施工安全技术措施和安全技术交底　　　　　　　149
  6.2.3　安全生产检查监督　　　　　　　　　　　　　　152
  6.2.4　安全隐患的处理　　　　　　　　　　　　　　　154

6.3　建设工程生产安全事故应急预案和事故处理　　　　　**156**
  6.3.1　建设工程生产安全事故应急预案　　　　　　　　156
  6.3.2　职业健康安全事故的分类和处理　　　　　　　　158

6.4　施工现场职业健康安全管理的要求　　　　　　　　　**161**
  6.4.1　施工现场文明施工的要求　　　　　　　　　　　161
  6.4.2　施工现场文明施工的措施　　　　　　　　　　　162

能力训练　　　　　　　　　　　　　　　　　　　　　　　　　　　164

单元7　建设工程项目环境与绿色施工管理

7.1　建设工程施工现场环境管理　　　　　　　　　　　　**169**
  7.1.1　施工现场环境保护的要求　　　　　　　　　　　169
  7.1.2　施工现场职业健康安全卫生的要求　　　　　　　173

7.2　建筑工程绿色施工管理　　　　　　　　　　　　　　**175**
  7.2.1　绿色施工概述　　　　　　　　　　　　　　　　175
  7.2.2　绿色施工技术措施　　　　　　　　　　　　　　176
  7.2.3　绿色施工组织管理　　　　　　　　　　　　　　184
  7.2.4　绿色施工规范要求　　　　　　　　　　　　　　185

能力训练 192

单元8 建设工程项目合同与合同管理

8.1 建设工程施工招标与投标 196
- 8.1.1 施工招标的内容 197
- 8.1.2 施工投标的内容 200
- 8.1.3 合同谈判与签约 204

8.2 合同计价方式 206
- 8.2.1 单价合同 206
- 8.2.2 总价合同 207
- 8.2.3 成本加酬金合同 209

8.3 建设工程施工合同实施 211
- 8.3.1 施工合同分析 211
- 8.3.2 施工合同交底 213
- 8.3.3 施工合同实施的控制 214

8.4 建设工程索赔 217
- 8.4.1 索赔的依据、证据及成立条件 217
- 8.4.2 索赔的方法 219
- 8.4.3 索赔费用的计算 221
- 8.4.4 工期索赔的计算 224

能力训练 226

单元9 建设工程项目信息管理

9.1 建设工程项目信息管理基础知识 231
- 9.1.1 项目信息管理的基本概念 231
- 9.1.2 项目信息管理的任务 232
- 9.1.3 建设工程项目信息的分类、编码和处理方法 233

9.2 建设工程项目信息管理计划与实施 236
- 9.2.1 工程管理信息化 236
- 9.2.2 工程项目管理信息系统的功能 243

能力训练 245

参考文献 247

二维码资源目录

编号	资源名称	页码
二维码 1	"工程管理"和"工程项目管理"	005
二维码 2	施工企业项目经理的工作性质	036
二维码 3	施工过程的质量验收	066
二维码 4	工程质量事故的分类及处理	070
二维码 5	数理统计方法在工程质量管理中的应用	074
二维码 6	双代号网络计划基本概念与绘图规则	089
二维码 7	双代号网络计划时间参数的计算	094
二维码 8	单代号网络计划	101
二维码 9	赢得值法	125
二维码 10	因素分析法	130
二维码 11	职业健康安全事故的分类和处理	158
二维码 12	施工招标	197
二维码 13	成本加酬金合同	209

单元1 建设工程项目管理概述

 **知识目标**

1. 掌握工程项目管理的基本概念；
2. 熟悉项目全寿命周期阶段划分；
3. 熟悉各参与方工程项目管理的目标和任务；
4. 了解建设工程项目的产生与发展以及目前项目管理的主要模式。

 技能目标

1. 能够熟知工程项目管理的核心任务和时间范畴；
2. 能够描述项目全寿命周期各阶段的项目管理。

 素质目标

我国宏伟工程项目的成功建造都离不开高水平的项目管理活动。如世界最大规模的宫殿建筑群北京故宫、古代水利构筑物明珠灵渠、世界最长的人工运河京杭大运河、世界最长的军事防御工程万里长城等，至今还发挥着经济效益和社会效益。作为将来从事工程建设的一员，在对民族文化产生强烈的认同感、归属感和自豪感的同时，必须从思想上高度重视，不断提高自身素养，学好项目管理理论方法，培养严谨务实的工作作风和职业道德，在工程建设中严格按规范行事，勇于探索创新，并具备求真务实、精益求精的工匠精神。

1.1　项目管理与工程项目管理

1.1.1　项目

（1）项目的定义、特点和类型

项目是指在一定的约束条件下（主要是限定时间、限定资源），具有明确目标的一次性任务或事业。项目是一种一次性的复合任务，它具有明确的开始时间、明确的结束时间、明确的规模与预算，通常还有一个临时性的项目组。一个项目生命周期可分为启动、规划、实施和收尾四个阶段。

项目一般具有一次性、目标明确性、约束性、系统性、相对独立性、生命周期性、相互依赖与冲突性等特点。按不同的分类方法，可以将项目分为如下类别：

① 按项目成果的实体形态，可以将项目分为工程项目和非工程项目。前者如建筑工程、

水利工程、市政工程项目等，后者如软件开发、技术改造、文艺演出项目等。其中，工程项目按专业不同又可分为建筑工程、安装工程、桥梁工程、公路工程、铁路工程、水电工程、航道工程、隧道工程等。

② 按项目的规模，可以将项目分为大型项目、中型项目和小型项目。

③ 按项目所处的行业领域，可以将项目分为国防项目、环保项目、农业项目、交通项目等。

④ 按项目所属主体不同，可以将项目分为政府项目、企业项目、私人项目。

⑤ 按项目生命周期不同，可以将项目分为长期项目和短期项目。

（2）建设项目

建设项目是指需要一定量的投资，经过策划、设计和施工等一系列活动，在一定的资源约束条件下，以形成固定资产为确定目标的一次性活动。在一个总体设计中，为充分发挥投资效益而分期建设的单元，亦应作为一个建设项目。建设项目由以下几部分组成：

① 单项工程。单项工程是建设项目的组成部分，具有独立的设计文件，该部分在功能上是完整的，建成后能够独立发挥生产能力、产生投资效益的基本建设单位。如工厂中能独立生产的车间或生产线。

② 单位工程。单位工程是单项工程的组成部分，通常将工程项目所包含的不同性质的工作内容，根据能否独立组织施工的要求，将一个单项工程划分为若干单位工程。

该部分能够单独进行招标投标，能够独立组织施工，能够单独核算，但建成之后一般不能单独发挥生产能力和投资效益。例如：一个工业车间通常有建筑工程、管道安装工程、设备安装工程和电气安装工程等单位工程。

③ 分部工程。分部工程是根据单位工程的部位、构件性质及其使用材料或设备种类等划分为若干分部工程。例如：房屋建筑工程的土建单位工程按照其部位可分为地基与基础、主体结构、建筑屋面、装饰装修、建筑节能等分部工程；按照专业可分为给排水与采暖、建筑电气、通风与空调、电梯、智能建筑等分部工程。

④ 分项工程。分项工程是分部工程中不同性质的工作内容的集合，通常可按施工方法、使用材料、结构构件的规格等因素进行划分，经过较简单的施工过程就能完成。例如：砌体基础分部工程按材料可分为砖砌体基础、混凝土砌块砌体、配筋砌体、石砌体等；钢结构分部工程按施工方法、结构构件等可分为钢结构焊接、紧固件连接、单层钢结构安装、多层及高层钢结构安装、钢结构涂装、钢结构组装等分项工程。

（3）施工项目

施工项目是承包商根据与业主的合同约定范围，所承担的工作活动的集合，涉及从投标开始到交工为止的全部生产与组织管理活动。

施工项目以生产出符合业主质量要求的建筑安装产品，取得利润为目的。施工项目的建造水平决定工程实体质量，在整个建设项目的费用比例较大。

1.1.2 项目管理

（1）项目管理的概念

项目管理是指项目管理主体在有限的资源约束条件下，为实现其目的，运用现代管理理论与方法，对项目活动进行系统化管理的过程。它最早是美国在二战时实施曼哈顿计划开始出现的，20 世纪 50 年代由华罗庚教授将其引进我国。作为一门学科，项目管理是"管理科学与工程"学科的一个分支，是介于自然科学和社会科学之间的一门边缘学科。

（2）项目管理的基本特征

① 一次性。一次性是项目与其他重复性运行或操作工作最大的区别。项目有明确的起点和终点，没有可以完全照搬的先例，也不会有完全相同的复制。项目的这种特征决定了项目管理也具有该特征。

② 独特性。每个项目都是独特的，或者其提供的产品或服务有自身的特点，或者其提供的产品或服务与其他项目类似，然而其时间和地点、内部和外部的环境、自然和社会条件有别于其他项目，因此项目的过程及其管理总是独一无二的。

③ 目标的确定性。项目必须有确定的目标，包括：时间性目标，如在规定的时段内或规定的时点之前完成；成果性目标，如提供某种规定的产品或服务；约束性目标，如不超过规定的资源限制；其他需满足的要求，包括必须满足的要求和尽量满足的要求。目标的确定性允许有一个变动幅度，也就是可以修改。不过一旦项目目标发生实质性变化，它就不再是原来的项目了，而将产生一个新的项目。

④ 活动的整体性。项目中的一切活动都是相关联的，并构成一个整体。多余的活动是不必要的，但缺少某些活动必将损害项目目标的实现。

⑤ 组织的临时性和开放性。项目班子在项目的全过程中，其人数、成员、职责是在不断变化的。某些项目班子的成员是借调来的，项目终结时班子要解散，人员要转移。参与项目的组织往往有几个，甚至几十个或更多。他们通过协议或合同以及其他的社会关系组织到一起，在项目的不同时段不同程度地介入项目活动。可以说，项目组织没有严格的边界，是临时性的、开放性的。

⑥ 成果的不可挽回性。项目的一次性属性决定了项目不同于其他事情可以试做；也不同于生产批量产品，达到一定合格率即可。项目在一定条件下启动，一旦失败就永远失去了重新进行原项目的机会。

1.1.3　工程项目管理

（1）工程项目管理的概念

工程项目管理有广义与狭义之分。

狭义的工程项目管理是指从事工程项目管理的企业（以下简称"工程项目管理企业"）受业主委托，按照合同约定，代表业主对工程项目的组织实施进行全过程或若干阶段的管理和服务。工程项目管理企业不直接与该工程项目的总承包企业或勘察、设计、供货、施工等企业签订合同，但可以按合同约定，协助业主与工程项目的总承包企业或勘察、设计、供货、施工等企业签订合同，并受业主委托监督合同的履行。

广义的工程项目管理，是以工程项目为对象，在有限的资源约束下，为最优地实现工程项目目标和达到规定的工程质量标准，根据工程项目建设的内在规律性，运用现代管理理论与方法，对工程项目从策划决策到竣工交付使用全过程进行计划、组织、协调和控制等系统化管理的过程。

（2）工程项目管理的类型

一个工程项目往往由许多参与单位承担不同的建设任务，而各参与单位的工作性质、工作任务和利益不同，因此就形成了不同类型的项目管理，主要有：建设项目管理、设计项目管理、施工项目管理、咨询（监理）项目管理、供货方项目管理、工程总承包方项目管理、建设管理部门（政府）项目管理等。

① 建设项目管理。建设项目管理是站在投资主体的立场对项目建设进行的综合性管理工作，即业主方的项目管理。狭义的建设项目管理只包括项目立项以后，对项目建设实施全过程的管理；广义的建设项目管理既包括狭义的建设项目管理，还包括投资决策的有关管理工作。

② 设计项目管理。设计项目管理是由设计单位自身对参与的建设项目设计阶段的工作进行自我管理，即设计方的项目管理。设计项目管理的工作内容主要有：设计投标（或方案比选）、签订设计合同、设计条件准备、设计计划、设计实施阶段的目标控制、设计文件验收与归档、设计工作总结、建设实施中的设计控制与监督、竣工验收等。

③ 施工项目管理。施工项目管理即施工方的项目管理，是指施工单位通过投标取得工程施工承包合同，并以施工承包合同所界定的工程范围组织项目管理。

④ 咨询（监理）项目管理。咨询（监理）项目管理是指咨询监理工程师接收业主的委托，为保证项目的顺利实施，按照委托规定的工作内容，以执业标准和国家法律法规为尺度，对项目进行有效的组织、监督、协调、控制、检查与指导。

⑤ 政府对工程项目管理。目前政府管理的项目主要有两大类：一是对政府出资项目的管理；二是非政府出资，但政府控制规模与投资方向的项目。

政府对工程项目管理的目的是：保证投资方向符合国家产业政策的要求；保证工程项目符合国家经济及社会发展规划和环境与生态等的要求；引导投资规模达到合理经济规模；保证国家整体投资规模与外债规模在合理的可控制的范围内进行。

1.2 建设工程项目管理

二维码1
"工程管理"和
"工程项目管理"

1.2.1 建设工程项目管理概述

1.2.1.1 建设工程项目管理的内涵

建设工程项目管理的内涵是：自项目开始至项目完成，通过项目策划（Project Planning）和项目控制（Project Control），使项目的费用目标、进度目标和质量目标得以实现（参考英国皇家特许建造师关于建设工程项目管理的定义，此定义也是大部分国家建造师学会或协会一致认可的）。该定义的有关字段的含义如下：

① "自项目开始至项目完成"指的是项目的实施阶段；

② "项目策划"指的是目标控制前的一系列筹划和准备工作；

③"费用目标"对业主而言是投资目标,对施工方而言是成本目标。

由于项目管理的核心任务是项目的目标控制,因此按项目管理学的基本理论,没有明确目标的建设工程不是项目管理的对象。在工程实践意义上,如果一个建设项目没有明确的投资目标、没有明确的进度目标、没有明确的质量目标,就没有必要进行管理,也无法进行定量的目标控制。

1.2.1.2 建设工程项目的全寿命周期

建设工程项目的全寿命周期包括项目的决策阶段、实施阶段和使用阶段(或称运营阶段、运行阶段)。从项目建设意图的酝酿开始,调查研究、编写和报批项目建议书、编制和报批项目的可行性研究等项目前期的组织、管理、经济和技术方面的论证都属于项目决策阶段的工作。项目立项(立项批准)是项目决策的标志。决策阶段管理工作的主要任务是确定项目的定义,一般包括如下内容:

① 确定项目实施的组织;
② 确定和落实建设地点;
③ 确定建设任务和建设原则;
④ 确定和落实项目建设的资金;
⑤ 确定建设项目的投资目标、进度目标和质量目标等。

"建设工程管理"(Professional Management in Construction)作为一个专业术语,其内涵涉及工程项目全过程(工程项目全寿命)的管理。由图1-1可知,它包括:

① 决策阶段的管理(DM,Development Management)(尚没有统一的中文术语,可译为项目前期的开发管理);
② 实施阶段的管理,即项目管理(PM,Project Management);
③ 使用阶段的管理,即设施管理(FM,Facility Management)。

参与方	决策阶段	实施阶段				使用阶段
		准备	勘察设计	施工	竣工验收	
投资方	DM	PM				FM
建设方	DM	PM				
勘察方			PM			
设计方			PM			
施工方				PM		
监理方			PM			
供货方				PM		
使用期的管理方						FM

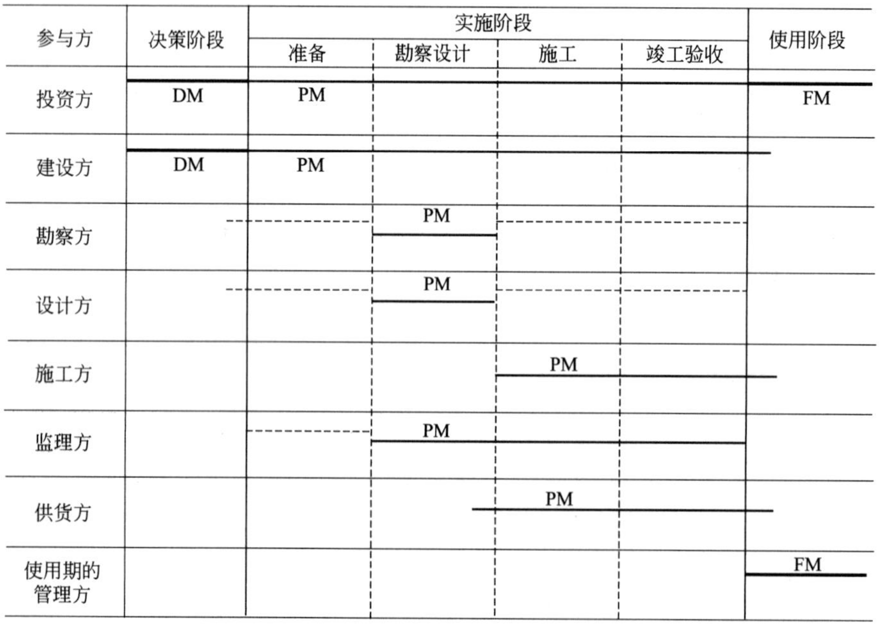

图1-1 DM、PM和FM

国际设施管理协会（IFMA）所确定的设施管理的含义，如图 1-2 所示，它包括物业资产管理和物业运行管理，这与我国物业管理的概念尚有差异。

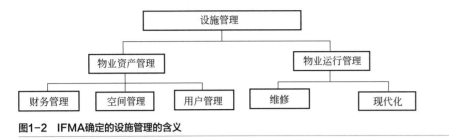

图1-2　IFMA确定的设施管理的含义

"建设工程管理"涉及参与工程项目的各个方面对工程的管理，即包括投资方、开发方、设计方、施工方、供货方和项目使用期的管理方的管理，如图 1-3 所示。

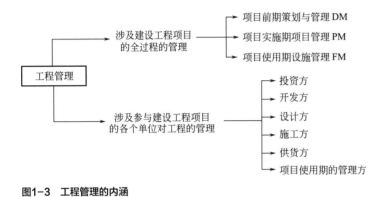

图1-3　工程管理的内涵

1.2.2　建设工程项目管理的目标和任务

项目的实施阶段包括设计准备阶段、设计阶段、施工阶段、动用前准备阶段和保修阶段，如图 1-4 所示。招标投标工作分散在设计准备阶段、设计阶段和施工阶段中进行，因此一般不单独列为招标投标阶段。项目实施阶段管理的主要任务是通过管理使项目的目标得以实现。

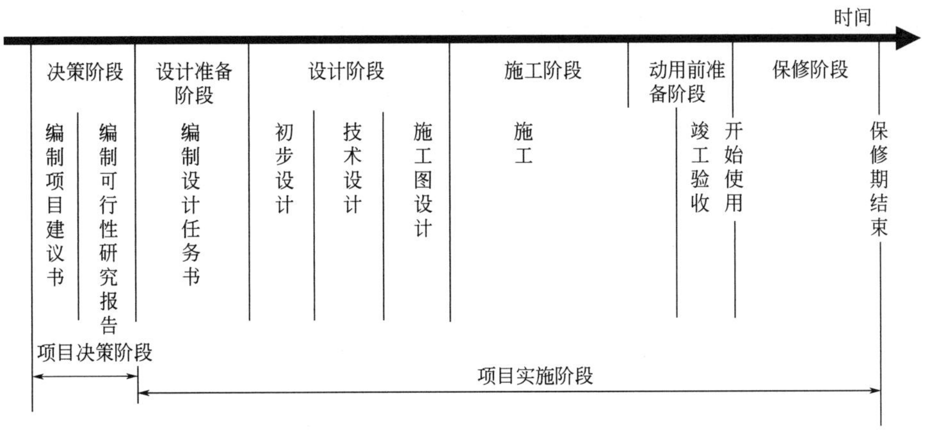

图1-4　建设工程项目实施阶段的组成

建设工程项目管理的时间范畴是建设工程项目的实施阶段。《建设工程项目管理规范》（GB/T 50326—2017）对建设工程项目管理作了如下的解释："运用系统的理论和方法，对建设工程项目进行的计划、组织、指挥、协调和控制等专业化活动。简称为项目管理。"

一个建设工程项目往往由许多参与单位承担不同的建设任务和管理任务（如勘察、土建设计、工艺设计、工程施工、设备安装、工程监理、建设物资供应、业主方管理、政府主管部门的管理和监督等），各参与单位的工作性质、工作任务和利益不尽相同，因此就形成了代表不同利益方的项目管理。由于业主方是建设工程项目实施过程（生产过程）的总集成者，即人力资源、物质资源和知识的集成，业主方也是建设工程项目生产过程的总组织者，因此对于一个建设工程项目而言，业主方的项目管理往往是该项目的项目管理的核心。

按建设工程项目不同参与方的工作性质和组织特征划分，项目管理有如下几种类型：

① 业主方的项目管理（如投资方和开发方的项目管理，或由工程管理咨询公司提供的代表业主方利益的项目管理服务）；

② 设计方的项目管理；

③ 施工方的项目管理（施工总承包方、施工总承包管理方和分包方的项目管理）；

④ 建设物资供货方的项目管理（材料和设备供应方的项目管理）；

⑤ 建设项目总承包方的项目管理，如设计和施工任务综合的承包，或设计、采购和施工任务综合的承包（简称 EPC 承包）的项目管理等。

1.2.2.1　业主方项目管理的目标和任务

业主方项目管理服务于业主的利益，其项目管理的目标包括项目的投资目标、进度目标和质量目标。其中投资目标指的是项目的总投资目标。进度目标指的是项目动用的时间目标，即项目交付使用的时间目标，如工厂建成可以投入生产、道路建成可以通车、办公楼可以启用、旅馆可以开业的时间目标等。项目的质量目标不仅涉及施工的质量，还包括设计质量、材料质量、设备质量和影响项目运行或运营的环境质量等。质量目标包括满足相应的技术规范和技术标准的规定，以及满足业主方相应的质量要求。

项目的投资目标、进度目标和质量目标之间既有矛盾的一面，也有统一的一面，它们之间的关系是对立的统一关系。要加快进度往往需要增加投资，欲提高质量往往也需要增加投资，过度地缩短进度会影响质量目标的实现，这都表现了目标之间关系矛盾的一面。但通过有效的管理，在不增加投资的前提下，也可缩短工期和提高工程质量，这反映了目标之间关系统一的一面。

业主方的项目管理工作涉及项目实施阶段的全过程，即在设计准备阶段、设计阶段、施工阶段、动用前准备阶段和保修阶段分别进行如下工作：

① 安全管理；

② 投资控制；

③ 进度控制；

④ 质量控制；

⑤ 合同管理；

⑥ 信息管理；

⑦ 组织和协调。

其中安全管理是项目管理中的最重要的任务,因为安全管理关系到人身的健康与安全,而投资控制、进度控制、质量控制和合同管理等则主要涉及物质的利益。

1.2.2.2 设计方项目管理的目标和任务

设计方作为项目建设的一个参与方,其项目管理主要服务于项目的整体利益和设计方本身的利益。由于项目的投资目标能否得以实现与设计工作密切相关,因此,设计方项目管理的目标包括设计的成本目标、设计的进度目标和设计的质量目标,以及项目的投资目标。

设计方的项目管理工作主要在设计阶段进行,但也涉及设计准备阶段、施工阶段、动用前准备阶段和保修阶段。设计方项目管理的任务包括:

① 与设计工作有关的安全管理;
② 设计成本控制和与设计工作有关的工程造价控制;
③ 设计进度控制;
④ 设计质量控制;
⑤ 设计合同管理;
⑥ 设计信息管理;
⑦ 与设计工作有关的组织和协调。

1.2.2.3 供货方项目管理的目标和任务

供货方作为项目建设的一个参与方,其项目管理主要服务于项目的整体利益和供货方本身的利益,其项目管理的目标包括供货方的成本目标、供货的进度目标和供货的质量目标。

供货方的项目管理工作主要在施工阶段进行,但它也涉及设计准备阶段、设计阶段、动用前准备阶段和保修阶段。供货方项目管理的主要任务包括:

① 供货的安全管理;
② 供货方的成本控制;
③ 供货的进度控制;
④ 供货的质量控制;
⑤ 供货合同管理;
⑥ 供货信息管理;
⑦ 与供货有关的组织与协调。

1.2.2.4 总承包方项目管理的目标和任务

(1)项目总承包方项目管理的目标

由于项目总承包方(或称建设项目工程总承包方,或简称工程总承包方)是受业主方的委托而承担工程建设任务,项目总承包方必须树立服务观念,为项目建设服务,为业主提供建设服务。另外,合同也规定了项目总承包方的任务和义务,因此项目总承包方作为项目建设的一个重要参与方,其项目管理主要服务于项目的整体利益和项目总承包方本身的利益,其项目管理的目标应符合合同的要求,包括:

① 工程建设的安全管理目标;

② 项目的总投资目标和项目总承包方的成本目标（前者是业主方的总投资目标，后者是项目总承包方本身的成本目标）；

③ 项目总承包方的进度目标；

④ 项目总承包方的质量目标。

项目总承包方项目管理工作涉及项目实施阶段的全过程，即设计准备阶段、设计阶段、施工阶段、动用前准备阶段和保修阶段。

（2）项目总承包方项目管理的任务

项目总承包方项目管理的主要任务包括：

① 安全管理；

② 项目的总投资控制和项目总承包方的成本控制；

③ 进度控制；

④ 质量控制；

⑤ 合同管理；

⑥ 信息管理；

⑦ 与项目总承包方有关的组织和协调等。

根据《建设项目工程总承包管理规范》（GB/T 50358—2017），项目总承包管理的相关内容包括：

① 工程总承包管理应包括项目部的项目管理活动和工程总承包企业职能部门参与的项目管理活动。

② 工程总承包项目管理的范围应由合同约定。根据合同变更程序提出并经批准的变更范围，也应列入项目管理范围。

③ 工程总承包项目管理的主要内容应包括：

a. 任命项目经理，组建项目部，进行项目策划并编制项目计划；

b. 实施设计管理、采购管理、施工管理、试运行管理；

c. 进行项目范围管理，进度管理，费用管理，设备材料管理，资金管理，质量管理，安全、职业健康和环境管理，人力资源管理，风险管理，沟通与信息管理，合同管理，现场管理，项目收尾等。项目范围管理指的是保证项目包含且仅包含项目所需的全部工作的过程。它主要涉及范围计划编制、范围定义、范围验证和范围变更控制的管理。

1.2.2.5 施工方项目管理的目标和任务

（1）施工方项目管理的目标

由于施工方是受业主方的委托承担工程建设任务，施工方必须树立服务观念，为项目建设服务，为业主提供建设服务；另外，合同也规定了施工方的任务和义务，因此施工方作为项目建设的一个重要参与方，其项目管理不仅应服务于施工方本身的利益，也必须服务于项目的整体利益。项目的整体利益和施工方本身的利益是对立的统一关系，两者有其统一的一面，也有其矛盾的一面。

施工方项目管理的目标应符合合同的要求，它包括：

① 施工的安全管理目标；

② 施工的成本目标；

③ 施工的进度目标；
④ 施工的质量目标；
⑤ 施工的环境目标。

如果采用工程施工总承包或工程施工总承包管理模式，施工总承包方或施工总承包管理方必须按工程合同规定的工期目标和质量目标完成建设任务。而施工总承包方或施工总承包管理方的成本目标是由施工企业根据其生产和经营的情况自行确定的。分包方则必须按工程分包合同规定的工期目标和质量目标完成建设任务，分包方的成本目标是该施工企业内部自行确定的。

按国际工程的惯例，当采用指定分包商时，不论指定分包商是与施工总承包方签订合同，还是与施工总承包管理方签订合同，抑或与业主方签订合同，由于指定分包商合同在签约前必须得到施工总承包方或施工总承包管理方的认可，因此，施工总承包方或施工总承包管理方应对合同规定的工期目标和质量目标负责。

（2）施工方项目管理的任务

施工方项目管理的任务包括：
① 施工安全管理；
② 施工成本控制；
③ 施工进度控制；
④ 施工质量控制；
⑤ 施工环境控制；
⑥ 施工合同管理；
⑦ 施工信息管理；
⑧ 与施工有关的组织与协调等。

施工方的项目管理工作主要在施工阶段进行，但由于设计阶段和施工阶段在时间上往往是交叉的，因此，施工方的项目管理工作也会涉及设计阶段。由于在动用前准备阶段和保修期施工合同尚未终止，在这期间还有可能出现涉及工程安全、费用、质量、合同和信息等方面的问题，因此，施工方的项目管理也涉及动用前准备阶段和保修期。

20世纪80年代末和90年代初，我国的大中型建设项目引进了为业主方服务（或称代表业主利益）的工程项目管理的咨询服务，这属于业主方项目管理的范畴。在国际上，工程项目管理咨询公司不仅为业主提供服务，也向施工方、设计方和建设物资供应方提供服务。因此，施工方的项目管理不能认为它只是施工企业对项目的管理。施工企业委托工程项目管理咨询公司对项目管理的某个方面提供的咨询服务也属于施工方项目管理的范畴。

1.3 项目管理的产生与发展

工程项目的存在有着久远的历史，有项目就有项目管理。但由于当时的科学技术水平和人们认识能力的限制，历史上的项目管理是经验性的、不系统的管理，不是现代意义上的项目管理。

1.3.1　建设工程项目管理在国外的发展历程

现代项目管理是在20世纪50年代以后发展起来的，其发展起来的原因有两个方面：其一，由于社会生产力的高速发展，项目规模越来越大，技术越来越复杂，参加单位多，受到时间和资金的限制越来越严格，迫切需要新的管理手段和方法。其次，由于现代科学技术的发展，产生了系统论、信息论、控制论、计算机技术、运筹学、预测技术、决策技术，并日臻完善。这些给项目管理理论和方法的发展提供了可能。

建设工程项目管理也伴随着项目管理的发展而发展。在20世纪60年代末期和70年代初期，工业发达国家开始将项目管理的理论和方法应用于建设工程领域，并于20世纪70年代中期前后在大学开设了与工程管理相关的专业。项目管理首先应用在业主方的工程管理中，而后逐步在承包方、设计方和供货方中得到推广。而20世纪70年代中期前后兴起了项目管理咨询服务，项目管理咨询公司的主要服务对象是业主，但它也服务于承包方、设计方和供货方。国际咨询工程师协会（FIDIC）于1980年颁布了《业主方与项目管理咨询公司的项目管理合同条件》。该文本明确了代表业主方利益的项目管理方的地位、作用、任务和责任。

在许多国家，项目管理由专业人士担任。如建造师可以在业主方、承包方、设计方和供货方从事项目管理工作，也可以在教育、科研和政府等部门从事与项目管理有关的工作。建造师的业务范围并不限于在项目实施阶段的工程项目管理工作，还包括项目决策阶段的管理和项目使用阶段的物业管理（设施管理）工作。

1.3.2　项目管理在我国的应用和发展

我国从20世纪80年代初期开始引进建设工程项目管理的概念，世界银行和一些国际金融机构要求接受贷款的业主方应用项目管理的思想、组织、方法和手段组织实施建设工程项目。1983年原国家计划委员会提出推行项目前期项目经理负责制，1988年开始推行建设工程监理制度。1995年原建设部颁发了《建筑施工企业项目经理资质管理办法》，推行项目经理负责制。为了加强建设工程项目总承包与施工管理，保证工程质量和施工安全，根据《中华人民共和国建筑法》（以下简称《建筑法》）和《建设工程质量管理条例》的有关规定，原人事部、建设部决定对建设工程项目总承包及施工管理的专业技术人员实行建造师执业资格制度。2002年原人事部和建设部颁布了《建造师执业资格制度暂行规定》（人发〔2002〕111号）的通知。2003年建设部颁布《关于培育发展工程总承包和工程项目管理企业的指导意见》（建市〔2003〕30号），鼓励具有工程勘察、设计、施工、监理资质的企业，通过建立与工程项目管理业务相适应的组织机构、项目管理体系，充实项目管理专业人员，按照有关资质管理规定在其资质等级许可的工程项目范围内开展相应的工程项目管理业务；同年发出《关于建筑业企业项目经理资质管理制度向建造师执业资格制度过渡有关问题的通知》（建市〔2003〕86号）。为了适应投资建设项目管理的需要，经原人事部、国家发展和改革委员会研究决定，对投资建设项目高层专业管理人员实行职业水平认证制度。2004年原人事部与国家发展和改革委员会颁布了《关于印发〈投资建设项目管理师职业水平认证制度暂行规定〉和〈投资建设项目管理师职业水平考试实施办法〉的通知》。2006年6月发布了

《建设工程项目管理规范》(GB/T 50326—2006)。2007年发布了《绿色施工导则》(建质〔2007〕223号)。2010年发布了《建筑工程绿色施工评价标准》(GB/T 50640—2010)。2014年发布了《建筑工程绿色施工规范》(GB/T 50905—2014)。2017年发布了《建设工程项目管理规范》(GB/T 50326—2017)。

我国传统的建筑管理体制的三大特征为：否认建筑产品是商品；建筑企业缺乏主体地位，依附于行政管理部门和基本建设部门；建筑企业缺乏自主活动的客观环境，即建筑市场。与此同时派生了一些问题：施工所需资金、物资随投资分配给建设单位，建筑企业无法根据施工项目的需要配置生产要素。固定的编制完成变化的施工任务，无法根据施工项目对不同数量、质量、品种的资源需要进行配置，造成生产要素的浪费或短缺，工作效率低下。项目前期决策活动存在着主观盲目的倾向，如盲目投资、乱上项目、决策失控。在实施中忽视经济效益，设计与施工脱节，行政命令代替科学管理，使项目拖期、质量低劣、造价超支等。

改革开放后，作为市场经济条件下适用的工程项目管理理论从国外传入我国。以工程项目为对象的招标承包制从1984年开始推广并迅速普及，建筑业管理体制也发生了以下变化：①建筑企业的任务取得方式发生了变化，由过去的计划分配变为企业通过市场竞争取得，并按工程项目的状况调整组织结构和管理方式，以适应工程项目管理的需要；②建筑企业的责任关系发生了明显的变化，过去企业注重与上级行政部门之间的关系，转变为更加注重对建设单位的责任关系；③建筑业企业的经营环境发生了明显的变化，条块分割开始打破。这三项变化表示，建筑市场已开始形成，工程项目管理模式的推行有了"土壤"（市场）。

鲁布革水电站是我国第一个使用世界银行贷款、部分工程实行国际招标的水电建设工程，被誉为我国水电建设对外开放的一个窗口。鲁布革引水系统进行国际竞争性招标标底价为14958万元，工期为1597天，有15家购买了招标文件，8家进行了投标。鲁布革引水系统原为水电十四局的工程，其前期已经作了大量施工准备，但是在投标竞争中，日本大成公司投标价为8463万元，工期为1545天。而我国水电十四局和闽江局及挪威联合的公司投标价为12132.7万元，比日本大成公司高了43%。鲁布革水电站工程1984年11月正式开工，1988年7月竣工，工程提前完成，创造了著名的"鲁布革工程项目管理经验"，受到了中央领导的重视，号召建筑企业向其学习。

国家计委等五单位于1987年7月28日发布《关于批准第一批推广鲁布革工程管理经验试点企业有关问题的通知》之后，于1988年8月17日发布通知，确定了15个试点企业共66个项目。1991年9月建设部提出了《关于加强分类指导、专题突破、分步实施全面深化施工管理体制综合改革试点工作的指导意见》，把试点工作转变为全行业推进的综合改革。

1.3.3　项目管理的发展历程

项目管理作为一门学科，经过50多年来的不断发展，已经历了四个阶段。传统的项目管理（Project Management）是该学科的第一代，其第二代是项目集管理（Program Management），第三代是项目组合管理（Portfolio Management），第四代是变更管理

（Change Management）。美国项目管理协会（PMI）的《项目管理知识体系指南（PMBOK 指南）》对有关概念作了如下一些解释：

① 项目集：一组相互关联且被协调管理的项目。协调管理是为了获得对单个项目分别管理所无法实现的利益和控制。项目集中可能包括各单个项目范围之外的相关工作。

② 项目集管理：对项目集进行统一协调管理，以实现项目集的战略目标和利益。

③ 项目组合：为有效管理、实现战略业务目标而组合在一起的项目、项目集和其他工作。项目组合中的项目或项目集不一定彼此依赖或有直接关系。

④ 项目组合管理：为了实现特定的战略业务目标，对一个或多个项目组合进行的集中管理，包括识别、排序、管理和控制项目、项目集和其他有关工作。

将项目决策阶段的开发管理实施阶段的项目管理和使用阶段的设施管理集成为项目全寿命管理（Life Cycle Management），其含义如图1-5所示。

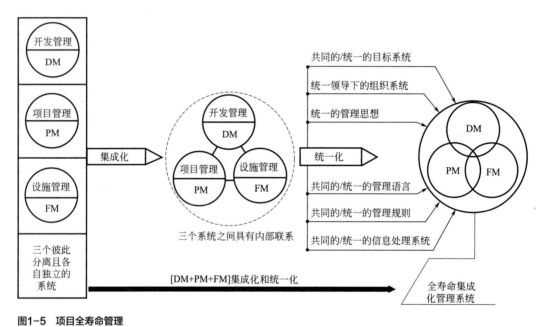

图1-5 项目全寿命管理

在项目管理中应用信息技术，包括项目管理信息系统（PMIS，Project Management Information System）和项目信息门户（PIP，Project Information Portal），即业主和项目各参与方在互联网平台上进行工程管理等。

1.3.4 建造师职业资格制度

2002年12月，人事部、建设部联合印发的《建造师执业资格制度暂行规定》明确规定，我国的建造师是指从事建设工程项目总承包和施工管理关键岗位的专业技术人员。建造师是指懂管理、懂技术、懂经济、懂法规，综合素质较高的综合型人员。其既要有理论水平，也要有丰富的实践经验和较强的组织能力。建造师注册受聘后，可以建造师的名义担任建设工程项目施工的项目经理、从事其他施工活动的管理、从事法律及行政法规或国务院建设行政主管部门规定的其他业务。建造师的职责是根据企业法定代表人的授权,对工程项目自开工准备至竣工验收实施全面的组织管理。

2003年《国务院关于取消第二批行政审批项目和改变一批行政审批项目管理方式的决定》规定:"取消建筑施工企业项目经理资质核准,由注册建造师代替,并设立过渡期"。

一级建造师执业资格实行全国统一大纲、统一命题、统一组织的考试制度,由人力资源和社会保障部、住房和城乡建设部共同组织实施,原则上每年举行一次考试;二级建造师执业资格实行全国统一大纲,各省、自治区、直辖市命题并组织的考试制度。

按照住房和城乡建设部颁布的《建筑业企业资质等级标准》,一级建造师可以担任特级、一级建筑业企业资质的建设工程项目施工的项目经理;二级建造师可以担任二级及以下建筑业企业资质的建设工程项目施工的项目经理。

能力训练

一、单项选择题

1. 工程管理的核心任务是（　　）。
   A. 目标控制
   B. 提高建设项目生命周期价值
   C. 实现业主的建设目标和为工程的建设增值
   D. 为工程的建设和使用增值

2. 工程全寿命周期包括项目的（　　）。
   A. 可行性研究阶段、设计阶段、施工阶段
   B. 可行性研究阶段、施工阶段、使用阶段
   C. 决策阶段、实施阶段、保修阶段
   D. 决策阶段、实施阶段、使用阶段

3. 关于建设工程管理内涵的说法,正确的是（　　）。
   A. 建设工程项目管理和设施管理即为建设工程管理
   B. 建设工程管理不涉及项目使用期的管理方对工程的管理
   C. 建设工程管理是对建设工程的行政事务管理
   D. 建设工程管理工作是一种增值服务

4. 工程管理工作是一种增值服务工作,下列属于工程建设增值的是（　　）。
   A. 确保工程使用安全
   B. 提高工程质量
   C. 满足最终用户的使用功能
   D. 有利于工程维护

5. 下列关于建设工程项目全寿命周期的说法中,正确的是（　　）。
   A. 建设工程项目的全寿命周期包括项目的决策阶段、实施阶段

B. 项目立项是项目实施的标志
C. 项目实施阶段管理的主要任务是通过管理使项目的目标得以实现
D. 建设工程项目管理的时间范畴是建设工程项目的全寿命周期

6. 根据国际设施管理协会的设施管理定义，下列管理事项中，属于物业运行管理的是（　　）。
   A. 空间管理   B. 用户管理
   C. 维修管理   D. 财务管理

7. 按照建设工程项目不同参与方的工作性质和组织特征划分的项目管理类型，施工方的项目管理不包括（　　）的项目管理。
   A. 施工总承包方   B. 建设项目总承包方
   C. 施工总承包管理方   D. 施工分包方

8. 关于业主方项目管理目标和任务的说法，正确的是（　　）。
   A. 业主方的进度目标指项目交付使用的时间目标
   B. 业主方的投资目标指项目的施工成本目标
   C. 投资控制是业主方项目管理任务中最重要的任务
   D. 业主方项目管理任务不包括设计阶段的信息管理

9. 甲单位拟新建一电教中心，经设计招标，由乙设计院承担该项目设计任务。下列目标中，不属于乙设计院项目管理目标的是（　　）。
   A. 项目投资目标   B. 设计进度目标
   C. 施工质量目标   D. 设计成本目标

二、多项选择题

1. （　　）是项目管理的基本特征。
   A. 一次性   B. 独特性   C. 目标的确定性
   D. 组织的临时性和开放性   E. 重复性

2. 关于建设工程项目管理的说法，正确的有（　　）。
   A. 业主方是建设工程项目生产过程的总组织者
   B. 建设工程项目各参与方的工作性质和工作任务不尽相同
   C. 建设工程项目管理的核心任务是项目的费用控制
   D. 施工方的项目管理是项目管理的核心
   E. 实施建设工程项目管理需要有明确的投资、进度和质量目标

3. 根据《建设项目工程总承包管理规范》，工程总承包项目管理的主要内容有（　　）。
   A. 任命项目经理，组建项目部
   B. 编制和报批项目可行性研究报告
   C. 落实项目建设资金
   D. 进行项目策划，编制项目计划
   E. 实施项目运行管理

三、简答题

1. 阐述建设工程项目管理的内涵。

2. 建设工程项目的全寿命周期包括项目的决策阶段、实施阶段和使用阶段,其中决策阶段管理工作的主要任务有哪些?

3. 阐述工程管理和工程项目管理的区别。

4. 阐述建设工程项目各参与方项目管理的目标和任务的相同点及不同点。

知识目标

1. 掌握组织论的基本内容；
2. 掌握项目不同采购模式的合同结构和特点；
3. 熟悉项目经理部的基本形式、职责和要求；
4. 了解项目风险管理。

技能目标

1. 能够绘制项目结构图、组织结构图、工作流程图、合同结构图；
2. 能够编制工作任务分工表和管理职能分工表；
3. 能够列出项目采购模式的种类；
4. 能够描述项目总承包和施工任务委托模式的内涵；
5. 能够列出项目经理的岗位职责和责权利。

素质目标

北宋真宗年间，首都发生火灾，皇宫被烧为灰烬。丁谓受命主持修复，并对废墟进行勘察，发现此工程存在三难题：第一是取土困难；第二是运输困难；第三是清墟排放的困难。他找到了主要矛盾后，就征集解决方案。最后他从众多方案中综合出了一个最佳方案，这个方案最终使其成功，提前完成了"皇宫修复工程"。我们要学会按照客观事物本身的系统性，把问题对象放在系统的形式中加以考察。从系统的观点出发，始终着重从整体与部分要素之间，从整体与外部环境的相互联系、相互作用、相互制约的关系中综合地、精确地考察对象，提示系统性质和运动规律，从而获得最佳的处理问题的方法。

2.1 建设工程项目管理组织

2.1.1 组织论和组织工具

2.1.1.1 系统的概念

系统取决于人们对客观事物的观察方式，系统可大可小，一个企业、一个学校、一个科研项目或一个建设项目都可以被视作为一个系统，但这些不同系统的目标不同，从而形成的组织观念、组织方法和组织手段也就会不相同，各种系统的运行方式也不同。

建设工程项目作为一个系统，它与一般的系统相比，有其明显的特征，如：

① 建设项目都是一次性，没有两个完全相同的项目；

② 建设项目全寿命周期一般由决策阶段、实施阶段和运营阶段组成，各阶段的工作任务和工作目标不同，其参与或涉及的单位也不相同，它的全寿命周期持续时间长；

③ 一个建设项目的任务往往由多个单位共同完成，它们的合作多数不是固定的合作关系，并且一些参与单位的利益不尽相同，甚至对立。

因此，在考虑一个建设工程项目的组织问题，或进行项目管理的组织设计时，应充分考虑上述特征。

2.1.1.2 系统目标和系统组织的关系

由图 2-1 可知，影响一个系统目标实现的主要因素除了组织以外，还有：

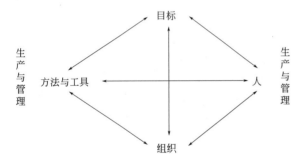

图2-1 影响一个系统目标实现的主要因素

① 人的因素，它包括管理人员和生产人员的数量及质量；

② 方法与工具，它包括管理的方法与工具以及生产的方法与工具。

结合建设工程项目的特点，其中人的因素包括：

① 建设单位和该项目所有参与单位（设计、工程监理、施工、供货单位等）的管理人员的数量及质量；

② 该项目所有参与单位的生产人员（设计、工程监理、施工、供货单位等）的数量及质量。

其中方法与工具包括：

① 建设单位和所有参与单位的管理的方法与工具；

② 所有参与单位的生产的方法与工具（如设计和施工的方法与工具等）。

系统的目标决定了系统的组织，而组织是目标能否实现的决定性因素，这是组织论的一个重要结论。如果把一个建设项目的项目管理视为一个系统，其目标决定了项目管理的组织，而项目管理的组织是项目管理的目标能否实现的决定性因素，由此可见项目管理组织的重要性。

控制项目目标的主要措施包括组织措施、管理措施、经济措施和技术措施，其中组织措施是最重要的措施。如果对一个建设工程的项目管理进行诊断，首先应分析其组织方面存在的问题。

2.1.1.3 项目系统管理

组织应识别影响项目管理目标实现的所有过程,确定其相互关系和相互作用,集成项目寿命期阶段的各项因素。组织应确定项目系统管理方法,系统管理方法应包括:系统分析、系统设计、系统实施和系统综合评价。

组织在项目管理过程中应用系统管理方法,应符合下列规定:

① 在综合分析项目质量、安全、环保、工期和成本之间内在联系的基础上,结合各个目标的优先级,分析和论证项目目标,在项目目标策划过程中兼顾各个目标的内在需求;

② 对项目投资决策、招投标、勘察、设计、采购、施工、试运行进行系统整合,在综合平衡项目各过程和专业之间关系的基础上,实施项目系统管理;

③ 对项目实施的变更风险进行管理,兼顾相关过程需求,平衡各种管理关系,确保项目偏差的系统性控制;

④ 对项目系统管理过程和结果进行监督及控制,评价项目系统管理绩效。

组织应识别项目的所有相关方,了解其需求和期望,确保项目管理要求与相关方的期望相一致。组织的项目管理应使顾客满意,兼顾其他相关方的期望和要求。

组织应通过实施下列项目管理活动使相关方满意:

① 遵守国家有关法律和法规;

② 确保履行工程合同要求;

③ 保障健康和安全,减少或消除项目对环境造成的影响;

④ 与相关方建立互利共赢的合作关系;

⑤ 构建良好的组织内部环境;

⑥ 通过相关方满意度的测评,提升相关方管理水平。

同时,组织应确保项目管理的持续改进,将外部需求与内部管理相互融合,以满足项目风险预防和组织的发展需求。组织应在过程实施前评审各项改进措施的风险,以保证改进措施的有效性和适宜性,应对员工在持续改进意识和方法方面进行培训,使持续改进成为员工的岗位目标,并对项目管理绩效的持续改进进行跟踪指导和监控。组织应在内部采用下列项目管理持续改进的方法:

① 对已经发现的不合格采取措施予以纠正;

② 针对不合格的原因采取纠正措施予以消除;

③ 对潜在的不合格原因采取措施防止不合格的发生;

④ 针对项目管理的增值需求采取措施予以持续满足。

2.1.1.4 组织论和组织工具

组织论是一门学科,它主要研究系统的组织结构模式、组织分工和工作流程组织(图2-2),它是与项目管理学相关的一门非常重要的基础理论学科。

组织结构模式反映了一个组织系统中各子系统之间或各元素(各工作部门或各管理人员)之间的指令关系。指令关系指的是哪一个工作部门或哪一位管理人员可以对哪一个工作部门或哪一位管理人员下达工作指令。

组织分工反映了一个组织系统中各子系统或各元素的工作任务分工和管理职能分工。组织结构模式和组织分工都是一种相对静态的组织关系。工作流程组织则可反映一个组织系统

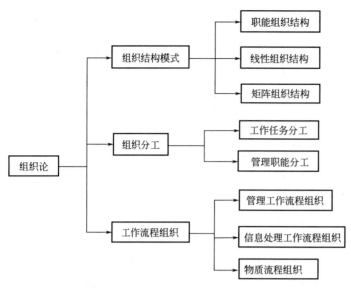

图2-2 组织论的基本内容

中各项工作之间的逻辑关系,是一种动态关系。

图 2-2 所示的物质流程组织对于建设工程项目而言,指的是项目实施任务的工作流程组织,如设计的工作流程组织可以是方案设计、初步设计、技术设计、施工图设计,也可以是方案设计、初步设计(扩大初步设计)、施工图设计;施工作业也有多个可能的工作流程。

组织工具是组织论的应用手段,用图或表等形式表示各种组织关系,它包括:

① 项目结构图;

② 组织结构图(管理组织结构图);

③ 工作任务分工表;

④ 管理职能分工表;

⑤ 工作流程图等。

2.1.2 项目结构分析在项目管理中的应用

2.1.2.1 项目结构图

项目结构图[Project Diagram,或称 Work Breakdown Structure(WBS)]是一个组织工具,它通过树状图的方式对一个项目的结构进行逐层分解,以反映组成该项目的所有工作任务,如图 2-3 所示。项目结构图中,矩形表示工作任务(或第一层、第二层子项目等),矩形框之间的连接用连线表示。

项目结构分解并没有统一的模式,但应结合项目的特点和以下原则进行:

① 考虑项目进展的总体部署;

② 考虑项目的组成;

③ 有利于项目实施任务(设计、施工和物资采购)的发包和有利于项目实施任务的进行,并结合合同结构;

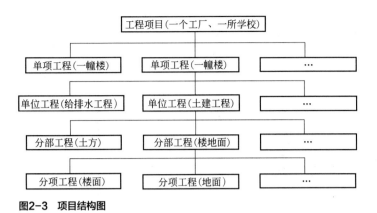

图2-3 项目结构图

④ 有利于项目目标的控制；

⑤ 结合项目管理的组织结构等。

以上所列举的都是群体工程的项目结构分解，单体工程如有必要（如投资、进度和质量控制的需要）也应进行项目结构分解，如一栋高层办公大楼可分解为：地下工程、裙房结构工程、高层主体结构工程、建筑装饰工程、幕墙工程、建筑设备工程（不包括弱电工程）、弱电工程、室外总体工程等。

2.1.2.2 项目结构的编码

编码由一系列符号（如文字）和数字组成，编码工作是信息处理的一项重要的基础工作。一个建设工程项目有不同类型和不同用途的信息，为了有组织地存储信息、方便信息的检索和加工整理，必须对项目的信息进行编码，具有包括：

① 项目的结构编码；

② 项目管理组织结构编码；

③ 项目的政府主管部门和各参与单位编码（组织编码）；

④ 项目实施的工作项编码（项目实施的工作过程的编码）；

⑤ 项目的投资项编码（业主方）及成本项编码（施工方）；

⑥ 项目的进度项（进度计划的工作项）编码；

⑦ 项目进展报告和各类报表编码；

⑧ 合同编码；

⑨ 函件编码；

⑩ 工程档案编码等。

以上这些编码是因不同的用途而编制的，如投资项编码（业主方）及成本项编码（施工方）分别服务于投资控制工作和成本控制工作，进度项编码服务于进度控制工作。

2.1.3 组织结构在项目管理中的应用

组织结构模式可用组织结构图来描述，组织结构图也是一个重要的组织工具，反映一个组织系统中各组成部门（组成元素）之间的组织关系（指令关系）。在组织结构图中，矩形框表示工作部门，上级工作部门对其直接下属工作部门的指令关系用单向箭线表示。

常用的组织结构模式包括职能组织结构（图2-4）、线性组织结构（图2-5）和矩阵组织结构（图2-6）等。这几种常用的组织结构模式既可以在企业管理中运用，也可在建设项目管理中运用。

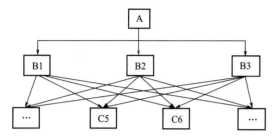

图2-4　职能组织结构

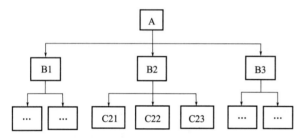

图2-5　线性组织结构

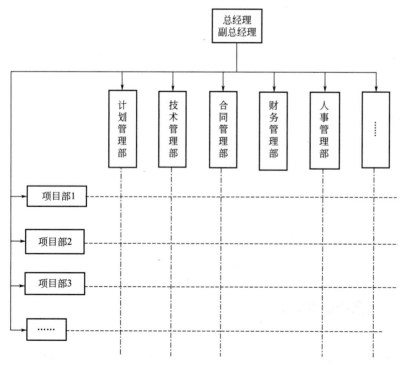

图2-6　施工企业矩阵组织结构模式的示例

组织结构模式反映了一个组织系统中各子系统之间或各组织元素（如各工作部门）之间的指令关系。组织分工反映了一个组织系统中各子系统或各组织元素的工作任务分工和管理职能分工。组织结构模式和组织分工都是一种相对静态的组织关系；而工作流程组织则反映一个组织系统中各项工作之间的逻辑关系，是一种动态关系。在一个建设工程项目实施过程中，其管理工作的流程、信息处理的流程，以及设计工作、物资采购和施工的流程的组织都属于工作流程组织的范畴。

2.1.3.1　职能组织结构的特点及其应用

在人类历史发展过程中，当手工业作坊发展到一定的规模时，一个企业内需要设置对人、财、物和产、供、销管理的职能部门，这样就产生了初级的职能组织结构。因此，职能组织结构是一种传统的组织结构模式。在职能组织结构中，每一个职能部门可根据它的管理职能对其直接和非直接的下属工作部门下达工作指令，因此，每一个工作部门可能得到其直接和非直接的上级工作部门下达的工作指令，它就会有多个矛盾的指令源。一个工作部门的多个矛盾的指令源会影响企业管理机制的运行。

在一般的工业企业中，设有人、财、物和产、供、销管理的职能部门，另有生产车间和后勤保障机构等。虽然生产车间和后勤保障机构并不一定是职能部门的直接下属部门，但是职能管理部门可以在其管理的职能范围内对生产车间和后勤保障机构下达工作指令，这是典型的职能组织结构。例如，在高等院校中，设有人事、财务、教学、科研和基本建设等管理的职能部门（处室），另有学院、系和研究中心等教学和科研的机构，其组织结构模式也是职能组织结构，人事处和教务处等都可对学院和系下达其分管范围内的工作指令，我国多数的企业、学校、事业单位目前还沿用这种传统的组织结构模式。许多建设项目也还用这种传统的组织结构模式，在工作中常出现交叉和矛盾的工作指令关系，严重影响了项目管理机制的运行和项目目标的实现。

在图2-4所示的职能组织结构中，A、B1、B2、B3、C5和C6都是工作部门，A可以对B1、B2、B3下达指令；B1、B2、B3都可以在其管理的职能范围内对C5和C6下达指令。因此C5和C6有多个指令源，其中有些指令可能是矛盾的。

2.1.3.2　线性组织结构的特点及其应用

在军事组织系统中，组织纪律非常严谨，军、师、旅、团、营、连、排和班的组织关系是指令按逐级下达、一级指挥一级和一级对一级负责的模式进行的。线性组织结构就是来自于这种十分严谨的军事组织系统。在线性组织结构中，每一个工作部门只能对其直接的下属部门下达工作指令，每一个工作部门也只有一个直接的上级部门，因此，每一个工作部门只有唯一的指令源，避免了由于矛盾的指令而影响组织系统的运行。

在国际上，线性组织结构模式是建设项目管理组织系统的一种常用模式，因为一个建设项目的参与单位很多，少则数十，多则数百，大型项目的参与单位将数以千计，在项目实施过程中矛盾的指令会给工程项目目标的实现造成很大的影响，而线性组织结构模式可确保工作指令的唯一性。但在一个特大的组织系统中，由于线性组织结构模式的指令路径过长，有可能会造成组织系统在一定程度上运行的困难。图2-5所示的线性组织结构中：A可以对其直接的下属部门B1、B2、B3下达指令；B2可以对其直接的下属部门C21、C22、C23下达指令；虽然 B1 和 B3 比 C21、C22、C23 高一个组织层次，但是，B1 和 B3 并不是 C21、C22、C23 的直接上级部门，它们不允许对 C21、C22、C23 下达指令。在该组织结构中，每一个工作部门的指令源是唯一的。

2.1.3.3 矩阵组织结构的特点及其应用

矩阵组织结构是一种较新型的组织结构模式。在矩阵组织结构最高指挥者（部门）下设纵向和横向两种不同类型的工作部门。纵向工作部门如人、财、物、产、供、销的职能管理部门，横向工作部门如生产车间等。一个施工企业，如采用矩阵组织结构模式，则纵向工作部门可以是计划管理、技术管理、合同管理、财务管理和人事管理部门等，而横向工作部门可以是项目部，如图 2-6 所示。

一个大型建设项目如采用矩阵组织结构模式，则纵向工作部门可以是投资控制、进度控制、质量控制、合同管理、信息管理、人事管理、财务管理和物资管理等部门，而横向工作部门可以是各子项目的项目管理部，如图 2-7 所示。矩阵组织结构适宜用于大的组织系统，在上海地铁和广州地铁一号线建设时都采用了矩阵组织结构模式。

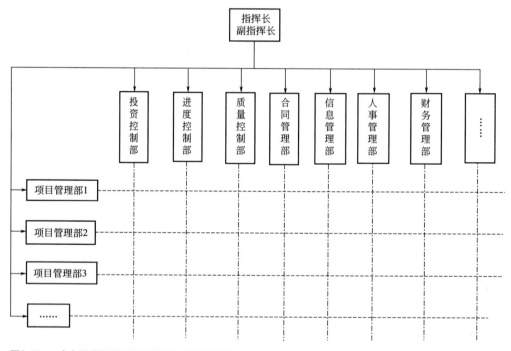

图2-7 一个大型建设项目采用矩阵组织结构模式的示例

在矩阵组织结构中，每一项纵向和横向交汇的工作（如图 2-7 所示的项目管理部 1 涉及的投资问题），指令来自于纵向和横向两个工作部门，因此其指令源为两个。当纵向和横向工作部门的指令发生矛盾时，由该组织系统的最高指挥者（部门），即如图 2-8（a）所示的 A 进行协调或决策。

在矩阵组织结构中，为避免纵向和横向工作部门指令相互矛盾对工作的影响，可以采用以纵向工作部门指令为主［如图 2-8（b）所示］或以横向工作部门指令为主［如图 2-8（c）所示］的矩阵组织结构模式，这样也可减轻该组织系统的最高指挥者（部门）的压力。

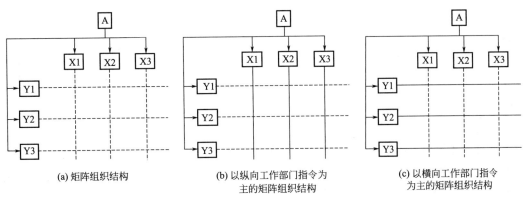

图2-8 矩阵组织结构

2.1.4 工作任务分工在项目管理中的应用

业主方和项目各参与方,如设计单位、施工单位、供货单位和工程管理咨询单位等都有各自的项目管理的任务,上述各方都应该编制各自的项目管理任务分工表。

为了编制项目管理任务分工表,首先应对项目实施的各阶段的费用(投资或成本控制、进度控制、质量控制、合同管理、信息管理和组织与协调等任务)进行详细分解,在项目管理任务分解的基础上定义项目经理和费用控制、进度控制、质量控制、合同管理、信息管理和组织与协调等主管工作部门或主管人员的工作任务。

2.1.4.1 工作任务分工

每一个建设项目都应编制项目管理任务分工表,这是一个项目的组织设计文件的一部分。在编制项目管理任务分工表前,应结合项目的特点对项目实施的各阶段的费用(投资或成本)控制、进度控制、质量控制、合同管理、信息管理和组织与协调等管理任务进行详细分解。某项目的项目管理任务分解示例如表2-1所示。在项目管理任务分解的基础上,明确项目经理和费用(投资或成本)控制、进度控制、质量控制、合同管理、信息管理和组织与协调等主管工作部门或主管人员的工作任务,从而编制工作任务分工表。

表2-1 任务分解表

1.设计阶段项目管理的任务		备注
1.1	设计阶段的投资控制	
1.2	在可行性研究的基础上,进行项目总投资目标的分析、论证	
1.3	根据方案设计,审核项目总估算,供业主方确定投资目标参考,并基于优化方案协助业主对估算作出调整	
1.4	编制项目总投资切块、分解规划,并在设计过程中控制其执行;在设计过程中若有必要,及时提出调整总投资切块、分解规划的建议	
1.5	审核项目总概算,在设计深化过程中严格控制在总概算所确定的投资计划值,对设计概算作出评价报告和建议	
1.6	根据工程概算和工程进度表,编制设计阶段资金使用计划,并控制其执行,必要时,对上述计划提出调整建议	

续表

1.设计阶段项目管理的任务		备注
1.7	从设计、施工、材料和设备等多方面作必要的市场调查分析和技术经济比较论证,并提出咨询报告,如发现设计可能突破投资目标,则协助设计人员提出解决办法,供业主参考	
1.8	审核施工图预算,调整总投资计划	
1.9	采用价值工程方法,在充分满足项目功能的条件下考虑进一步挖掘节约投资的潜力	
2.进行投资计划值和实际值的动态跟踪比较,并提交各种投资控制报表和报告		
2.1	控制设计变更,注意检查变更设计的结构性、经济性、建筑造型和使用功能是否满足业主的要求	
2.2	设计阶段的进度控制	
2.3	参与编制项目总进度计划,有关施工进度与施工监理单位协商讨论	
2.4	审核设计方提出的详细的设计进度计划和出图计划,并控制其执行,避免发生因设计单位推迟进度而造成施工单位要求索赔	
2.5	协助起草主要甲供材料和设备的采购计划,审核甲供进口材料设备清单	
2.6	协助业主确定施工分包合同结构及招标投标方式	
2.7	督促业主对设计文件尽快作出决策和审定	
2.8	在项目实施过程中进行进度计划值和实际值的比较,并提交各种进度控制报表和报告(月报、季报、年报)	
2.9	协调室内外装修设计、专业设备设计与主设计的关系,使专业设计进度能满足施工进度的要求	
3.设计阶段的质量控制		
3.1	协助业主确定项目质量的要求和标准,满足设计质监部门质量评定标准要求,并作为质量控制目标值,参与分析和评估建筑物使用功能、面积分配、建筑设计标准等,根据业主的要求,编制详细的设计要求文件,作为方案设计优化任务书的一部分	
3.2	研究图纸、技术说明和计算书等设计文件,发现问题,及时向设计单位提出。对设计变更进行技术经济合理性分析,并按照规定的程序办理设计变更手续,凡对投资及进度带来影响的变更,需会同业主核签	
3.3	审核各设计阶段的图纸、技术说明和计算书等设计文件是否符合国家有关设计规范、有关设计质量要求和标准,并根据需要提出修改意见,确保设计方案获得有关部门审查通过	

2.1.4.2 工作任务分工表

在工作任务分工表(表2-2)中应明确各项工作任务由哪个工作部门(或个人)负责,由哪些工作部门(或个人)配合或参与。在项目的进展过程中,应视情况对工作任务分工表进行调整。

表2-2 工作任务分工表

工作任务	项目经理部	投资控制部	进度控制部	质量控制部	合同管理部	信息管理部

2.1.5 管理职能分工在项目管理中的应用

由图 2-9 可知，管理是由多个环节组成的过程，即：提出问题；筹划并提出解决问题的可能方案，并对多个可能的方案进行分析；决策；执行；检查。

这些组成管理的环节就是管理的职能。管理的职能在不同文献中也有不同的表述，但其内涵是类似的。

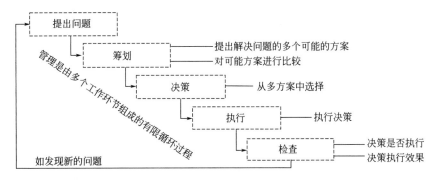

图2-9　管理职能

如下为相关应用示例：

① 提出问题：通过比较进度计划值和实际值，发现进度滞后了；
② 筹划：加快进度有多种可能的方案，如改一班工作制为两班工作制、增加夜班作业、增加施工设备和改变施工方法，应对这三个方案进行比较；
③ 决策：从上述三个可能的方案中选择一个将被执行的方案，即增加夜班作业；
④ 执行：落实夜班施工的条件，组织夜班施工；
⑤ 检查：检查增加夜班施工的决策是否被执行，如已执行，则检查执行的效果如何。

如通过增加夜班施工，工程进度的问题解决了，但发现新的问题，即施工成本增加了，这样就进入了管理的一个新的循环：提出问题、筹划、决策、执行和检查。整个施工过程中管理工作就是不断发现问题和不断解决问题的过程。以上不同的管理职能可由不同的职能部门承担，如：进度控制部门负责跟踪和提出有关进度的问题；施工协调部门对进度问题进行分析，提出三个可能的方案，并对其进行比较；项目经理在三个可供选择的方案中，决定采用第二个方案，即增加夜班作业；施工协调部门负责执行项目经理的决策，组织夜班施工；项目经理助理检查夜班施工后的效果。

业主方和项目各参与方，如设计单位、施工单位、供货单位和工程管理咨询单位等都有各自的项目管理的任务和管理职能分工，上述各方都应该编制各自的项目管理职能分工表。

2.1.6 工作流程组织在项目管理中的应用

工作流程组织包括：
① 管理工作流程组织，如投资控制、进度控制、合同管理、付款和设计变更等流程；
② 信息处理工作流程组织，如与生成月度进度报告有关的数据处理流程；

③ 物质流程组织，如钢结构深化设计工作流程、弱电工程物资采购工作流程、外立面施工工作流程等。

2.1.6.1 工作流程组织的任务

每一个建设项目应根据其特点，从多个可能的工作流程方案中确定以下几个主要的工作流程组织：

① 设计准备工作的流程；
② 设计工作的流程；
③ 施工招标工作的流程；
④ 物资采购工作的流程；
⑤ 施工作业的流程；
⑥ 各项管理工作（如投资控制、进度控制、质量控制、合同管理和信息管理等）的流程；
⑦ 与工程管理有关的信息处理的流程。

这就是工作流程组织的任务，即定义工作的流程。工作流程图应视需要逐层细化，如投资控制工作流程可细化为初步设计阶段投资控制工作流程图、施工图阶段投资控制工作流程图和施工阶段投资控制工作流程图等。

业主方和项目各参与方，如工程管理咨询单位、设计单位、施工单位和供货单位等都有各自的工作流程组织的任务。

2.1.6.2 工作流程图

工作流程图用图的形式反映一个组织系统中各项工作之间的逻辑关系，它可用来描述工作流程组织。工作流程图是一个重要的组织工具，如图2-10所示。图2-10（a）中工作流程图用矩形表示工作，箭线表示工作之间的逻辑关系，菱形框表示判别条件。也可用图2-10（b）的方式表示工作和工作的执行者。

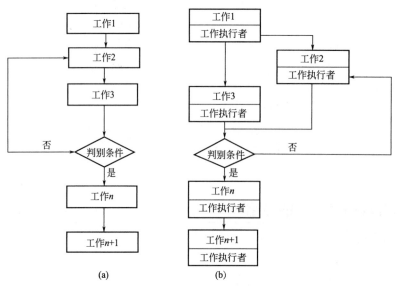

图2-10 工作流程图示例

2.1.7 合同结构在项目管理中的应用

合同结构图反映业主方和项目各参与方之间，以及项目各参与方之间的合同关系，通过合同结构图可以非常清晰地了解一个项目有哪些，或将有哪些合同，以及了解项目各参与方的合同组织关系。如果两个单位之间有合同关系，在合同结构图中用双向箭线连接，如图 2-11 所示。

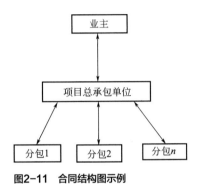

图2-11 合同结构图示例

2.2 建筑工程项目采购模式

2.2.1 项目管理委托模式和设计任务委托模式

2.2.1.1 项目管理委托模式

在国际上，项目管理咨询公司（咨询事务所或称顾问公司）可以接受业主方、设计方、施工方、供货方和建设项目工程总承包方的委托，提供代表委托方利益的项目管理服务，项目管理咨询公司所提供的这类服务的工作性质属于工程咨询（工程顾问）服务。在国际上业主方项目管理的方式主要有三种：

① 业主方自行项目管理；
② 业主方委托项目管理咨询公司承担全部业主方项目管理的任务；
③ 业主方委托项目管理咨询公司与业主方人员共同进行项目管理，业主方从事项目管理的人员在项目管理咨询公司委派的项目经理的领导下工作。

2.2.1.2 设计任务委托模式

工业发达国家设计单位的组织体制与我国有一定区别，其多数设计单位是专业设计事务所，而不是综合设计院，如建筑师事务所、结构工程师事务所和各种建筑设备专业工程师事务所等，设计事务所的规模多数也较小，因此其设计任务委托的模式与我国不同。对工业与民用建筑工程而言，在国际上建筑师事务所往往起着主导作用，其他专业设计事务所则配合建筑师事务所从事相应的设计工作。

我国业主方主要通过设计招标的方式选择设计方案和设计单位，而在国际上不少国家有设计竞赛条例，设计竞赛与设计任务的委托并没有直接的联系，设计竞赛的范围可宽也可窄，如设计理念、设计方案、某一个设计问题的设计竞赛。设计竞赛的结果只限于对设计竞赛成果的评奖，业主方综合分析和研究设计竞赛的成果后再决定设计任务的委托。

设计任务的委托主要有两种模式，即：

① 业主方委托一个设计单位或由多个设计单位组成的设计联合体或设计合作体作为设计总负责单位，设计总负责单位视需要再委托其他设计单位配合设计；

② 业主方不委托设计总负责单位，而平行委托多个设计单位进行设计。

2.2.2 项目总承包模式

2.2.2.1 项目总承包的内涵

建筑工程的发包单位可以将建筑工程的勘察、设计、施工、设备采购一并发包给一个工程总承包单位，也可以将建筑工程勘察、设计、施工、设备采购的一项或者多项发包给一个工程总承包单位；但是，不得将应当由一个承包单位完成的建筑工程肢解成若干部分发包给几个承包单位。

工程总承包企业受业主委托，按照合同约定对工程建设项目的勘察、设计、采购、施工、试运行等实行全过程或若干阶段的承包。

工程总承包企业按照合同约定对工程项目的质量、工期、造价等向业主负责。工程总承包企业可依法将所承包工程中的部分工作发包给具有相应资质的分包企业；分包企业按照分包合同的约定对总承包企业负责。

建设项目工程总承包主要有以下两种方式。

① 设计－施工总承包（Design-Build）。设计－施工总承包是指工程总承包企业按照合同约定，承担工程项目设计和施工，并对承包工程的质量、安全、工期、造价全面负责。

② 设计采购施工总承包（EPC——Engineering, Procvrernent, Construction）。设计采购施工总承包是指工程总承包企业按照合同约定，承担工程项目的设计、采购、施工、试运行服务等工作，并对承包工程的质量、安全、工期、造价全面负责。设计采购施工总承包已在我国石油和化工等工业建设项目中得到成功的应用。

工程总承包和工程项目管理是国际通行的工程建设项目组织实施方式。积极推行工程总承包和工程项目管理，是深化我国工程建设项目组织实施方式改革，提高工程建设管理水平，保证工程质量和投资效益，规范建筑市场秩序的重要措施；是勘察、设计、施工、监理企业调整经营结构，增强综合实力，加快与国际工程承包和管理方式接轨，适应社会主义市场经济发展和加入世界贸易组织后新形势的必然要求；是贯彻关于"走出去"的发展战略，积极开拓国际承包市场，带动我国技术、机电设备及工程材料的出口，促进劳务输出，提高我国企业国际竞争力的有效途径。

建设项目工程总承包的基本出发点是借鉴工业生产组织的经验，实现建设生产过程的组织集成化，以克服由于设计与施工的分离致使投资增加，以及克服由于设计和施工的不协调而影响建设进度等弊病。

建设项目工程总承包的主要意义并不在于总价包干和"交钥匙",其核心是通过设计与施工过程的组织集成,促进设计与施工的紧密结合,以达到为项目建设增值的目的。应该指出,即使采用总价包干的方式,稍大一些的项目也难以用固定总价包干,而多数采用变动总价合同。

2.2.2.2 国际项目总承包的组织

国际项目总承包的组织有如下几种可能的模式:

① 一个组织(企业)既具有设计力量,又具有施工力量,由它独立地承担建设项目工程总承包的任务(在美国这种模式较为常用);

② 由设计单位和施工单位为一个特定的项目组成联合体或合作体,以承担项目总承包的任务(在德国和一些其他欧洲国家这种模式较为常用,特别是民用建筑项目的工程总承包往往由设计单位和施工单位组成的项目联合体或合作体承担,待项目结束后项目联合体或合作体就解散);

③ 由施工单位承接项目总承包的任务,而设计单位受施工单位的委托承担其中的设计任务;

④ 由设计单位承接项目总承包的任务,而施工单位作为其分包承担其中的施工任务。

2.2.2.3 项目总承包从招标开始至确定合同价的基本工作程序

工业建设项目、民用建筑项目和基础设施项目的项目总承包各有其特点,但其从招标开始至确定合同价的基本工作程序是类似的,以下工作步骤仅供参考。

① 业主方自行编制,或委托顾问工程师编制项目建设纲要或设计纲要,它是项目总承包方编制项目设计建议书的依据。项目建设纲要或设计纲要可包括如下内容:项目定义;设计原则和设计要求;项目实施的技术大纲和技术要求;材料和设施的技术要求等。

② 项目总承包方编制项目设计建议书和报价文件。

③ 设计评审。

④ 合同洽谈,包括确定合同价。

在国际上,民用项目总承包的招标多数采用项目功能描述的方式,而不采用项目构造描述的方式,因为项目构造描述的招标依据是设计文件,而项目总承包招标时业主方还不可能提供具体的设计文件。

2.2.2.4 项目总承包方的工作程序

项目总承包方的工作程序如下:

① 项目启动:在工程总承包合同条件下,任命项目经理,组建项目部。

② 项目初始阶段:进行项目策划,编制项目计划,召开开工会议;发表项目协调程序,发表设计基础数据;编制计划,包括采购计划、施工计划、试运行计划、财务计划和安全管理计划;确定项目控制基准等。

③ 设计阶段:编制初步设计或基础工程设计文件,进行设计审查,编制施工图设计或详细工程设计文件。

④ 采购阶段：采买，催交，检验，运输，与施工方办理交接手续。

⑤ 施工阶段：施工开工前的准备工作，现场施工，竣工试验，移交工程资料，办理管理权移交，进行竣工决算。

⑥ 试运行阶段：对试运行进行指导和服务。

⑦ 合同收尾：取得合同目标考核证书，办理决算手续，清理各种债权、债务；缺陷通知期限满后取得履约证书。

⑧ 项目管理收尾：办理项目资料归档，进行项目总结，对项目部人员进行考核评价，解散项目部。

2.2.3 施工任务委托模式

施工任务的委托主要有如下几种模式：

① 业主方委托一个施工单位或由多个施工单位组成的施工联合体或施工合作体作为施工总承包单位，施工总承包单位视需要再委托其他施工单位作为分包单位配合施工；

② 业主方委托一个施工单位或由多个施工单位组成的施工联合体或施工合作体作为施工总承包管理单位，业主方另委托其他施工单位作为分包单位进行施工；

③ 业主方不委托施工总承包单位，也不委托施工总承包管理单位，而平行委托多个施工单位进行施工。

2.2.3.1 施工总承包

业主方委托一个施工单位或由多个施工单位组成的施工联合体或施工合作体作为施工总包单位，经业主同意，施工总承包单位可以根据需要将施工任务的一部分分包给其他符合资质的分包人。建设项目施工总承包模式的合同结构图如图2-12所示。

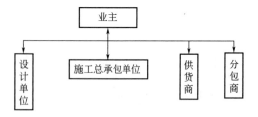

图2-12　建设项目施工总承包模式的合同结构

施工总承包模式有如下特点：

（1）投资控制方面

① 一般以施工图设计为投标报价的基础，投标人的投标报价较有依据；

② 在开工前就有较明确的合同价，有利于业主的总投资控制；

③ 若在施工过程中发生设计变更，可能会引发索赔。

（2）进度控制方面

由于一般要等施工图设计全部结束后，业主才进行施工总承包的招标，因此，开工日期不可能太早，否则建设周期会较长。这是施工总承包模式的最大缺点，也限制了其在建设周期紧迫的建设工程项目上的应用。

（3）质量控制方面

建设工程项目质量的好坏在很大程度上取决于施工总承包单位的管理水平和技术水平。

（4）合同管理方面

① 业主只需要进行一次招标，即可与施工总承包商签约，因此招标及合同管理工作量将会减小；

② 在很多工程实践中，采用的并不是真正意义上的施工总承包，而采用所谓的"费率招标"。"费率招标"实质上是开口合同，对业主方的合同管理和投资控制十分不利。

（5）组织与协调方面

由于业主只负责对施工总承包单位的管理及组织协调，其组织与协调的工作量与平行发包相比会大大减少，这对业主有利。

2.2.3.2　施工总承包管理

施工总承包管理（Managing Contractor）模式的内涵是：业主方委托一个施工单位或由多个施工单位组成的施工联合体或施工合作体作为施工总承包管理单位，业主方另委托其他施工单位作为分包单位进行施工。一般情况下，施工总承包管理单位不参与具体工程的施工，但如果施工总承包管理单位也想承担部分工程的施工，它也可以参加该部分工程的投标，通过竞争取得施工任务。施工总承包管理模式的特点如下：

（1）投资控制方面

① 一部分施工图完成后，业主就可单独或与施工总承包管理单位共同进行该部分工程的招标，分包合同的投标报价和合同价以施工图为依据；

② 在进行对施工总承包管理单位的招标时，只确定施工总承包管理费，而不确定工程总造价，这可能成为业主控制总投资的风险；

③ 多数情况下，由业主方与分包人直接签约，这样有可能增加业主方的风险。

（2）进度控制方面

不需要等待施工图设计完成后再进行施工总承包管理的招标，分包合同的招标也可以提前，这样就有利于提前开工，有利于缩短建设周期。

（3）质量控制方面

① 对分包人的质量控制由施工总承包管理单位进行；

② 分包工程任务符合质量控制的"他人控制"原则，对质量控制有利；

③ 各分包之间的关系可由施工总承包管理单位负责，这样就可减轻业主方管理的工作量。

（4）合同管理方面

① 一般情况下，所有分包合同的招标投标、合同谈判以及签约工作均由业主负责，业主方的招标及合同管理工作量较大；

② 对分包人的工程款支付可由施工总包管理单位支付或由业主直接支付，前者有利于施工总包管理单位对分包人的管理。

（5）组织与协调方面

由施工总承包管理单位负责对所有分包人的管理及组织协调，这样就大大减轻业主方的工作。这是采用施工总承包管理模式的基本出发点。

2.3 施工企业项目经理的工作性质、任务和责任

2.3.1 施工企业项目经理的工作性质

2003年，《国务院关于取消第二批行政审批项目和改变一批行政审批项目管理方式的决定》规定："取消建筑施工企业项目经理资质核准，由注册建造师代替，并设立过渡期。"

建筑业企业项目经理资质管理制度向建造师执业资格制度过渡的时间定为五年。过渡期内，凡持有项目经理资质证书或者建造师注册证书的人员，经其所在企业聘用后均可担任工程项目施工的项目经理。过渡期满后，大、中型工程项目施工的项目经理必须由取得建造师注册证书的人员担任；但取得建造师注册证书的人员是否担任工程项目施工的项目经理，由企业自主决定。在全面实施建造师执业资格制度后仍然要坚持落实项目经理岗位责任制，项目经理岗位是保证工程项目建设质量、安全、工期和成本的重要岗位。

建筑施工企业项目经理（以下简称"项目经理"），是指受企业法定代表人委托，对工程项目施工过程全面负责的项目管理者，是建筑施工企业法定代表人在工程项目上的代表人。

建造师是一种专业人士的名称，而项目经理是一个工作岗位的名称，应注意这两个概念的区别。取得建造师执业资格的人表示其知识和能力符合建造师执业的要求，但其在企业中的工作岗位则由企业视工作需要而定。

《建设工程施工合同（示范文本）》（GF—2017—0201）中涉及项目经理的条款如下：

① 项目经理应为合同当事人所确认的人选，并在专用合同条款中明确项目经理的姓名、职称、注册执业证书编号、联系方式及授权范围等事项，项目经理经承包人授权后代表承包人负责履行合同。项目经理应是承包人正式聘用的员工，承包人应向发包人提交项目经理与承包人之间的劳动合同，以及承包人为项目经理缴纳社会保险的有效证明。

承包人不提交上述文件的，项目经理无权履行职责，发包人有权要求更换项目经理，由此增加的费用和（或）延误的工期由承包人承担。项目经理应常驻施工现场，且每月在施工现场时间不得少于专用合同条款约定的天数。项目经理不得同时担任其他项目的项目经理。项目经理确需离开施工现场时，应事先通知监理人，并取得发包人的书面同意。项目经理的通知中应当载明临时代行其职责的人员的注册执业资格、管理经验等资料，该人员应具备履行相应职责的能力。

承包人违反上述约定的，应按照专用合同条款的约定，承担违约责任。

② 项目经理按合同约定组织工程实施。在紧急情况下为确保施工安全和人员安全，在无法与发包人代表和总监理工程师及时取得联系时，项目经理有权采取必要的措施保证与工程有关的人身、财产和工程的安全，但应在 48 小时内向发包人代表和总监理工程师提交书面报告。

③ 承包人需要更换项目经理的，应提前 14 天书面通知发包人和监理人，并征得发包人书面同意。通知中应当载明继任项目经理的注册执业资格、管理经验等资料，继任项目经理继续履行第①项约定的职责。未经发包人书面同意，承包人不得擅自更换项目经理。承包人擅自更换项目经理的，应按照专用合同条款的约定承担违约责任。

④ 发包人有权书面通知承包人更换其认为不称职的项目经理，通知中应当载明要求更换的理由。承包人应在接到更换通知后 14 天内向发包人提出书面的改进报告。发包人收到改进报告后仍要求更换的，承包人应在接到第二次更换通知的 28 天内进行更换，并将新任命的项目经理的注册执业资格、管理经验等资料书面通知发包人。继任项目经理继续履行第①项约定的职责。承包人无正当理由拒绝更换项目经理的，应按照专用合同条款的约定承担违约责任。

⑤ 项目经理因特殊情况授权其下属人员履行其某项工作职责的，该下属人员应具备履行相应职责的能力，并应提前 7 天将上述人员的姓名和授权范围书面通知监理人，并征得发包人书面同意。

在国际上，建造师的执业范围相当宽，可以在施工企业、政府管理部门、建设单位、工程咨询单位、设计单位、教学和科研单位等执业。国际上施工企业项目经理的地位、作用以及其特征如下：

① 项目经理是企业任命的一个项目的项目管理班子的负责人（领导人），但它并不一定是（多数不是）一个企业法定代表人在工程项目上的代表人，因为一个企业法定代表人在工程项目上的代表人在法律上赋予其的权限范围太大；

② 项目经理的任务仅限于主持项目管理工作，其主要任务是项目目标的控制和组织协调；

③ 在有些文献中明确界定，项目经理不是一个技术岗位，而是一个管理岗位；

④ 项目经理是一个组织系统中的管理者，至于他是否有人权、财权和物资采购权等管理权限，则由其上级确定。

我国在施工企业中引入项目经理的概念已多年，并取得了显著的成绩。但是，在推行项目经理负责制的过程中也有不少误区，如：企业管理的体制与机制和项目经理负责制不协调，在企业利益与项目经理的利益之间出现矛盾；不恰当地、过分扩大项目经理的管理权限和责任；将农业小生产的承包责任机制应用到建筑大生产中，甚至采用项目经理抵押承包的模式，抵押物的价值与工程可能发生的风险极不相当等。

2.3.2 施工企业项目经理的任务

项目经理在承担工程项目施工管理过程中，履行下列职责：

① 贯彻执行国家和工程所在地政府的有关法律、法规和政策，执行企业的各项管理制度；

② 严格财务制度，加强财经管理，正确处理国家、企业与个人的利益关系；

③ 执行项目承包合同中由项目经理负责履行的各项条款；

④ 对工程项目施工进行有效控制，执行有关技术规范和标准，积极推广应用新技术，确保工程质量和工期，实现安全、文明生产，努力提高经济效益。

项目经理在承担工程项目施工的管理过程中，应当按照建筑施工企业与建设单位签订的工程承包合同，与本企业法定代表人签订项目承包合同，并在企业法定代表人授权范围内，行使以下管理权力：

① 组织项目管理班子；

② 以企业法定代表人的代表身份处理与所承担的工程项目有关的外部关系，受托签署有关合同；

③ 指挥工程项目建设的生产经营活动，调配并管理进入工程项目的人力、资金、物资、机械设备等生产要素；

④ 选择施工作业队伍；

⑤ 进行合理的经济分配；

⑥ 企业法定代表人授予的其他管理权力。

在一般的施工企业中设工程计划、合同管理、工程管理、工程成本、技术管理、物资采购、设备管理、人事管理、财务管理等职能管理部门（各企业所设的职能部门的名称不一，但其主管的工作内容是类似的），项目经理可能在工程管理部，或项目管理部下设的项目经理部主持工作。施工企业项目经理往往是一个施工项目施工方的总组织者、总协调者和总指挥者，它所承担的管理任务不仅依靠所在的项目经理部的管理人员来完成，还依靠整个企业各职能管理部门的指导、协作、配合和支持。项目经理不仅要考虑项目的利益，还应服从企业的整体利益。企业是工程管理的一个大系统，项目经理部则是其中的一个子系统。过分地强调子系统的独立性是不合理的，对企业的整体经营也会是不利的。

项目经理的任务包括项目的行政管理和项目管理两个方面，其在项目管理方面的主要任务是：施工安全管理；施工成本控制；施工进度控制；施工质量控制；施工环境控制；工程合同管理；工程信息管理；工程组织与协调等。

2.3.3 施工企业项目经理的责任

（1）项目管理目标责任书

项目管理目标责任书应在项目实施之前，由法定代表人或其授权人与项目经理协商制定。编制项目管理目标责任书应依据下列资料：项目合同文件；组织的管理制度；项目管理规划大纲；组织的经营方针和目标等。

项目管理目标责任书可包括下列内容：

① 项目管理实施目标；

② 组织与项目经理部之间的责任、权限和利益分配；

③ 项目设计、采购、施工、试运行等管理的内容和要求；

④ 项目需用资源的提供方式和核算办法；

⑤ 法定代表人向项目经理委托的特殊事项；
⑥ 项目经理部应承担的风险；
⑦ 项目管理目标的评价原则、内容和方法；
⑧ 对项目经理部奖励的依据、标准和办法；
⑨ 项目经理解职和项目经理部解体的条件及办法。

（2）项目经理的职责

项目经理应履行下列职责：
① 项目管理目标责任书规定的职责；
② 主持编制项目管理实施规划，并对项目目标进行系统管理；
③ 对资源进行动态管理；
④ 建立各种专业管理体系，并组织实施；
⑤ 进行授权范围内的利益分配；
⑥ 收集工程资料，准备结算资料，参与工程竣工验收；
⑦ 接受审计，处理项目经理部解体的善后工作；
⑧ 协助组织进行项目的检查、鉴定和评奖申报工作。

（3）项目经理的权限

项目经理应具有下列权限：
① 参与项目招标、投标和合同签订；
② 参与组建项目经理部；
③ 主持项目经理部工作；
④ 决定授权范围内的项目资金的投入和使用；
⑤ 制定内部计酬办法；
⑥ 参与选择并使用具有相应资质的分包人；
⑦ 参与选择物资供应单位；
⑧ 在授权范围内协调与项目有关的内、外部关系；
⑨ 法定代表人授予的其他权力。

项目经理应承担施工安全和质量的责任，要加强对建筑业企业项目经理市场行为的监督管理。对发生重大工程质量安全事故或市场违法违规行为的项目经理，必须依法予以严肃处理。

项目经理对施工承担全面管理的责任：工程项目施工应建立以项目经理为首的生产经营管理系统，实行项目经理负责制；项目经理在工程项目施工中处于中心地位，对工程项目施工负有全面管理的责任。

在国际上，由于项目经理是施工企业内的一个工作岗位，项目经理的责任则由企业领导根据企业管理的体制和机制，以及根据项目的具体情况而定。企业针对每个项目有十分明确的管理职能分工表，在该表中明确项目经理对哪些任务承担策划、决策、执行、检查等职能，其将承担的则是相应的策划、决策、执行、检查的责任。

项目经理由于主观原因，或由于工作失误有可能承担法律责任和经济责任。政府主管部门将追究的主要是其法律责任，企业将追究的主要是其经济责任，但是，如果由于项目经理的违法行为而导致企业的损失，企业也有可能追究其法律责任。

2.4 建筑工程项目风险管理

2.4.1 项目的风险类型

2.4.1.1 风险、风险量和风险等级的内涵

风险指的是损失的不确定性。对建设工程项目管理而言,风险是指可能出现的影响项目目标实现的不确定因素。

风险量反映不确定的损失程度和损失发生的概率。若某个可能发生的事件其可能的损失程度和发生的概率都很大,则其风险量就很大,如图2-13所示的风险区A。若某事件经过风险评估,它处于风险区A,则应采取措施,降低其概率,即使它移位至风险区B;或采取措施降低其损失量,即使它移位至风险区C。风险区B和C的事件则应采取措施,使其移位至风险区D。

在《建设工程项目管理规范》(GB/T 50326—2017)的条文说明中所列风险等级评估见表2-3。

表2-3 风险等级评估

风险等级 可能性	轻度损失	中度损失	重大损失
很大	3	4	5
中等	2	3	4
很小	1	2	3

按表2-3的风险等级划分,图2-3中的各风险区的风险等级如下:风险区A——5等风险;风险区B——3等风险;风险区C——3等风险;风险区D——1等风险。

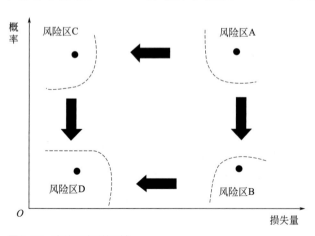

图2-13 事件风险量的区域

2.4.1.2 建设工程项目的风险类型

业主方和其他项目参与方都应建立风险管理体系，明确各层管理人员的相应管理责任，以减少项目实施过程不确定因素对项目的影响。建设工程项目的风险有如下几种类型。

（1）组织风险

具体包括：

① 组织结构模式；
② 工作流程组织；
③ 任务分工和管理职能分工；
④ 业主方（包括代表业主利益的项目管理方）人员的构成和能力；
⑤ 设计人员和监理工程师的能力；
⑥ 承包方管理人员和一般技工的能力；
⑦ 施工机械操作人员的能力和经验；
⑧ 损失控制和安全管理人员的资历及能力等。

（2）经济与管理风险

具体包括：

① 宏观和微观经济情况；
② 工程资金供应的条件；
③ 合同风险；
④ 现场与公用防火设施的可用性及其数量；
⑤ 事故防范措施和计划；
⑥ 人身安全控制计划；
⑦ 信息安全控制计划等。

（3）工程环境风险

具体包含：

① 自然灾害；
② 岩土地质条件和水文地质条件；
③ 气象条件；
④ 引起火灾和爆炸的因素等。

（4）技术风险

具体包含：

① 工程勘测资料和有关文件；
② 工程设计文件；
③ 工程施工方案；
④ 工程物资；
⑤ 工程机械等。

2.4.2　项目风险管理的工作流程

2.4.2.1　风险管理

风险管理是为了达到一个组织的既定目标，而对组织所承担的各种风险进行管理的系统过程，其采取的方法应符合公众利益、人身安全、环境保护以及有关法规的要求。风险管理包括策划、组织、领导、协调和控制等方面的工作。

2.4.2.2　项目风险管理的工作流程

风险管理过程包括项目实施全过程的项目风险识别、项目风险评估、项目风险响应和项目风险控制。

（1）项目风险识别

项目风险识别的任务是识别项目实施过程存在哪些风险，其工作程序包括：
① 收集与项目风险有关的信息；
② 确定风险因素；
③ 编制项目风险识别报告。

（2）项目风险评估

项目风险评估包括以下工作：
① 利用已有数据资料（主要是类似项目有关风险的历史资料）和相关专业方法分析各种风险因素发生的概率；
② 分析各种风险的损失量，包括可能发生的工期损失、费用损失，以及对工程的质量、功能和使用效果等方面的影响；
③ 根据各种风险发生的概率和损失量，确定各种风险的风险量和风险等级。

（3）项目风险响应

常用的风险对策包括风险规避、减轻、自留、转移及其组合等策略。对难以控制的风险，向保险公司投保是风险转移的一种措施。项目风险响应指的是针对项目风险的对策进行风险响应。项目风险对策应形成风险管理计划，它包括：
① 风险管理目标；
② 风险管理范围；
③ 可使用的风险管理方法、工具以及数据来源；
④ 风险分类和风险排序要求；
⑤ 风险管理的职责和权限；
⑥ 风险跟踪的要求；
⑦ 相应的资源预算。

（4）项目风险控制

在项目进展过程中应收集和分析与风险相关的各种信息，预测可能发生的风险，对其进行监控并提出预警。

能力训练

一、单项选择题

1. 下列影响建设工程项目管理目标实现的因素中，起决定性作用的是（   ）。
   A. 人   B. 方法
   C. 工具   D. 组织

2. 关于建设工程项目系统特征的说法，错误的是（   ）。
   A. 项目都是一次性的
   B. 项目各阶段的工作目标是相同的
   C. 项目各阶段的工作任务是不同的
   D. 参与单位的合作多数不是固定的合作关系

3. 关于影响系统目标实现因素的说法，正确的是（   ）。
   A. 组织是影响系统目标实现的决定性因素
   B. 系统组织决定了系统目标
   C. 增加人员数量一定会有助于系统目标的实现
   D. 生产方法与工具的选择与系统目标实现无关

4. 下列组织工具中，可以用来对项目的结构进行逐层分解，以反映组成该项目的所有工作任务的是（   ）。
   A. 组织结构图   B. 工作任务分工表
   C. 项目结构图   D. 管理职能分工表

5. 编制项目合同编码的基础是（   ）。
   A. 项目合同文本和项目结构图
   B. 项目结构图和项目结构编码
   C. 项目结构编码和项目组织结构图
   D. 项目合同文本和项目组织结构图

6. 建设工程施工管理中的组织结构图反映的是（   ）。
   A. 一个项目管理班子中各组成部门之间的逻辑关系
   B. 一个项目中各组成部分之间的组织关系
   C. 一个项目管理班子中各组成部门之间的组织关系
   D. 一个项目中各组成部分之间的逻辑关系

7. 关于线性组织结构的说法，错误的是（   ）。
   A. 每个工作部门的指令源是唯一的
   B. 高组织层次部门可以向任何低组织层次下达指令
   C. 在特大组织系统中，指令路径会很长
   D. 可以避免相互矛盾的指令影响系统运行

8. 施工单位编制项目管理任务分工表前，应完成的工作是（　　）。
   A. 明确各项管理工作的流程　　　　B. 详细分解项目实施各阶段的工作
   C. 落实各工作部门的具体人员　　　D. 检查各项管理工作的执行情况

9. 关于项目管理工作任务分工表特点的说法，正确的是（　　）。
   A. 每一个任务只能有一个主办部门
   B. 每一个任务只能有一个协办部门和一个配合部门
   C. 项目运营部应在项目竣工后介入工作
   D. 项目管理工作任务分工表应作为组织设计文件的一部分

10. 某施工项目技术负责人从项目技术部提出的两个土方开挖方案中选定了拟实施的方案，并要求技术部对该方案进行深化。该项目技术负责人在施工管理中履行的管理职能是（　　）。
    A. 检查　　　　　　　　　　　　　B. 执行
    C. 决策　　　　　　　　　　　　　D. 计划

11. 关于管理职能分工表的说法，错误的是（　　）。
    A. 是用表的形式反映项目管理班子内部项目经理、各工作部门和各工作岗位对各项工作任务的项目管理职能分工
    B. 可辅以管理职能分工描述书来明确每个工作部门的管理职能
    C. 管理职能分工表无法暴露仅用岗位责任描述书时所掩盖的矛盾
    D. 可以用管理职能分工表来区分业主方和代表业主利益的项目管理方及工程建设监理方等的管理职能

12. 关于工作流程与工作流程图的说法，正确的是（　　）。
    A. 业主方与项目各参与方的工作流程任务是一致的
    B. 工作流程组织的任务就是编制组织结构图
    C. 工作流程图可以用来描述工作流程组织
    D. 工作流程图中用双向箭线表示工作间的逻辑关系

13. 根据《建筑施工组织设计规范》(GB/T 50502—2009)，"合理安排施工顺序"属于施工组织设计中（　　）的内容。
    A. 施工部署和施工方案　　　　　　B. 施工进度计划
    C. 施工平面图　　　　　　　　　　D. 施工准备工作计划

14. 根据动态控制原理，项目目标动态控制的第一步工作是（　　）。
    A. 调整项目目标　　　　　　　　　B. 制定纠偏措施
    C. 收集项目目标实际值　　　　　　D. 分解项目目标

15. 根据《建设工程施工合同（示范文本）》(GF-2017-0201)，承包人应在首次收到发包人要求更换项目经理的书面通知后（　　）天内向发包人提出书面改进报告。
    A. 28　　　　　B. 21　　　　　C. 14　　　　　D. 7

16. 根据《建设工程项目管理规范》(GB/T 50326—2017)风险等级划分的说明，图2-14中风险区A的风险等级为（　　）等风险。
    A. 1　　　　　B. 3　　　　　C. 5　　　　　D. 7

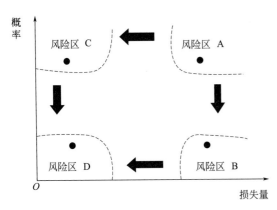

图2-14 第16题图

17. 根据《建设工程项目管理规范》(GB/T 50326—2017)的风险等级评估表,如果某个风险事件将对项目造成中度损失,且发生的可能性很大,则该事件的风险等级为( )级。

A. 5　　　　　　B. 4　　　　　　C. 3　　　　　　D. 2

二、多项选择题

1. 下列组织论的基本内容中,属于相对静态的组织关系的有( )。
   A. 组织分工
   B. 物质流程组织
   C. 信息处理工作流程组织
   D. 管理工作流程组织
   E. 组织结构模式

2. 关于组织论和组织工具的说法,正确的有( )。
   A. 组织分工一般包含工作任务分工和管理职能分工
   B. 工作流程图反映一个组织系统中各项工作之间的指令关系
   C. 工作流程图是一种重要的技术工具
   D. 组织结构模式和组织分工是一种相对静态的组织关系
   E. 在线性组织结构中,每一个工作部门的指令源是唯一的

3. 关于项目结构分解的说法,正确的有( )。
   A. 项目结构图通过树状图的方式对一个项目的结构进行逐层分解
   B. 项目结构图能够反映组成该项目的所有工作任务
   C. 项目结构的分解应该和整个工程实施的部署相结合,并结合将采用的合同结构
   D. 同一个建设工程项目只能有一个项目结构分解方法
   E. 项目结构分解需考虑项目进展的总体部署,采用统一的分解方案

4. 关于项目结构图和组织结构图的说法,正确的是( )。
   A. 项目结构图中,矩形框表示工作任务
   B. 项目结构图中,用双向箭线连接矩形框
   C. 组织结构图中,用直线连接矩形框
   D. 组织结构图中,矩形框表示工作部门
   E. 项目结构图和组织结构图都是组织工具

5. 某施工单位采用图2-15所示的组织结构模式，则关于该组织结构的说法，正确的有（　　）。

　　A. 甲工作涉及的指令源有2个，即项目部1和技术部
　　B. 该组织结构属于矩阵式
　　C. 技术部可以对甲、乙、丙、丁直接下达指令
　　D. 当项目部2和合同部的指令矛盾时，乙必须以合同部指令为主
　　E. 工程部不可以对甲、乙、丙、丁直接下达指令

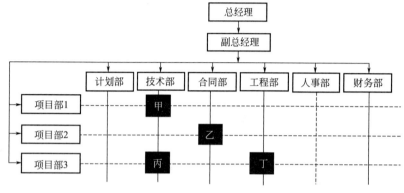

图2-15　第5题图

6. 关于施工管理职能分工的说法，正确的有（　　）。
　　A. 管理职能分工表和岗位责任描述书的作用是完全相同的
　　B. 不同的管理职能可由不同的职能部门承担
　　C. 项目各参与方都应编制各自的管理职能分工表
　　D. 管理职能分工表也可用于企业管理
　　E. 管理职能分工表只反映项目经理的工作任务

7. 关于建设项目工程总承包的说法，正确的有（　　）。
　　A. 工程总承包企业应向项目业主负责
　　B. 总承包企业可依法将所承包工程中的部分工作发包给具有相应资质的分包企业
　　C. 总承包企业可按照合同约定对项目勘察、设计、采购、施工、试运行等实行全过程或若干阶段的承包
　　D. 工程分包企业应向总承包企业和业主负责
　　E. 建设项目工程总承包的主要意义在于总价包干和"交钥匙"

8. 关于施工总承包模式特点的说法，正确的有（　　）。
　　A. 项目质量好坏在很大程度上取决于总承包单位的管理水平和技术水平
　　B. 开工日期不能太早，否则建设周期会较长
　　C. 不利于投资控制
　　D. 与平行发包模式相比，组织协调工作量大
　　E. 业主选择承包商范围小

9. 与施工总承包模式相比，施工总承包管理模式的优点有（　　）。

A. 整个建设项目合同总额的确定较有依据
B. 能为分包单位提供更好的管理和服务
C. 对业主节约投资较为有利
D. 施工现场的总体管理与协调较为有利
E. 缩短建设周期，进度控制较为有利

10. 项目施工过程中，对施工组织设计进行修改或补充的情形有（　　）。
   A. 某桥梁工程由于新规范的实施而需要重新调整施工工艺
   B. 由于自然灾害导致施工资源的配置有重大变更
   C. 设计单位应业主要求对楼梯部分进行局部修改
   D. 施工单位发现设计图纸存在重大错误需要修改工程设计
   E. 某钢结构工程施工期间，钢材价格上涨

11. 下列项目目标动态控制的纠偏措施中，属于技术措施的有（　　）。
   A. 调整工作流程组织　　　　B. 调整进度管理的方法和手段
   C. 改变施工机具　　　　　　D. 改变施工方法
   E. 调整项目管理职能分工

12. 项目动态控制过程中，属于事前控制内容的有（　　）。
   A. 分析可能导致项目目标偏离的各种影响因素
   B. 定期进行目标计划值和实际值的比较
   C. 针对可能导致目标偏离的影响因素采取预防措施
   D. 发现目标偏离时采取纠偏措施
   E. 分析目标偏离产生的原因和影响

13. 关于施工项目经理任职条件的说法，正确的有（　　）。
   A. 通过建造师执业资格考试的人员只能担任项目经理
   B. 项目经理必须由承包人正式聘用的建造师担任
   C. 项目经理每月在施工现场的时间可自行决定
   D. 项目经理不得同时担任其他项目的项目经理
   E. 项目经理可以由取得项目管理师资格证书的人员担任

14. 某事件经过风险评估，位于事件风险区域图中的风险区 A，则采取适当措施降低其（　　）。
   A. 发生概率，使它移位至风险区D　　B. 损失量，使它移位至风险区C
   C. 发生概率，使它移位至风险区C　　D. 损失量，使它移位至风险区B
   E. 发生概率，使它移位至风险区B

三、简答题

1. 影响一个系统目标实现的因素有哪些？
2. 控制项目目标的主要措施有几种？
3. 组织工具包括哪些？
4. 组织论的内容包括哪几个方面？

5. 系统的目标与系统的组织之间有什么关系？
6. 常用的组织结构模式有哪些？
7. 工作任务分工表和管理职能分工表的区别是什么？
8. 简述编制项目管理任务分工表的步骤。
9. 建设项目总承包模式对施工企业有什么优点？
10. 常见的建设项目总承包模式有哪些？

四、案例分析题

某公司根据企业发展战略和市场需求情况，决定于 2021 年下半年投资建设"A 品生产建设项目"，为了对项目的工作范围进行有效管理，需要用工作分解结构描述项目所包含的工作，根据大家的讨论得到了表 2-4 所示的工作分解表。

表2-4 产品生产建设项目工作分解表

A品生产建设项目	厂房土建	设备联调
设计	厂房装饰	试投产
厂房设计	设备采购与安装	试投产准备
生产线设计	设备采购	上岗培训
厂房改建	设备安装	产品试生产
原厂房内部拆除	设备调试	项目验收

请根据表 2-4 所列各项工作，用项目结构图加以描述并给每项工作用三位数字进行编码。

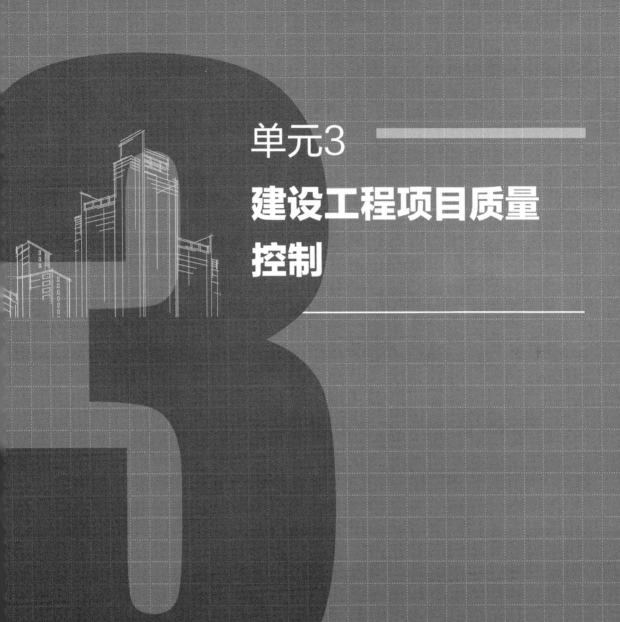

单元3

建设工程项目质量控制

知识目标

1. 掌握质量控制的过程和方法；
2. 掌握施工过程及竣工质量验收的标准和方法；
3. 熟悉数理统计方法在工程质量管理中的应用；
4. 了解质量控制的含义和特点。

 技能目标

1. 能够进行施工工序质量控制；
2. 能够进行项目施工质量验收并对工程质量事故进行处理；
3. 能够正确判断质量事故等级并进行处理。

 素质目标

　　质量是建设工程项目管理的主要控制目标之一。建设工程项目的质量控制，需要系统有效地应用质量管理和质量控制的基本原理及方法，建立和运行工程项目质量控制体系，落实项目各参与方的质量责任，通过项目实施过程各个环节质量控制的职能活动，有效预防和正确处理可能发生的工程质量事故，在政府的监督下实现建设工程项目的质量目标。长江三峡水利枢纽工程，是迄今为止我国最大的建设项目，在世界同行业、同类型的建设工程中也绝无仅有。三峡工程质量优良，大坝三期工程右岸大坝没有发现一条裂缝，创造了世界水电施工的奇迹。三峡工程的工地文化为"以零质量缺陷实现零质量事故，以零安全违章保证零安全事故"，"双零"意识深入到每一个建设者心中，严格落实到每一个工程、每一道工序。大坝建设攻坚克难，创造多个世界第一，体现了不畏艰难、勇攀高峰的职业精神。在长江上兴建三峡水利枢纽工程，兴防洪、发电、航运、调水等诸多之利，促进长江流域的经济发展，推动中华民族的振兴。国家要强大、民族要复兴，必须靠我们自己砥砺奋进、不懈奋斗。这就需要大家在学习本单元时要有敬畏之心，意识到工程质量的重要性，养成良好的职业素养和精益求精的工作作风。

3.1　建设工程项目质量控制概述

3.1.1　项目质量管理的相关概念

3.1.1.1　质量和工程项目质量

质量的定义是：一组固有特性满足要求的程度。该定义可理解为：质量不仅是指产品的质量，也包括产品生产活动或过程的工作质量，还包括质量管理体系运行的质量；质量由一组固有的特性来表征（所谓"固有的"特性是指本来就有的、永久的特性），这些固有特性是指满足顾客和其他相关方要求的特性，以其满足要求的程度来衡量；而质量要求是指明示的、隐含的或必须履行的需要和期望，这些要求又是动态的、发展的和相对的。也就是说，质量"好"或者"差"，以其固有特性满足质量要求的程度来衡量。

建设工程项目质量是指通过项目实施形成的工程实体的质量，是反映建筑工程满足相关标准规定或合同约定的要求，包括其在安全、使用功能及耐久性能、环境保护等方面所有明显和隐含能力的特性总和。其质量特性主要体现在适用性、安全性、耐久性、可靠性、经济性及与环境的协调性等六个方面。

3.1.1.2　质量管理和工程项目质量管理

质量管理的定义是：在质量方面指挥和控制组织的协调的活动。与质量有关的活动，通常包括质量方针和质量目标的建立、质量策划、质量控制、质量保证和质量改进等。所以，质量管理就是建立和确定质量方针、质量目标及职责，并在质量管理体系中通过质量策划、质量控制、质量保证和质量改进等手段来实施和实现全部质量管理职能的所有活动。

工程项目质量管理是指在工程项目实施过程中，指挥和控制项目参与各方关于质量的相互协调的活动，是围绕着使工程项目满足质量要求而开展的策划、组织、计划、实施、检查、监督和审核等所有管理活动的总和。它是工程项目的建设、勘察、设计、施工、监理等单位的共同职责，项目参与各方的项目经理必须调动与项目质量有关的所有人员的积极性，共同做好本职工作，才能完成项目质量管理的任务。

3.1.1.3　质量控制与工程项目质量控制

根据国家标准《质量管理体系　基础和术语》（GB/T 19000—2016）的定义，质量控制是质量管理的一部分，致力于满足质量要求。这些活动主要包括：

① 设定目标：即设定要求，确定需要控制的标准、区间、范围、区域；
② 测量结果：测量满足所设定目标的程度；
③ 评价：评价控制的能力和效果；
④ 纠偏：对不满足设定目标的偏差及时纠偏，保持控制能力的稳定性。

也就是说，质量控制是在明确的质量目标和具体的条件下，通过行动方案和资源配置的计划、实施、检查及监督,进行质量目标的事前预控、事中控制和事后纠偏控制,实现预期质量目标的系统过程。

3.1.2 项目质量控制的目标和任务

建设工程项目质量控制的目标,就是实现由项目决策所决定的项目质量目标,使项目的适用性、安全性、耐久性、可靠性、经济性及与环境的协调性等方面满足建设单位需要并符合国家法律、行政法规和技术标准、规范的要求。项目的质量涵盖设计质量、材料质量、设备质量、施工质量和影响项目运行或运营的环境质量等,各项质量均应符合相关的技术规范和标准的规定,满足业主方的质量要求。

工程项目质量控制的任务就是对项目的建设、勘察、设计、施工、监理单位的工程质量行为,以及涉及项目工程实体质量的设计质量、材料质量、设备质量、施工安装质量进行控制。

由于项目的质量目标最终是由项目工程实体的质量来体现,而项目工程实体的质量最终是通过施工作业过程直接形成的,设计质量、材料质量、设备质量往往也要在施工过程中进行检验,因此,施工质量控制是项目质量控制的重点。

3.1.3 项目质量的影响因素

建设工程项目质量的影响因素,主要是指在项目质量目标策划、决策和实现过程中影响质量形成的各种客观因素和主观因素,包括人的因素、机械因素、材料因素、方法因素和环境因素(简称人、机、料、法、环)等。

(1)人的因素

在工程项目质量管理中,人的因素起决定性的作用。项目质量控制应以控制人的因素为基本出发点。影响项目质量的人的因素,包括两个方面:一是指直接履行项目质量职能的决策者、管理者和作业者个人的质量意识及质量活动能力;二是指承担项目策划、决策或实施的建设单位、勘察设计单位、咨询服务机构、工程承包企业等实体组织的质量管理体系及其管理能力。前者是个体的人,后者是群体的人。我国实行建筑业企业经营资质管理制度、市场准入制度、执业资格注册制度、作业及管理人员持证上岗制度等,从本质上说,都是对从事建设工程活动的人的素质和能力进行必要的控制。

(2)机械因素

机械包括工程设备、施工机械和各类施工工器具。工程设备是指组成工程实体的工艺设备和各类机具,如各类生产设备、装置和辅助配套的电梯、泵机,以及通风空调、消防、环保设备等。它们是工程项目的重要组成部分,其质量的优劣直接影响到工程使用功能的发挥。施工机械和各类工器具是指施工过程中使用的各类机具设备,包括运输设备、吊装设备、操作工具、测量仪器、计量器具以及施工安全设施等。施工机械设备是所有施工方案和工法得以实施的重要物质基础，合理选择和正确使用施工机械设备是保证项目施工质量和安全的重要条件。

（3）材料因素

材料包括工程材料和施工用料，又包括原材料、半成品、成品、构配件和周转材料等。各类材料是工程施工的基本物质条件，材料质量是工程质量的基础，材料质量不符合要求，工程质量就不可能达到标准。所以加强对材料的质量控制，是保证工程质量的基础。

（4）方法因素

方法因素也可以称为技术因素，包括勘察、设计、施工所采用的技术和方法，以及工程检测、试验的技术和方法等。从某种程度上说，技术方案和工艺水平的高低，决定了项目质量的优劣。依据科学的理论，采用先进合理的技术方案和措施，按照规范进行勘察、设计、施工，必将对保证项目的结构安全和使用功能，对组成质量因素的产品精度、强度、平整度、清洁度、耐久性等方面起到良好的推进作用。比如建设主管部门近年在建筑业中推广应用的10项新的应用技术，包括地基基础和地下空间工程技术、高性能混凝土技术、高效钢筋和预应力技术、新型模板及脚手架应用技术、钢结构技术、建筑防水技术等，对消除质量通病、保证建设工程质量起到了积极作用，收到了明显的效果。

（5）环境因素

影响项目质量的环境因素，包括项目的自然环境因素、社会环境因素、管理环境因素和作业环境因素。

① 自然环境因素。主要指工程地质、水文、气象条件和地下障碍物以及其他不可抗力等影响项目质量的因素。例如，复杂的地质条件必然对地基处理和房屋基础设计提出更高的要求，处理不当就会对结构安全造成不利影响；在地下水位高的地区，若在雨期进行基坑开挖，遇到连续降雨或排水困难，就会引起基坑塌方或地基受水浸泡影响承载力等；在寒冷地区冬期施工措施不当，工程会因受到冻融而影响质量；在基层未干燥或大风天进行卷材屋面防水层的施工，就会导致粘贴不牢及空鼓等质量问题等。

② 社会环境因素。主要是指会对项目质量造成影响的各种社会环境因素，包括：国家建设法律法规的健全程度及其执法力度；建设工程项目法人决策的理性化程度以及建筑业经营者的经营管理理念；建设工程交易市场和建筑生产要素市场的发育程度及交易行为的规范程度；政府的工程质量监督及行业管理成熟程度；建设咨询服务业的发展程度及其服务水准的高低；廉政管理及行风建设的状况等。

③ 管理环境因素。主要是指项目参建单位的质量管理体系、质量管理制度和各参建单位之间的协调等因素。比如，参建单位的质量管理体系是否健全，运行是否有效，决定了该单位的质量管理能力；在项目施工中根据承发包的合同结构，理顺管理关系，建立统一的现场施工组织系统和质量管理的综合运行机制，确保工程项目质量保证体系处于良好的状态，创造良好的质量管理环境和氛围，则是施工顺利进行、提高施工质量的保证。

④ 作业环境因素。主要指项目实施现场平面和空间环境条件，各种能源介质供应，施工照明、通风、安全防护设施，施工场地给排水，以及交通运输和道路条件等因素。这些条件是否良好，都直接影响到施工能否顺利进行，以及施工质量能否得到保证。

上述因素对项目质量的影响，具有复杂多变和不确定性的特点。对这些因素进行控制，是项目质量控制的主要内容。

3.1.4 项目质量风险分析和控制

建设工程项目质量的影响因素中，有可控因素，有不可控因素。这些因素对项目质量的影响存在不确定性，这就形成了建设工程项目的质量风险。

建设工程项目质量风险通常是指某种因素对实现项目质量目标造成不利影响的不确定性，这些因素导致发生质量损害的概率和造成质量损害的程度都是不确定的。在项目实施的整个过程中，对质量风险进行识别、评估、响应及控制，减少风险源的存在，降低风险事故发生的概率，减少风险事故对项目质量造成的损害，把风险损失控制在可以接受的程度，是项目质量控制的重要内容。

3.1.4.1 质量风险识别

对于项目而言，质量风险识别就是识别项目实施过程中存在哪些风险因素以及可能产生哪些质量损害。

（1）项目实施过程中常见的质量风险

从风险产生的原因分析，常见的质量风险有如下几类：

① 自然风险。自然风险包括客观自然条件对项目质量的不利影响和突发自然灾害对项目质量造成的损害。软弱、不均匀的岩土地基，恶劣的水文、气象条件，是长期存在的可能损害项目质量的隐患；地震、暴风、雷电、暴雨以及由此产生的洪水、滑坡、泥石流等突然发生的自然灾害都可能对项目质量造成严重破坏。

② 技术风险。技术风险包括现有技术水平的局限和项目实施人员对工程技术的掌握、应用不当对项目质量造成的不利影响，如：人类对自然规律的认识有一定的局限性，现有的科学技术水平不一定能够完全解决和正确处理工程实践中的所有问题；项目实施人员自身技术水平的局限，在项目决策和设计、施工、监理过程中，可能发生技术上的错误。这两方面的问题都可能对项目质量造成不利影响，特别是在不够成熟的新结构、新技术、新工艺、新材料的应用上可能存在的风险更大。

③ 管理风险。工程项目的建设、设计、施工、监理等工程质量责任单位的质量管理体系存在缺陷，组织结构不合理，工作流程组织不科学，任务分工和职能划分不恰当，管理制度不健全，或者各级管理者的管理能力不足和责任心不强，这些因素都可能对项目质量造成损害。

④ 环境风险。环境风险包括项目实施的社会环境和项目实施现场的工作环境可能对项目质量造成的不利影响。社会上的种种腐败现象和违法行为，都会给项目质量带来严重的隐患；项目现场的空气污染、水污染、光污染和噪声、固体废弃物等都可能对项目实施人员的工作质量和项目实体质量造成不利影响。

从风险损失责任承担的角度，项目质量风险可以分为：

① 业主方的风险。项目决策的失误，设计、施工、监理单位选择错误，向设计、施工

单位提供的基础资料不准确，项目实施过程中对项目参与各方的关系协调不当，对项目的竣工验收有疏忽等，由此对项目质量造成的不利影响都是业主方的风险。

② 勘察设计方的风险。水文地质勘察的疏漏，设计的错误造成的项目结构安全和主要使用功能方面不满足要求，是勘察设计方的风险。

③ 施工方的风险。在项目实施过程中，由于施工方管理松懈、混乱，施工技术错误，或者材料、机械使用不当，导致发生安全、质量事故，是施工方的风险。

④ 监理方的风险。在项目实施过程中，由于监理方没有依法履行在工程质量和安全方面的监理责任，因而留下质量隐患，或发生安全、质量事故，是监理方的风险。

（2）质量风险识别的方法

项目质量风险具有广泛性，影响质量的各方面因素都可能存在风险，项目实施的各个阶段都有不同的风险。进行风险识别应在广泛收集质量风险相关信息的基础上，集合从事项目实施的各方面工作和具有各方面知识的人员参加。风险识别可按风险责任单位和项目实施阶段分别进行，如设计单位在设计阶段或施工阶段的质量风险识别、施工单位在施工阶段或保修阶段的质量风险识别等。识别可分三步进行：

① 采用层次分析法画出质量风险结构层次图。可以按风险的种类列出各类风险因素可能造成的质量风险；也可以按项目结构图列出各个子项目可能存在的质量风险；还可以按工作流程图列出各个实施步骤（或工序）可能存在的质量风险。不要轻易否定或排除某些风险，对于不能排除但又不能确认存在的风险，宁可信其有不可信其无。

② 分析每种风险的促发因素。分析的方法可以采用头脑风暴法、专家调查（访谈）法、经验判断法和因果分析图等。

③ 将风险识别的结果汇总成为质量风险识别报告。报告没有固定格式，通常可以采用列表的形式，内容包括：风险编号、风险的种类、发生风险的因素、可能发生的风险事故的简单描述以及风险承担的责任方等。

3.1.4.2 质量风险评估

质量风险评估包括两个方面：一是评估各种质量风险发生的概率；二是评估各种质量风险可能造成的损失量。

（1）风险评估的方法

质量风险评估应采取定性与定量相结合的方法进行。通常可以采用经验判断法或德尔菲法，对各个风险事件发生的概率和事件后果以及项目的结构安全和主要使用功能影响的严重性进行专家打分，然后进行汇总分析，以估算每一个风险事件的风险水平，进而确定其风险等级。

（2）风险评估表

将风险评估的结果汇编成风险评估表。

3.1.4.3 质量风险应对策略

常用的质量风险应对策略包括规避、减轻、转移、自留及其组合等。

（1）规避

即采取恰当的措施避免质量风险的发生。例如：依法进行招标投标，慎重选择有资质、有能力的项目设计、施工、监理单位，避免因这些质量责任单位选择不当而发生质量风险；正确进行项目的规划选址，避开不良地基或容易发生地质灾害的区域；不选用不成熟、不可靠的设计、施工技术方案；合理安排施工工期和进度计划，避开可能发生的水灾、风灾、冻害对工程质量的损害等。以上都是规避质量风险的办法。

（2）减轻

即针对无法规避的质量风险，研究制定有效的应对方案，尽量把风险发生的概率和损失量降到最低程度，从而降低风险量和风险等级。例如，在施工中有针对性地制定和落实有效的施工质量保证措施和质量事故应急预案，可以降低质量事故发生的概率和减少事故损失量。

（3）转移

即依法采用正确的方法把质量风险转移给其他方承担。转移的方法有：

① 分包转移。例如，施工总承包单位依法把自己缺乏经验、没有足够把握的部分工程，通过签订分包合同，分包给有经验、有能力的单位施工；承包单位依法实行联合承包，也是分担风险的办法。

② 担保转移。例如，建设单位在工程发包时，要求承包单位提供履约担保；工程竣工结算时，扣留一定比例的质量保证金等。

③ 保险转移。质量责任单位向保险公司投保适当的险种，把质量风险全部或部分转移给保险公司等。

（4）自留

又称风险承担。当质量风险无法避免，或者估计可能造成的质量损害不会很严重而预防的成本很高时，风险自留也常常是一种有效的风险响应策略。风险自留有两种：无计划自留和有计划自留。无计划自留是指不知风险存在或虽预知有风险而未作预处理，一旦风险事件发生，再视造成的质量缺陷情况进行处理。有计划自留指明知有一定风险，经分析由自己承担风险更为合理，预先做好处理可能造成的质量缺陷和承担损失的准备。可以采取设立风险基金的办法，在损失发生后用基金弥补；在建筑工程预算价格中通常预留一定比例的不可预见费，一旦发生风险损失，使用不可预见费支付。

3.2 建设工程项目质量控制体系

3.2.1 全面质量管理思想和方法的应用

3.2.1.1 全面质量管理（TQC）的思想

TQC（Total Quality Control）即全面质量管理，是20世纪中期开始在欧美和日本广泛应用的质量管理理念和方法。我国从20世纪80年代开始引进和推广全面质量管理，其基本原理就是强调在企业或组织最高管理者的质量方针指引下,实行全面、全过程和全员参与的质量管理。

TQC的主要特点是:以顾客满意为宗旨;领导参与质量方针和目标的制定;提倡预防为主、科学管理、用数据说话等。在当今世界标准化组织颁布的质量管理体系标准中,处处都体现了这些重要特点和思想。建设工程项目的质量管理,同样应贯彻"三全"管理的思想和方法。

（1）全面质量管理

建设工程项目的全面质量管理,是指项目参与各方所进行的工程项目质量管理的总称,其中包括工程（产品）质量和工作质量的全面管理。工作质量是产品质量的保证,工作质量直接影响产品质量的形成。建设单位、监理单位、勘察单位、设计单位、施工总承包单位、施工分包单位、材料设备供应商等,任何一方、任何环节的怠慢疏忽或质量责任不落实都会造成对建设工程质量的不利影响。

（2）全过程质量管理

全过程质量管理,是指根据工程质量的形成规律,从源头抓起,全过程推进。《质量管理体系　基础和术语》(GB/T 19000—2016)强调质量管理的"过程方法"管理原则,要求应用"过程方法"进行全过程质量控制。要控制的主要过程有:项目策划与决策过程、勘察设计过程、设备材料采购过程、施工组织与实施过程、检测设施控制与计量过程、施工生产的检验试验过程、工程质量的评定过程、工程竣工验收与交付过程、工程回访维修服务过程等。

（3）全员参与质量管理

按照全面质量管理的思想,组织内部的每个部门和工作岗位都承担着相应的质量职能,组织的最高管理者确定了质量方针和目标,就应组织和动员全体员工参与到实施质量方针的系统活动中去,发挥自己的作用。开展全员参与质量管理的重要手段就是运用目标管理方法,将组织的质量总目标逐级进行分解,使之形成自上而下的质量目标分解体系和自下而上的质量目标保证体系,发挥组织系统内部每个工作岗位、部门或团队在实现质量总目标过程中的作用。

3.2.1.2　质量管理的PDCA循环

在长期的生产实践和理论研究中形成的PDCA循环,是建立质量管理体系和进行质量管理的基本方法。PDCA循环如图3-1所示。

从某种意义上说,管理就是确定任务目标,并通过PDCA循环来实现预期目标。每一循环都围绕着实现预期的目标,进行计划、实施、检查和处置活动,随着对存在问题的解决

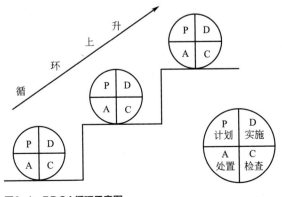

图3-1　PDCA循环示意图

与改进，在一次一次的滚动循环中使项目质量不断上升，不断增强质量管理能力，不断增强质量水平。每一个循环的四大职能活动相互联系，共同构成了质量管理的系统过程。

（1）计划P（Plan）

计划由目标和实现目标的手段组成。质量管理的计划职能，包括确定质量目标和制定实现质量目标的行动方案两方面。实践表明质量计划的严谨周密、经济合理和切实可行，是保证工作质量、产品质量和服务质量的前提条件。

建设工程项目的质量计划，是由项目参与各方根据其在项目实施中所承担的任务、责任范围和质量目标，分别制定质量计划而形成的质量计划体系。其中，建设单位的工程项目质量计划，包括确定和论证项目总体的质量目标，制定项目质量管理的组织、制度、工作程序、方法和要求。项目其他各参与方，则根据国家法律法规和工程合同规定的质量责任及义务，在明确各自质量目标的基础上，制定实施相应范围质量管理的行动方案，包括技术方法、业务流程、资源配置、检验试验要求、质量记录方式、不合格处理及相应管理措施等具体内容和做法的质量管理文件，同时亦须对其实现预期目标的可行性、有效性、经济合理性进行分析论证，并按照规定的程序与权限，经过审批后执行。

（2）实施D（Do）

实施职能在于将质量的目标值，通过生产要素的投入、作业技术活动和产出过程，转换为质量的实际值。为保证工程质量的产出或形成过程能够达到预期的结果，在各项质量活动实施前，要根据质量管理计划进行行动方案的部署和交底；交底的目的在于使具体的作业者和管理者明确计划的意图和要求，掌握质量标准及其实现的程序与方法。在质量活动的实施过程中，则要求严格执行计划的行动方案，规范行为，把质量管理计划的各项规定和安排落实到具体的资源配置和作业技术活动中去。

（3）检查C（Check）

指对计划实施过程进行各种检查，包括作业者的自检、互检和专职管理者专检。各类检查也都包含两大方面：一是检查是否严格执行了计划的行动方案，实际条件是否发生了变化，不执行计划的原因；二是检查计划执行的结果，即对产出的质量是否达到标准的要求进行确认和评价。

（4）处置A（Action）

对于质量检查所发现的质量问题或质量不合格，及时进行原因分析，采取必要的措施予以纠正，保持工程质量形成过程的受控状态。处置分纠偏和预防改进两个方面。前者是采取有效措施，解决当前的质量偏差、问题或事故；后者是将目前质量状况信息反馈到管理部门，反思问题症结或计划时的不周，确定改进目标和措施，为今后类似质量问题的预防提供借鉴。

3.2.2 质量管理七项原则

质量管理七项原则是ISO 9000族标准的编制基础，是世界各国质量管理成功经验的科学总结，其中不少内容与我国全面质量管理的经验吻合。它的贯彻执行能促进企业管理水平的提高，提高顾客对其产品或服务的满意程度，帮助企业达到持续成功的目的。质量管理七项原则的具体内容如下：

（1）以顾客为关注焦点

质量管理的主要关注点是满足顾客要求并且努力超越顾客的期望。组织只有赢得顾客和其他相关方的信任才能获得持续成功。与顾客相互作用的每个方面，都提供了为顾客创造更多价值的机会。理解顾客和其他相关方当前和未来的需求，有助于组织的持续成功。

（2）领导作用

各层领导建立统一的宗旨和方向，并且创造全员参与的条件，以实现组织的质量目标。统一的宗旨和方向以及全员参与，能够使组织将战略、方针、过程和资源保持一致，以实现其目标。

（3）全员参与

整个组织内各级人员的胜任、授权和参与，是提高组织创造和提供价值能力的必要条件。为了有效和高效地管理组织，各级人员得到尊重并参与其中是极其重要的。通过表彰、授权和提高能力，促进在实现组织的质量目标过程中的全员参与。

（4）过程方法

当活动被作为相互关联的功能连贯过程系统进行管理时，可更加有效和高效地始终得到预期的结果。质量管理体系是由相互关联的过程所组成的。理解体系是如何产生结果的，能够使组织尽可能地完善其体系和绩效。

（5）改进

成功的组织总是致力于持续改进。改进对于组织保持当前的业绩水平，对其内、外部条件的变化做出反应并创造新的机会都是非常必要的。

（6）循证决策

基于数据和信息的分析及评价的决策更有可能产生期望的结果。决策是一个复杂的过程，并且总是包含一些不确定因素。它经常涉及多种类型和来源的输入及其解释，而这些解释可能是主观的。重要的是理解因果关系和潜在的非预期后果。对事实、证据和数据的分析可导致决策更加客观。

（7）关系管理

为了持续成功，组织需要管理与供方等相关方的关系。组织管理与所有相关方的关系，会最大限度地发挥其在组织绩效方面的作用，因而对供方及合作伙伴的关系网的管理是非常重要的。

3.3　建筑工程项目施工质量控制

建筑工程项目的施工质量控制，有两个方面的含义：一是指项目施工单位的施工质量控制，包括施工总承包、分包单位及综合的和专业的施工质量控制；二是指广义的施工阶段项目质量控制，即除了施工单位的施工质量控制外，还包括建设单位、设计单位、监理单位以及政府质量监督机构，在施工阶段对项目施工质量所实施的监督管理和控制职能。

因此，项目管理者应全面理解施工质量控制的内涵，掌握项目施工阶段质量控制的目标、依据与基本环节，以及施工质量计划的编制和施工生产要素、施工准备工作和施工作业过程的质量控制方法。

3.3.1 施工质量控制的依据与基本环节

3.3.1.1 施工质量的基本要求

工程项目施工是实现项目设计意图、形成工程实体的阶段，是最终形成项目质量和实现项目使用价值的阶段。项目施工质量控制是整个工程项目质量控制的关键和重点。施工质量要达到的最基本要求是：通过施工形成的项目工程实体质量经检查验收合格。

项目施工质量验收合格应符合下列要求：

① 符合《建筑工程施工质量验收统一标准》(GB 50300—2013)和相关专业验收规范的规定；

② 符合工程勘察、设计文件的要求；

③ 符合施工承包合同的约定。

要求①是国家法律、法规的要求。国家建设行政主管部门为了加强建筑工程质量管理，规范建筑工程施工质量的验收，保证工程质量，制定了相应的标准和规范。这些标准、规范主要从技术的角度，为保证房屋建筑各专业工程的安全性、可靠性、耐久性而提出的一般性要求。

要求②是勘察、设计对施工提出的要求。工程勘察、设计单位针对本工程的水文地质条件，根据建设单位的要求，从技术和经济结合的角度，为满足工程的使用功能和安全性、经济性、与环境的协调性等要求，以图纸、文件的形式对施工提出要求，是针对每个工程项目的个性化要求。

要求③是施工承包合同约定的要求。施工承包合同的约定具体体现了建设单位的要求和施工单位的承诺，合同的约定全面体现了对施工形成的工程实体的适用性、安全性、耐久性、可靠性、经济性和与环境的协调性等六个方面质量特性的要求。

为了达到上述要求，项目的建设单位、勘察单位、设计单位、施工单位、工程监理单位应切实履行法定的质量责任和义务，在整个施工阶段对影响项目质量的各项因素实行有效的控制，以保证项目实施过程的工作质量来保证项目工程实体的质量。

"合格"是对项目质量的最基本要求，国家鼓励采用先进的科学技术和管理方法，提高建设工程质量。全国和地方（部门）的建设主管部门或行业协会设立了"中国建筑工程鲁班奖（国家优质工程）"以及以"某某杯"命名的各种优质工程奖等，都是为了鼓励项目参建单位创造更好的工程质量。

项目质量创优控制宜符合下列规定：

① 明确质量创优目标和创优计划；

② 精心策划和系统管理；

③ 制定高于国家标准的控制准则；

④ 确保工程创优资料和相关证据的管理水平。

3.3.1.2 施工质量控制的依据

（1）共同性依据

指适用于施工质量管理有关的、通用的、具有普遍指导意义和必须遵守的基本法规。主要包括：国家和政府有关部门颁布的与工程质量管理有关的法律法规性文件，如《中华人民共和国建筑法》《中华人民共和国招标投标法》（以下简称《招标投标法》）《建设工程质量管理条例》等。

（2）专业技术性依据

指针对不同的行业、不同质量控制对象制定的专业技术规范文件，包括规范、规程、标准、规定等。如工程建设项目质量检验评定标准，有关建筑材料、半成品和构配件质量方面的专门技术法规性文件，有关材料验收、包装和标志等方面的技术标准和规定，施工工艺质量等方面的技术法规性文件，有关新工艺、新技术、新材料、新设备的质量规定和鉴定意见等。

（3）项目专用性依据

指本项目的工程建设合同、勘察设计文件、设计交底及图纸会审记录、设计修改和技术变更通知，以及相关会议记录和工程联系单等。

3.3.1.3 施工质量控制的基本环节

施工质量控制应贯彻全面、全员、全过程质量管理的思想，运用动态控制原理，进行事前质量控制、事中质量控制和事后质量控制。

（1）事前质量控制

事前质量控制即在正式施工前进行的事前主动质量控制，通过编制施工质量计划，明确质量目标，制定施工方案，设置质量管理点，落实质量责任，分析可能导致质量目标偏离的各种影响因素，针对这些影响因素制定有效的预防措施，防患于未然。

事前质量预控必须充分发挥组织的技术和管理方面的整体优势，把长期形成的先进技术、管理方法和经验智慧，创造性地应用于工程项目。

事前质量预控要求针对质量控制对象的控制目标、活动条件、影响因素进行周密分析，找出薄弱环节，制定有效的控制措施和对策。

（2）事中质量控制

指在施工质量形成过程中，对影响施工质量的各种因素进行全面的动态控制。事中质量控制也称作业活动过程质量控制，包括质量活动主体的自我控制和他人监控的控制方式。自我控制是第一位的，即作业者在作业过程对自己质量活动行为的约束和技术能力的发挥，以完成符合预定质量目标的作业任务；他人监控是对作业者的质量活动过程和结果，由来自企业内部管理者和企业外部有关方面进行监督检查，如工程监理机构、政府质量监督部门等的监控。

施工质量的自控和监控是相辅相成的系统过程。自控主体的质量意识和能力是关键，是施工质量的决定因素;各监控主体所进行的施工质量监控是对自控行为的推动和约束。

因此,自控主体必须正确处理自控和监控的关系,在致力于施工质量自控的同时,还必须接受来自业主、监理等方面对其质量行为和结果所进行的监督管理,包括质量检查、评价和验收。自控主体不能因为监控主体的存在和监控职能的实施而减轻或免除其质量责任。

事中质量控制的目标是确保工序质量合格,杜绝质量事故发生;控制的关键是坚持质量标准;控制的重点是工序质量、工作质量和质量控制点的控制。

（3）事后质量控制

事后质量控制也称为事后质量把关,目标是使不合格的工序或最终产品（包括单位工程或整个工程项目）不流入下道工序、不进入市场。事后质量控制包括对质量活动结果的评价、认定,对工序质量偏差的纠正,对不合格产品进行整改和处理。控制的重点是发现施工质量方面的缺陷,并通过分析提出施工质量改进的措施,保持质量处于受控状态。

以上三大环节不是互相孤立和截然分开的,它们共同构成有机的系统过程,实质上也就是质量管理 PDCA 循环的具体化,在每一次滚动循环中不断提高,达到质量管理和质量控制的持续改进。

3.3.2 施工质量控制点的设置与管理

施工质量控制点的设置是施工质量计划的重要组成内容。施工质量控制点是施工质量控制的重点对象。

（1）质量控制点的设置

质量控制点应选择在那些技术要求高、施工难度大、对工程质量影响大或是发生质量问题时危害大的对象上进行设置。一般选择下列部位或环节作为质量控制点:

① 对工程质量形成过程产生直接影响的关键部位、工序、环节及隐蔽工程;
② 施工过程中的薄弱环节,或者质量不稳定的工序、部位或对象;
③ 对下道工序有较大影响的上道工序;
④ 采用新技术、新工艺、新材料的部位或环节;
⑤ 施工质量无把握的、施工条件困难的或技术难度大的工序或环节;
⑥ 用户反馈指出的和过去有过返工的不良工序。

一般建筑工程质量控制点的设置可参考表3-1。

表3-1 质量控制点的设置

分项工程	质量控制点
工程测量定位	标准轴线桩、水平桩、龙门板、定位轴线、标高
地基、基础（含设备基础）	基坑（槽）尺寸、标高、土质、地基承载力,基础垫层标高,基础位置、尺寸、标高,预埋件、预留洞孔的位置、标高、规格、数量,基础杯口弹线
砌体	砌体轴线、皮数杆、砂浆配合比、预留洞孔、预埋件的位置、数量、砌块排列
模板	位置、标高、尺寸,预留洞孔位置、尺寸,预埋件的位置,模板的承载力、刚度和稳定性,模板内部清理及润湿情况

续表

分项工程	质量控制点
钢筋混凝土	水泥品种、强度等级，砂石质量，混凝土配合比，外加剂比例，混凝土振捣，钢筋品种、规格、尺寸、搭接长度，钢筋焊接、机械连接，预留洞孔及预埋件规格、位置、尺寸、数量，预制构件吊装或出厂（脱模）强度，吊装位置、标高、支承长度、焊缝长度
吊装	吊装设备的起重能力、吊具、索具、地锚
钢结构	翻样图、放大样
焊接	焊接条件、焊接工艺
装修	视具体情况而定

（2）质量控制点的重点控制对象

质量控制点的选择要准确，还要根据对重要质量特性进行重点控制的要求，选择质量控制点的重点部位、重点工序和重点的质量因素作为质量控制点的重点控制对象，进行重点预控和监控，从而有效地控制和保证施工质量。质量控制点的重点控制对象主要包括以下几个方面：

① 人的行为：某些操作或工序，应以人为重点控制对象，如高空、高温、水下、易燃易爆、重型构件吊装作业以及操作要求高的工序和技术难度大的工序等，都应从人的生理、心理、技术能力等方面进行控制。

② 材料的质量与性能：这是直接影响工程质量的重要因素，在某些工程中应作为控制的重点。如钢结构工程中使用的高强度螺栓、某些特殊焊接使用的焊条，都应重点控制其材质与性能；又如水泥的质量是直接影响混凝土工程质量的关键因素，施工中就应对进场的水泥质量进行重点控制，必须检查核对其出厂合格证，并按要求进行强度和安定性的复验等。

③ 施工方法与关键操作：某些直接影响工程质量的关键操作应作为控制的重点，如预应力钢筋的张拉工艺操作过程及张拉力的控制，是可靠地建立预应力值和保证预应力构件质量的关键过程。同时，那些易对工程质量产生重大影响的施工方法，也应列为控制的重点，如大模板施工中模板的稳定和组装问题、液压滑模施工时支撑杆稳定问题、升板法施工中提升量的控制问题等。

④ 施工技术参数：如混凝土的外加剂掺量、水灰比，回填土的含水量，砌体的砂浆饱满度，防水混凝土的抗渗等级，建筑物沉降与基坑边坡稳定监测数据，大体积混凝土内外温差及混凝土冬期施工受冻临界强度等技术参数都是应重点控制的质量参数与指标。

⑤ 技术间歇：有些工序之间必须留有必要的技术间歇时间，如砌筑与抹灰之间，应在墙体砌筑后留6～10天时间，让墙体充分沉陷、稳定、干燥，然后再抹灰，抹灰层干燥后，才能喷白、刷浆；混凝土浇筑与模板拆除之间，应保证混凝土有一定的硬化时间，达到规定拆模强度后方可拆除等。

⑥ 施工顺序：某些工序之间必须严格控制先后的施工顺序，如对冷拉的钢筋应当先焊接后冷拉，否则会失去冷强；屋架的安装固定，应采取对角同时施焊方法，否则会由于焊接应力导致校正好的屋架发生倾斜。

⑦ 易发生或常见的质量通病：如混凝土工程的蜂窝、麻面、空洞，墙、地面、屋面工程渗水、漏水、空鼓、起砂、裂缝等，都与工序操作有关，均应事先研究对策，提出预防措施。

⑧ 新技术、新材料及新工艺的应用：由于缺乏经验，施工时应将其作为重点进行控制。

⑨ 产品质量不稳定和不合格率较高的工序应列为重点，认真分析，严格控制。

⑩ 特殊地基或特种结构：对于湿陷性黄土、膨胀土、红黏土等特殊土地基的处理，以及大跨度结构、高耸结构等技术难度较大的施工环节和重要部位，均应予以特别的重视。

（3）质量控制点的管理

设定了质量控制点，质量控制的目标及工作重点就更加明晰。首先，要做好施工质量控制点的事前质量预控工作，包括：明确质量控制的目标与控制参数；编制作业指导书和质量控制措施；确定质量检查检验方式及抽样的数量与方法；明确检查结果的判断标准及质量记录与信息反馈要求等。

其次，要向施工作业班组进行认真交底，使每一个控制点上的作业人员明白施工作业规程及质量检验评定标准，掌握施工操作要领；在施工过程中，相关技术管理和质量控制人员要在现场进行重点指导和检查验收。

同时，还要做好施工质量控制点的动态设置和动态跟踪管理。所谓动态设置，是指在工程开工前、设计交底和图纸会审时，可确定项目的一批质量控制点，随着工程的展开、施工条件的变化，随时或定期进行控制点的调整和更新。动态跟踪是应用动态控制原理，落实专人负责跟踪和记录控制点质量控制的状态及效果，并及时向项目管理组织的高层管理者反馈质量控制信息，保持施工质量控制点的受控状态。

3.3.3　工序施工质量控制

工序是人、材料、机械设备、施工方法和环境因素对工程质量起综合作用的过程，所以对施工过程的质量控制，必须以工序作业质量控制为基础和核心。因此，工序的质量控制是施工阶段质量控制的重点。只有严格控制工序质量，才能确保施工项目的实体质量。《建筑工程施工质量验收统一标准》（GB 50300—2013）规定：各施工工序应按施工技术标准进行质量控制，每道施工工序完成后，经施工单位自检符合规定后，才能进行下道工序施工。各专业工种之间的相关工序应进行交接检验，并应记录。对于监理单位提出检查要求的重要工序，应经监理工程师检查认可，才能进行下道工序施工。

工序施工质量控制主要包括工序施工条件质量控制和工序施工效果质量控制。

（1）工序施工条件质量控制

工序施工条件是指从事工序活动的各生产要素质量及生产环境条件。工序施工条件控制就是控制工序活动的各种投入要素质量和环境条件质量。控制的手段主要有检查、测试、试验、跟踪监督等。控制的依据主要是设计质量标准、材料质量标准、机械设备技术性能标准、施工工艺标准以及操作规程等。

（2）工序施工效果质量控制

工序施工效果主要反映工序产品的质量特征和特性指标。对工序施工效果的控制就是控制工序产品的质量特征和特性指标能否达到设计质量标准以及施工质量验收标准的要求。工序施工效果控制属于事后质量控制，其控制的主要途径是：实测获取数据、统计分析所获取的数据、判断认定质量等级和纠正质量偏差。

按有关施工验收规范规定，下列工序质量必须进行现场质量检测，合格后才能进行下道工序：

① 地基基础工程。

a. 地基及复合地基承载力检测。对灰土地基、砂和砂石地基、土工合成材料地基、粉煤灰地基、强夯地基、注浆地基、预压地基，其竣工后的结果（地基强度或承载力）必须达到设计要求的标准。检验数量为：每单位工程不应少于3点；1000m^2以上3000m^2以下工程，每100m^2至少应有1点；3000m^2以上工程，每300m^2至少应有1点；每一独立基础下至少应有1点，基槽每20延米应有1点。

对水泥土搅拌桩复合地基、高压喷射注浆桩复合地基、砂桩地基、振冲桩复合地基、土和灰土挤密桩复合地基、水泥粉煤灰碎石桩复合地基及夯实水泥土桩复合地基，其承载力检验数量为总数的0.5%～1%，但不应小于3处。有单桩强度检验要求时，数量为总数的0.5%～1%，但不应少于3根。

b. 工程桩的承载力检测。对于地基基础设计等级为甲级或地质条件复杂、成桩质量可靠性低的灌注桩，应采用静载荷试验的方法进行检验，检验桩数不应少于总数的1%，且不应少于3根，当总桩数少于50根时，不应少于2根。

设计等级为甲级、乙级的桩基或地质条件复杂、桩施工质量可靠性低的灌注桩，本地区采用的新桩型或新工艺的桩基应进行桩的承载力检测。检测数量在同一条件下不应少于3根，且不宜少于总桩数的1%。

c. 桩身质量检验。对设计等级为甲级或地质条件复杂、成桩质量可靠性低的灌注桩，抽检数量不应少于总数的30%，且不应少于20根；其他桩基工程的抽检数量不应少于总数的20%，且不应少于10根；对混凝土预制桩及地下水位以上且终孔后经过核验的灌注桩，检验数量不应少于总桩数的10%，且不得少于10根。每个柱子承台下不得少于1根。

② 主体结构工程。

a. 混凝土、砂浆、砌体强度现场检测。检测同一强度等级同条件养护的试块强度，以此检测结果代表工程实体的结构强度。

混凝土：按统计方法评定混凝土强度的基本条件是，同一强度等级的同条件养护试件的留置数量不宜少于10组；按非统计方法评定混凝土强度时，留置数量不应少于3组。

砂浆抽检数量：每一检验批且不超过250m^3砌体的各种类型及强度等级的砌筑砂浆，每台搅拌机应至少抽检一次。

砌体：普通砖15万块、多孔砖5万块、灰砂砖及粉灰砖10万块各为一检验批，抽检数量为一组。

b. 钢筋保护层厚度检测。钢筋保护层厚度检测的结构部位，应由监理（建设）、施工等各方根据结构构件的重要性共同选定。

对梁类、板类构件，应各抽取构件数量的2%且不少于5个构件进行检验。

c. 混凝土预制构件结构性能检测。对成批生产的构件，应按同一工艺正常生产的不超过1000件且不超过3个月的同类型产品为一批。在每批中应随机抽取一个构件作为试件进行检验。

③ 建筑幕墙工程。

a. 铝塑复合板的剥离强度检测。

b. 石材的弯曲强度、室内用花岗石的放射性检测。

c. 玻璃幕墙用结构胶的邵氏硬度、标准条件拉伸黏结强度、相容性试验检测；石材用结构胶结强度及石材用密封胶的污染性检测。

d. 建筑幕墙的气密性、水密性、风压变形性能、层间变位性能检测。

e. 硅酮结构胶相容性检测。

④ 钢结构及管道工程。

a. 钢结构及钢管焊接质量无损检测：对有无损检验要求的焊缝，竣工图上应标明焊缝编号、无损检验方法、局部无损检验焊缝的位置、底片编号、热处理焊缝位置及编号、焊缝补焊位置及施焊焊工代号；焊缝施焊记录及检查、检验记录应符合相关标准的规定。

b. 钢结构、钢管防腐及防火涂装检测。

c. 钢结构节点、机械连接用紧固标准件及高强度螺栓力学性能检测。

3.4 建筑工程项目质量验收

建筑工程项目的质量验收，主要是指工程施工质量的验收。施工质量验收应按照《建筑工程施工质量验收统一标准》（GB 50300—2013）规定进行。该标准是建筑工程各专业工程施工质量验收规范编制的统一准则，各专业工程施工质量验收规范应与该标准配合使用。根据上述施工质量验收统一标准，所谓"验收"，是指建筑工程在施工单位自行质量检查评定的基础上，参与建设活动的有关单位共同对检验批、分项、分部、单位工程的质量进行抽样复验，根据相关标准以书面形式对工程质量达到合格与否作出确认。正确地进行工程项目质量的检查评定和验收，是施工质量控制的重要环节。施工质量验收包括施工过程的质量验收及工程项目竣工质量验收两个部分。

3.4.1 施工过程的质量验收

工程项目质量验收，应将项目划分为单位（子单位）工程、分部（子分部）工程、分项工程和检验批进行验收。施工过程质量验收主要是指检验批和分项、分部工程的质量验收。

二维码 3
施工过程的质量验收

3.4.1.1 施工过程质量验收的内容

《建筑工程施工质量验收统一标准》（GB 50300—2013）与各个专业工程施工质量验收规范，明确规定了各分项工程的施工质量的基本要求，规定了分项工程检验批量的抽查办法和抽查数量，规定了检验批主控项目、一般项目的检查内容和允许偏差，规定了对主控项目、一般项目的检验方法，规定了各分部工程验收的方法和需要的技术资料等，同时对涉及人民生命财产安全、人身健康、环境保护和公共利益的内容以强制性条文作出规定，要求必须坚决、严格遵照执行。

建筑工程质量验收的基本规则为：

① 验收均应在施工单位自检合格的基础上进行；
② 参加工程施工质量验收的各方人员应具备相应的资格；
③ 检验批的质量应按主控项目和一般项目验收；
④ 对涉及结构安全、节能、环境保护和主要使用功能的试块、试件及材料，应在进场时或施工中按规定进行见证检验。

检验批和分项工程是质量验收的基本单元；分部工程是在所含全部分项工程验收的基础上进行验收的，在施工过程中随完工随验收，并留下完整的质量验收记录和资料；单位工程作为具有独立使用功能的完整建筑产品，进行竣工质量验收。

施工过程的质量验收包括以下验收环节，通过验收后留下完整的质量验收记录和资料，为工程项目竣工质量验收提供依据：

（1）检验批质量验收

检验批是指按同一生产条件或按规定的方式汇总起来供检验用的，由一定数量样本组成的检验。检验批可根据施工及质量控制和专业验收需要，按楼层、施工段、变形缝等进行划分。检验批是工程验收的最小单位，是分项工程乃至整个建筑工程质量验收的基础。

检验批应由专业监理工程师组织施工单位项目专业质量检查员、专业工长等进行验收。检验批质量验收是否合格应符合下列规定：
① 主控项目的质量经抽样检验均应合格。
② 一般项目的质量经抽样检验合格。
③ 具有完整的施工操作依据、质量验收记录。

主控项目是指建筑工程中对安全、节能、环境保护和主要使用功能起决定性作用的检验项目。主控项目的验收必须从严要求，不允许有不符合要求的检验结果，主控项目的检查具有否决权。除主控项目以外的检验项目称为一般项目。

（2）分项工程质量验收

分项工程质量验收是在检验批验收的基础上进行的。一般情况下，两者具有相同或相近的性质，只是批量的大小不同而已。分项工程可由一个或若干检验批组成。

分项工程应由专业监理工程师组织施工单位项目专业技术负责人等进行验收。分项工程质量验收是否合格应符合下列规定：
① 分项工程所含的检验批均应符合合格质量的规定；
② 分项工程所含的检验批的质量验收记录应完整。

（3）分部工程质量验收

分部工程的验收在其所含各分项工程验收的基础上进行。

分部工程应由总监理工程师组织施工单位项目负责人和项目技术负责人等进行验收。勘察、设计单位项目负责人和施工单位技术、质量部门负责人应参加地基与基础分部工程的验收。设计单位项目负责人和施工单位技术、质量部门负责人应参加主体结构、节能分部工程的验收。

分部（子分部）工程质量验收应符合下列规定：
① 分部（子分部）工程所含分项工程的质量均应验收合格；

② 质量控制资料应完整；
③ 有关安全、节能、环境保护和主要使用功能的抽样检测结果应符合相应规定；
④ 观感质量验收应符合要求。

必须注意的是，由于分部工程所含的各分项工程性质不同，因此它并不是在所含分项验收基础上的简单相加。即所含分项验收合格且质量控制资料完整，只是分部工程质量验收的基本条件，还必须在此基础上对涉及安全和使用功能的地基基础、主体结构、有关安全及重要使用功能的安装分部工程进行见证取样试验或抽样检测；而且还需要对其观感质量进行验收，并综合给出质量评价，对于评价为"差"的检查点应通过返修处理等措施进行补救。

3.4.1.2 施工过程质量验收不合格的处理

施工过程的质量验收是以检验批的施工质量为基本验收单元。检验批质量不合格可能是由于使用的材料不合格，或施工作业质量不合格，或质量控制资料不完整等原因所致，其处理方法有：
① 在检验批验收时，发现存在严重缺陷的应推倒重做，有一般的缺陷可通过返修或更换器具、使用设备消除缺陷后重新进行验收；
② 个别检验批发现某些项目或指标（如试块强度）不满足要求、难以确定是否验收时，应请有资质的法定检测单位检测鉴定，当鉴定结果能够达到设计要求时，应予以验收；
③ 当检测鉴定达不到设计要求，但经原设计单位核算仍能满足结构安全和使用功能的检验批，可予以验收；
④ 严重质量缺陷或超过检验批范围内的缺陷，经法定检测单位检测鉴定以后，认为不能满足最低限度安全储备和使用功能的，则必须进行加固处理，此举虽然改变外形尺寸，但能满足安全使用要求，可按技术处理方案和协商文件进行验收，责任方应承担经济责任；
⑤ 通过返修或加固处理后仍不能满足安全使用要求的分部工程严禁验收。

3.4.2 竣工质量验收

项目竣工质量验收是施工质量控制的最后一个环节，是对施工过程质量控制成果的全面检验，是从终端把关方面进行质量控制。未经验收或验收不合格的工程，不得交付使用。

3.4.2.1 竣工质量验收的依据

工程项目竣工质量验收的依据有：
① 国家相关法律法规和建设主管部门颁布的管理条例和办法；
② 工程施工质量验收统一标准；
③ 专业工程施工质量验收规范；
④ 批准的设计文件、施工图纸及说明书；
⑤ 工程施工承包合同；
⑥ 其他相关文件。

3.4.2.2 竣工质量验收的要求

建筑工程施工质量应按下列要求进行验收：

① 建筑工程施工质量应符合《建筑工程施工质量验收统一标准》和相关专业验收规范的规定；
② 建筑工程施工应符合工程勘察、设计文件的要求；
③ 参加工程施工质量验收的各方人员应具备规定的资格；
④ 工程质量的验收均应在施工单位自行检查评定的基础上进行；
⑤ 隐蔽工程在隐蔽前应由施工单位通知有关单位进行验收，并应形成验收文件；
⑥ 涉及结构安全的试块、试件以及有关材料，应按规定进行见证取样检测；
⑦ 检验批的质量应按主控项目和一般项目验收；
⑧ 对涉及结构安全、节能、环境保护和使用功能的重要分部工程应进行抽样检测；
⑨ 承担见证取样检测及有关结构安全检测的单位应具有相应资质；
⑩ 工程的观感质量应由验收人员通过现场检查，并应共同确认。

3.4.2.3 竣工质量验收的标准

单位工程是工程项目竣工质量验收的基本对象。单位（子单位）工程质量验收合格应符合下列规定：

① 所含分部工程的质量均应验收合格；
② 质量控制资料应完整；
③ 所含分部工程中有关安全、节能、环境保护和主要使用功能的检验资料应完整；
④ 主要使用功能的抽查结果应符合相关专业验收规范的规定；
⑤ 观感质量应符合要求。

3.4.2.4 竣工质量验收的程序

建设工程项目竣工验收，可分为分包工程验收、竣工预验收和单位工程验收三个环节进行。整个验收过程涉及建设单位、勘察单位、设计单位、监理单位及施工总分包各方的工作，必须按照工程项目质量控制系统的职能分工，以建设单位为核心进行竣工验收的组织协调。

（1）分包工程验收

单位工程中的分包工程完工后，分包单位应对所承包的工程项目进行自检，并应按标准规定的程序进行验收。验收时，总包单位应派人参加。分包单位应将所分包工程的质量控制资料整理完整，并移交给总包单位。

（2）竣工预验收

单位工程完工后，施工单位应组织有关人员进行自检。总监理工程师应组织各专业监理工程师对工程质量进行竣工预验收。存在施工质量问题时，应由施工单位整改。整改完毕后，由施工单位向建设单位提交工程竣工报告，申请工程竣工验收。

（3）单位工程验收

建设单位收到工程竣工报告后，应由建设单位项目负责人组织监理、施工、设计、勘察等单位项目负责人进行单位工程验收。

3.4.2.5 竣工验收备案

我国实行建设工程竣工验收备案制度。新建、扩建和改建的各类房屋建筑工程和市政基础设施工程的竣工验收，均应按《建设工程质量管理条例》规定进行备案。

建设单位应当自建设工程竣工验收合格之日起15日内，将建设工程竣工验收报告和规划、公安消防、环保等部门出具的认可文件或准许使用文件，报建设行政主管部门或者其他相关部门备案。

备案部门在收到备案文件资料后的15日内，对文件资料进行审查。符合要求的工程，在验收备案表上加盖"竣工验收备案专用章"，并将一份给建设单位存档。如审查中发现建设单位在竣工验收过程中，有违反国家有关建设工程质量管理规定行为的，责令停止使用，重新组织竣工验收。

建设单位有下列行为之一的，责令改正，处以工程合同价款2%以上4%以下的罚款；造成损失的，依法承担赔偿责任：

① 未组织竣工验收，擅自交付使用的；
② 验收不合格，擅自交付使用的；
③ 对不合格的建设工程按照合格工程验收的。

3.5 施工质量不合格的处理

二维码4
工程质量事故的
分类及处理

3.5.1 工程质量问题和质量事故的分类

3.5.1.1 工程质量不合格

（1）质量不合格和质量缺陷

凡工程产品没有满足某个规定的要求，就称之为质量不合格；而未满足某个与预期或规定用途有关的要求，称为质量缺陷。

（2）质量问题和质量事故

凡是工程质量不合格，影响使用功能或工程结构安全，造成永久质量缺陷或存在重大质量隐患，甚至直接导致工程倒塌或人身伤亡，必须进行返修、加固或报废处理，按照由此造成的直接经济损失的大小分为质量问题和质量事故。

3.5.1.2 工程质量事故

根据住房和城乡建设部《关于做好房屋建筑和市政基础设施工程质量事故报告和调查处理工作的通知》（建质〔2010〕111号），工程质量事故是指由于建设、勘察、设计、施工、监理等单位违反工程质量有关法律法规和工程建设标准，使工程产生结构安全、重要使用功能等方面的质量缺陷，造成人身伤亡或者重大经济损失的事故。

工程质量事故具有成因复杂、后果严重、种类繁多、往往与安全事故共生的特点，建设工程质量事故的分类有多种方法，不同专业工程类别对工程质量事故的等级划分也不尽相同。

（1）按事故造成损失的程度分级

"建质〔2010〕111号"文件根据工程质量事故造成的人员伤亡或者直接经济损失，将工程质量事故分为4个等级：

① 特别重大事故，是指造成30人以上死亡，或者100人以上重伤，或者1亿元以上直接经济损失的事故；

② 重大事故，是指造成10人以上30人以下死亡，或者50人以上100人以下重伤，或者5000万元以上1亿元以下直接经济损失的事故；

③ 较大事故，是指造成3人以上10人以下死亡，或者10人以上50人以下重伤，或者1000万元以上5000万元以下直接经济损失的事故；

④ 一般事故，是指造成3人以下死亡，或者10人以下重伤，或者100万元以上1000万元以下直接经济损失的事故。

该等级划分所称的"以上"包括本数，所称的"以下"不包括本数。

（2）按事故责任分类

① 指导责任事故：指由于工程实施指导或领导失误而造成的质量事故。例如，由于工程负责人片面追求施工进度，放松或不按质量标准进行控制和检验，降低施工质量标准等。

② 操作责任事故：指在施工过程中，由于实施操作者不按规程和标准实施操作，而造成的质量事故。例如，浇筑混凝土时随意加水，或振捣疏漏造成混凝土质量事故等。

③ 自然灾害事故：指由于突发的严重自然灾害等不可抗力造成的质量事故。例如地震、台风、暴雨、雷电、洪水等对工程结构造成破坏甚至使之倒塌。这类事故虽然不是人为责任直接造成，但灾害事故造成的损失程度也往往与人们是否在事前采取了有效的预防措施有关，相关责任人员也可能负有一定责任。

3.5.2 施工质量问题和质量事故的处理

3.5.2.1 施工质量事故处理的依据

（1）质量事故的实况资料

包括质量事故发生的时间、地点；质量事故状况的描述；质量事故发展变化的情况；有关质量事故的观测记录、事故现场状态的照片或录像；事故调查组调查研究所获得的第一手资料。

（2）有关合同及合同文件

包括工程承包合同、设计委托合同、设备与器材购销合同、监理合同及分包合同等。

（3）有关的技术文件和档案

主要是有关的设计文件（如施工图纸和技术说明）、与施工有关的技术文件、档案和资料（如施工方案、施工计划、施工记录、施工日志、有关建筑材料的质量证明资料、现场制备材料的质量证明资料、质量事故发生后对事故状况的观测记录、试验记录或试验报告等）。

（4）相关的建设法规

主要有《中华人民共和国建筑法》《建设工程质量管理条例》和《关于做好房屋建筑和市政基础设施工程质量事故报告和调查处理工作的通知》（建质〔2010〕111号）等与工程质量及质量事故处理有关的法规，以及勘察、设计、施工、监理等单位资质管理和从业者资格管理方面的法规，建筑市场管理方面的法规，以及相关技术标准、规范、规程和管理办法等。

3.5.2.2 施工质量事故报告和调查处理程序

施工质量事故报告和调查处理的一般程序如图3-2所示。

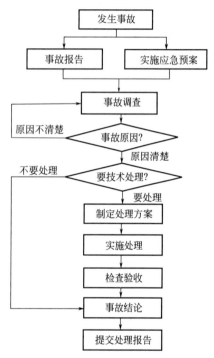

图3-2 施工质量事故处理的一般程序

（1）事故报告

工程质量事故发生后，事故现场有关人员应当立即向工程建设单位负责人报告；工程建设单位负责人接到报告后，应于1小时内向事故发生地县级以上人民政府住房和城乡建设主管部门及有关部门报告，同时应按照应急预案采取相应措施。情况紧急时，事故现场有关人员可直接向事故发生地县级以上人民政府住房和城乡建设主管部门报告。

（2）事故调查

事故调查要按规定区分事故的大小，分别由相应级别的人民政府直接或授权委托有关部门组织事故调查组进行调查。未造成人员伤亡的一般事故，县级人民政府也可以委托事故发生单位组织事故调查组进行调查。事故调查应力求及时、客观、全面，以便为事故的分析与处理提供正确的依据。调查结果要整理撰写成事故调查报告，其主要内容应包括：①事故项目及各参建单位概况；②事故发生经过和事故救援情况；③事故造成的人员伤亡和直接经济损失；④事故项目有关质量检测报告和技术分析报告；⑤事故发生的原因和事故性质；⑥事故责任的认定和事故责任者的处理建议；⑦事故防范和整改措施。

（3）事故的原因分析

原因分析要建立在事故情况调查的基础上，避免情况不明就主观推断事故的原因。特别是对涉及勘察、设计、施工、材料和管理等方面的质量事故，事故的原因往往错综复杂，因此，必须对调查所得到的数据、资料进行仔细的分析，依据国家有关法律法规和工程建设标准分析事故的直接原因和间接原因，必要时组织对事故项目进行检测鉴定和专家技术论证，去伪存真，找出造成事故的主要原因。

（4）制定处理方案

事故的处理要建立在原因分析的基础上，要广泛地听取专家及有关方面的意见，经科学论证，决定事故是否要进行技术处理和怎样处理。在制定事故处理的技术方案时，应做到安全可靠、技术可行、不留隐患、经济合理、具有可操作性、满足项目的安全和使用功能要求。

（5）实施处理

实施处理的内容包括：事故的技术处理，即按经过论证的技术方案进行处理，解决事故造成的质量缺陷问题；事故的责任处罚，即依据有关人民政府对事故调查报告的批复和有关法律法规的规定，对事故相关责任者实施行政处罚，负有事故责任的人员涉嫌犯罪的，依法追究刑事责任。

（6）事故处理的检查验收

质量事故的技术处理是否达到预期的目的，是否依然存在隐患，应当通过检查鉴定和验收作出确认。事故处理的质量检查鉴定，应严格按施工验收规范和相关质量标准的规定进行，必要时还应通过实际量测、试验和仪器检测等方法获取必要的数据，以便准确地对事故处理的结果作出鉴定，形成鉴定结论。

（7）提交处理报告

事故处理后，必须尽快提交完整的事故处理报告，其内容包括：事故调查的原始资料、测试的数据；事故原因分析和论证结果；事故处理的依据；事故处理的技术方案及措施；实施技术处理过程中有关的数据、记录、资料；检查验收记录；对事故相关责任者的处罚情况和事故处理的结论等。

3.5.2.3 施工质量缺陷处理的基本方法

（1）返修处理

当项目的某些部分的质量虽未达到规范、标准或设计规定的要求，存在一定的缺陷，但采取整修等措施后可以达到要求的质量标准，又不影响使用功能或外观的要求时，可采取返修处理的方法。例如，某些混凝土结构表面出现蜂窝、麻面，或者混凝土结构局部出现损伤，如结构受撞击、局部未振实、冻害、火灾、酸类腐蚀、碱骨料反应等，当这些缺陷或损伤仅仅在结构的表面或局部，不影响其使用和外观，可进行返修处理。再比如对混凝土结构出现裂缝，经分析研究后如果不影响结构的安全和使用功能时，也可采取返修处理。当裂缝宽度不大于 0.2mm 时，可采用表面密封法；当裂缝宽度大于 0.3mm 时，采用嵌缝密闭法；当裂缝较深时，则应采取灌浆修补的方法。

（2）加固处理

主要是针对危及结构承载力的质量缺陷的处理。通过加固处理，使建筑结构恢复或提高承载力，重新满足结构安全性与可靠性的要求，使结构能继续使用或改作其他用途。对混凝土结构常用的加固方法主要有：增大截面加固法、外包角钢加固法、粘钢加固法、增设支点加固法、增设剪力墙加固法、预应力加固法等。

（3）返工处理

当工程质量缺陷经过返修、加固处理后仍不能满足规定的质量标准要求，或不具备补救可能性，则必须采取重新制作、重新施工的返工处理措施。例如，某防洪堤坝填筑压实后，其压实土的干密度未达到规定值，经核算将影响土体的稳定且不满足抗渗能力的要求，须挖除不合格土，重新填筑，重新施工；某公路桥梁工程预应力按规定张拉系数为 1.3，而实际仅为 0.8，属严重的质量缺陷，也无法修补，只能重新制作；再比如某高层住宅施工中，有几层的混凝土结构误用了安定性不合格的水泥，无法采用其他补救办法，不得不爆破拆除重新浇筑。

（4）限制使用

在工程质量缺陷按修补方法处理后无法保证达到规定的使用要求和安全要求，而又无法返工处理的情况下，不得已时可做出诸如结构卸荷或减荷以及限制使用的决定。

（5）不做处理

某些工程质量问题虽然达不到规定的要求或标准，但其情况不严重，对结构安全或使用功能影响很小，经过分析、论证、法定检测单位鉴定和设计单位等认可后可不做专门处理。

（6）报废处理

出现质量事故的项目，通过分析或实践，采取上述处理方法后仍不能满足规定的质量要求或标准，则必须予以报废处理。

二维码 5　数理统计方法在工程质量管理中的应用

3.6　质量控制的数理统计方法

3.6.1　分层法的应用

（1）分层法的基本原理

由于项目质量的影响因素众多，对工程质量状况的调查和质量问题的分析，必须分门别类地进行，以便准确有效地找出问题及其原因，这就是分层法的基本思想。

例如，一个焊工班组有 A、B、C 三位工人实施焊接作业，共抽检 60 个焊接点，发现有 18 个不合格，占 30%。究竟问题出在谁身上？根据分层调查的统计数据表 3-2 可知，主要是作业工人 C 的焊接质量影响了总体的质量水平。

表3-2 分层调查的统计数据表

作业工人	抽检点数/个	不合格点数/个	个体不合格率	占不合格点总数百分率
A	20	2	10%	11%
B	20	4	20%	22%
C	20	12	60%	67%
合计	60	18	—	100%

（2）分层法的实际应用

应用分层法的关键是调查分析的类别和层划分，根据管理需要和统计目的，通常可按照以下分层方法取得原始数据：

① 按施工时间分，如月、日、上午、下午、白天、晚间、季节；
② 按地区部位分，如区域、城市、乡村、楼层、外墙、内墙；
③ 按产品材料分，如产地、厂商、规格、品种；
④ 按检测方法分，如方法、仪器、测定人、取样方式；
⑤ 按作业组织分，如工法、班组、工长、工人、分包商；
⑥ 按工程类型分，如住宅、办公楼、道路、桥梁、隧道；
⑦ 按合同结构分，如总承包、专业分包、劳务分包。

经过第一次分层调查和分析，找出主要问题的所在以后，还可以针对这个问题再次分层进行调查分析，一直到分析结果满足管理需要为止。层次类别划分越明确、越细致，就越能够准确有效地找出问题及其原因所在。

3.6.2 因果分析图法的应用

（1）因果分析图法的基本原理

因果分析图法，也称为质量特性要因分析法，其基本原理是对每一个质量特性或问题，采用如图3-3所示的方法，逐层深入排查可能原因，然后确定其中最主要原因，进行有的放矢的处置和管理。

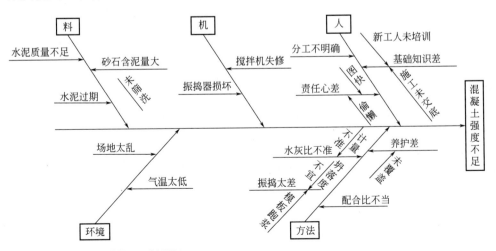

图3-3 混凝土强度不合格因果分析图

(2)因果分析图法的应用示例

图 3-3 表示混凝土强度不足的原因分析,其中,把混凝土施工的生产要素,即人、机械、材料、施工方法和施工环境作为第一层面的因素进行分析;然后对第一层面的各个因素,再进行第二层面的可能原因的深入分析。依此类推,直至把所有可能的原因,分层次地一一罗列出来。

(3)因果分析图法应用时的注意事项

① 一个质量特性或一个质量问题使用一张图分析;
② 通常采用 QC 小组活动的方式进行,集思广益,共同分析;
③ 必要时可以邀请小组以外的有关人员参与,广泛听取意见;
④ 分析时要充分发表意见,层层深入,分析出所有可能的原因;
⑤ 在充分分析的基础上,由各参与人员采用投票或其他方式,从中选择 1～5 项多数人达成共识的最主要原因。

3.6.3 排列图法的应用

(1)排列图法的适用范围

在质量管理过程中,通过抽样检查或检验试验所得到的关于质量问题、偏差、缺陷、不合格等方面的统计数据,以及造成质量问题的原因分析统计数据,均可采用排列图法进行状况描述,它具有直观、主次分明的特点。

(2)排列图法的应用示例

表 3-3 表示对某项模板施工精度进行抽样检查,得到 150 个不合格点数的统计数据。然后按照质量特性不合格点数(频数)由大到小的顺序,重新整理为表 3-4,并分别计算出累计频数和累计频率。

表3-3 某项模板施工精度的抽样检查数据

序号	检查项目	不合格点数	序号	检查项目	不合格点数
1	轴线位置	1	5	平面水平度	15
2	垂直度	8	6	表面平整度	75
3	标高	4	7	预埋设施中心位置	1
4	截面尺寸	45	8	预留孔洞中心位置	1

表3-4 重新整理后的抽样检查数据

序号	项目	频数	频率/%	累计频率/%
1	表面平整度	75	50.0	50.0
2	截面尺寸	45	30.0	80.0
3	平面水平度	15	10.0	90.0

续表

序号	项目	频数	频率/%	累计频率/%
4	垂直度	8	5.3	95.3
5	标高	4	2.7	98.0
6	其他	3	2.0	100.0
合计		150	100	

根据表 3-4 的统计数据画排列图，如图 3-4 所示，并将其中累计频率 0～80% 定为 A 类问题，即主要问题，进行重点管理；将累计频率在 80%～90% 区间的问题定为 B 类问题，即次要问题，作为次重点管理；将其余累计频率在 90%～100% 区间的问题定为 C 类问题，即一般问题，按照常规适当加强管理。以上方法称为 ABC 分类管理法。

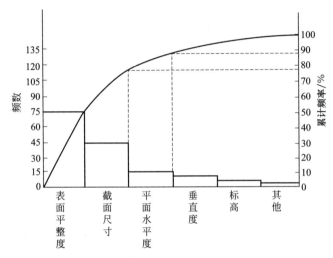

图3-4　构件尺寸不合格点排列图

3.6.4　直方图法的应用

（1）直方图法的主要用途

① 整理统计数据，了解统计数据的分布特征，即数据分布的集中或离散状况，从中掌握质量能力状态。

② 观察分析生产过程质量是否处于正常、稳定和受控状态，以及质量水平是否保持在公差允许的范围内。

（2）直方图法的应用示例

首先是收集当前生产过程质量特性抽检的数据，然后制作直方图进行观察分析，判断生产过程的质量状况和能力。表 3-5 为某工程 10 组试块的 50 个抗压强度数据，从这些数据很难直接判断其质量状况是否正常、稳定，如将其数据整理后绘制成直方图，就可以根据正态分布的特点进行分析判断，如图 3-5 所示。

表3-5 数据整理表　　　　　　　　　　　　　　单位：MPa

序号	抗压强度					最大值	最小值
1	39.8	37.7	33.8	31.5	36.1	39.8	31.5
2	37.2	38.0	33.1	39.0	36.0	39.0	33.1
3	35.8	35.2	31.8	37.1	34.0	37.1	31.8
4	39.9	34.3	33.2	40.4	41.2	41.2	33.2
5	39.2	35.4	34.4	38.1	40.3	40.3	34.4
6	42.3	37.5	35.5	39.3	37.3	42.3	35.5
7	35.9	42.4	41.8	36.3	36.2	42.4	35.9
8	46.2	37.6	38.3	39.7	38.0	46.2	37.6
9	36.4	38.3	43.4	38.2	38.0	43.4	36.4
10	44.4	42.0	37.9	38.4	39.5	44.4	37.9

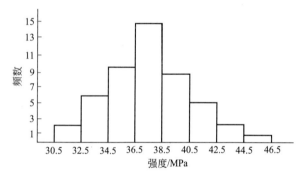

图3-5 混凝土强度分布直方图

（3）直方图的观察分析

① 通过分布形状观察分析。

a. 所谓形状观察分析是指将绘制好的直方图形状与正态分布图的形状进行比较分析，一看形状是否相似，二看分布区间的宽窄。直方图的分布形状及分布区间宽窄是由质量特性统计数据的平均值和标准偏差所决定的。

b. 正常直方图呈正态分布，其形状特征是中间高、两边低、对称，如图3-6（a）所示。正常直方图反映生产过程质量处于正常、稳定状态。数理统计研究证明，当随机抽样方案合理且样本数量足够大时，生产能力处于正常、稳定状态，质量特性检测数据趋于正态分布。

c. 异常直方图呈偏态分布，常见的异常直方图有折齿形、缓坡形、孤岛形、双峰形、峭壁形，如图3-6（b）、（c）、（d）、（e）、（f）所示，出现异常的原因可能是生产过程存在影响质量的系统因素，或收集整理数据制作直方图的方法不当所致，要具体分析。

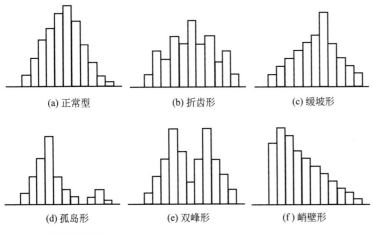

图3-6 常见的直方图

② 通过分布位置观察分析。

a. 所谓通过分布位置观察分析是指将直方图的分布位置与质量控制标准的上下限范围进行比较分析,如图3-7所示。

b. 生产过程的质量正常、稳定和受控,还必须在公差标准上、下界限范围内达到质量合格的要求。只有这样的正常、稳定和受控才是经济合理的受控状态,如图3-7(a)所示。

c. 图3-7(b)质量特性数据分布偏下限,易出现不合格,在管理上必须提高总体能力。

d. 图3-7(c)质量特性数据的分布宽度边界达到质量标准的上下界限,其质量能力处于临界状态,易出现不合格,必须分析原因,采取措施。

e. 图3-7(d)质量特性数据的分布居中且边界与质量标准的上下界限有较大的距离,说明其质量能力偏大、不经济。

f. 图3-7(e)、(f)的数据分布均已出现超出质量标准的界限,这些数据说明生产过程存在质量不合格,需要分析原因,采取措施进行纠偏。

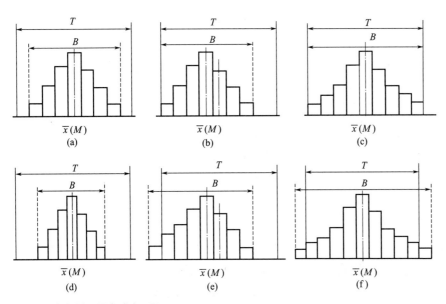

图3-7 直方图与质量标准上下限

能力训练

一、单项选择题

1. 在工程勘察设计、招标采购、施工安装、竣工验收等各个阶段,建设工程项目参与各方的质量控制,均应围绕致力于满足（　　）的质量总目标而展开。
   A. 法律法规　　　　　　　　B. 业主要求
   C. 工程建设标准　　　　　　D. 设计文件

2. 下列影响项目质量的环境因素中,属于管理环境因素的是（　　）。
   A. 项目现场施工组织系统　　　B. 项目所在地建筑市场规范程度
   C. 项目所在地政府的工程质量监督　D. 项目咨询公司的服务水平

3. 关于工程项目质量风险识别的说法,正确的是（　　）。
   A. 从风险产生的原因分析,质量风险分为自然风险、施工风险、设计风险
   B. 可按风险责任单位和项目实施阶段分别进行风险识别
   C. 因项目实施人员自身技术水平局限造成错误的质量风险属于管理风险
   D. 风险识别的步骤是:分析每种风险的促发因素→画出质量风险结构层次图→将结果汇总成质量风险识别报告

4. 下列质量管理的职能活动中,属于PDCA循环中的"D"职能的活动是（　　）。
   A. 明确项目质量目标　　　　　B. 专职质检员检查产品质量
   C. 行动方案的部署和交底　　　D. 制定实现质量目标的行动方案

5. 施工单位内部的施工作业质量检验包括（　　）。
   A. 自检、互检和旁站检查　　　B. 自检、专检和平行检验
   C. 自检、专检、旁站检查和平行检验　D. 自检、互检、专检和交接检查

6. 对装饰工程中的水磨石、面砖、石材饰面等现场检查时,均应进行敲击,检查其铺贴质量。该方法属于现场质量检查方法中的（　　）。
   A. 目测法　　　B. 实测法　　　C. 记录法　　　D. 试验法

7. 关于建设工程项目施工质量验收的说法,正确的是（　　）。
   A. 分项工程、分部工程应由专业监理工程师组织验收
   B. 分部工程的质量验收在分项工程验收的基础上进行
   C. 分项工程是工程验收的最小单元
   D. 分部工程所含全部分项工程质量验收合格,即可认为该分部工程验收合格

8. 某工程在浇筑楼板混凝土时,发生支模架坍塌,造成3人死亡,6人重伤。经调查,系现场技术管理人员未进行技术交底所致。该工程质量事故应判定为（　　）。
   A. 操作责任的较大事故　　　　B. 操作责任的重大事故
   C. 指导责任的较大事故　　　　D. 指导责任的重大事故

二、多项选择题

1. 建设工程施工质量的事后控制是指（　　）。
   A. 质量活动的检查和监控　　B. 质量活动结果的评价和认定
   C. 质量活动的行为约束　　　D. 质量偏差的纠正
   E. 已完施工的成品保护

2. 建设单位和监理单位组织设计单位向所有的施工单位进行详细的设计交底，其主要目的有（　　）。
   A. 深入发现和解决各专业设计之间可能存在的矛盾
   B. 充分理解设计意图
   C. 了解设计内容和技术要求
   D. 明确质量控制的重点和难点
   E. 消除施工图的差错，解决施工的可行性问题

3. 工程质量验收时，设计单位项目负责人应参加验收的分部工程有（　　）。
   A. 地基与基础　　　B. 装饰装修
   C. 主体结构　　　　D. 环境保护
   E. 节能工程

4. 关于因果分析图法应用的说法，正确的有（　　）。
   A. 一张分析图可以解决多个质量问题
   B. 常采用QC小组活动的方式进行，有利于集思广益
   C. 因果分析图法专业性很强，QC小组以外的人员不能参加
   D. 通过因果分析图可以了解统计数据的分布特征，从而掌握质量能力状态
   E. 分析时要充分发表意见，层层深入，排出所有可能的原因

5. 根据下列直方图的分布位置与质量控制标准的上下限范围的比较分析，正确的有（　　）。

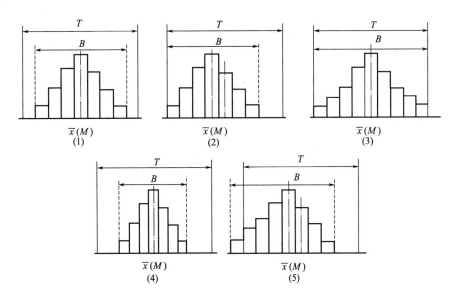

A. 图（1）显示生产过程的质量正常、稳定、受控
B. 图（3）显示质量特性数据分布达到质量标准上下限，质量能力处于临界状态
C. 图（4）显示质量特性数据的分布居中，质量能力偏大，不经济
D. 图（5）显示质量特性数据超出质量标准的下限，存在质量不合格情况
E. 图（2）显示质量特性数据分布偏上限，易出现不合格

三、简答题

1. 建设工程项目质量特性主要体现在哪几个方面？
2. 什么是工程项目质量控制？
3. 建设工程项目的质量管理，应贯彻"三全"管理的思想和方法，"三全"指的是哪三全？
4. 质量管理的 PDCA 循环指的是什么？
5. 常见的质量风险分为几类？（按风险产生的原因分析）
6. 质量风险应对策略有哪些？
7. 施工质量控制的基本环节是什么？
8. 工程质量检查验收如何划分？
9. 施工作业质量的监控现场质量检查的方法有哪些？
10. 按事故造成损失的程度分级，工程质量事故分为哪几个级别？

四、案例分析题

某大学投资兴建一综合实验楼，结构采用现浇框架-剪力墙结构体系，地上建筑为15层，地下为2层，通过公开招标，确定了某施工单位为中标单位，双方签订了施工承包合同。

该工程采用筏形基础，按流水施工方案组织施工。在第一段施工过程中，材料已送检，为了在雨期来临之前完成基础工程施工，施工单位负责人未经监理许可，在材料送检时，擅自施工，待筏基浇筑完毕后，发现水泥实验报告中某些检验项目质量不合格，如果返工重做，工期将拖延15天，经济损失达1.32万元。

某天凌晨两点左右，该综合实验楼发生一起6层悬臂式雨篷根部突然断裂的恶性质量事故，雨篷悬挂在墙面上，幸好未造成人员伤亡。经事故调查、原因分析，发现造成该质量事故的主要原因是施工队伍素质差，在施工时将受力钢筋位置放错，使悬臂结构受拉区无钢筋而产生脆性破坏。请问：

（1）施工单位未经监理单位许可即进行混凝土浇筑，该做法是否正确？如果不正确，施工单位应如何做？

（2）为了保证该综合实验楼的工程质量达到设计和规范要求，施工单位对进场材料应如何进行质量控制？

（3）如果该工程施工过程中实施了工程监理，监理单位对该起质量事故是否应承担责任？原因是什么？

单元4
建设工程项目进度控制

知识目标

1. 掌握工程项目进度计划的编制和时间参数的计算；
2. 熟悉工程项目进度检查与调整；
3. 熟悉项目进度计划系统的建立；
4. 了解工程项目进度控制的基本概念和内涵。

 技能目标

1. 能够根据工作间逻辑关系绘制双代号网络计划并进行时间参数的计算；
2. 能够准确地判断出项目的关键工作和关键线路；
3. 能够运用合适的方法对进度计划进行检查与调整。

 素质目标

在建设工程管理工作中，进度管理很重要，做好该项工作可以促进整体工程质量和工程效益。为了加强建设工程施工管理工作，必须做到精细化、规范化、科学化，才能使整个工程项目在规定时间保质保量地完成，进而获得理想的施工效益。2003 年，北京历时 7 天建成可容纳 1000 张病床的小汤山医院，两个月内收治了全国七分之一的"非典"病人，其间无一名医护人员被感染，创造了人类医学史上的奇迹。2020 年，武汉火神山和雷神山医院也以让人惊叹的"中国速度"火速建成，且施工现场未发生任何安全事故。这就需要大家在学习本单元时要有敬畏之心，培养良好的品行，在工程建设中培养实践动手以及组织和协调能力，并勇于探索创新，不断提高自己的专业素养，有求真务实、认真执行的工匠精神，对国家、对社会、对人民、对自己负责。

4.1 施工项目进度控制概述

4.1.1 项目进度控制的目的

项目进度控制的目的是通过控制以实现工程的进度目标。如只重视进度计划的编制，而不重视进度计划必要的调整，则进度无法得到控制。为了实现进度目标，进度控制的过程也就是随着项目的进展，进度计划不断调整的过程。

施工方是工程实施的一个重要参与方，许许多多的工程项目，特别是大型重点建设工程项目，工期要求十分紧迫，施工方的工程进度压力非常大。数百天的连续施工，一天两班制施工，甚至 24 小时连续施工时有发生。不是正常有序地施工，而盲目赶工，难免会导致施工质量问题和施工安全问题的出现，并且会引起施工成本的增加。因此，施工进度控制不仅关系到施工进度目标能否实现，它还直接关系到工程的质量和成本。在工程施工实践中，必须树立和坚持一个最基本的工程管理原则，即在确保工程质量的前提下，控制工程的进度。

为了有效地控制施工进度，尽可能摆脱因进度压力而造成工程组织的被动，施工方有关管理人员应深化理解以下内容：

① 整个建设工程项目的进度目标如何确定；
② 有哪些影响整个建设工程项目进度目标实现的主要因素；
③ 如何正确处理工程进度和工程质量的关系；
④ 施工方在整个建设工程项目进度目标实现中的地位和作用；
⑤ 影响施工进度目标实现的主要因素；
⑥ 施工进度控制的基本理论、方法、措施和手段等。

4.1.2　项目进度控制的任务

业主方进度控制的任务是控制整个项目实施阶段的进度，包括控制设计准备阶段的工作进度、设计工作进度、施工进度、物资采购工作进度，以及项目动用前准备阶段的工作进度。

设计方进度控制的任务是依据设计任务委托合同对设计工作进度的要求控制设计工作进度，这是设计方履行合同的义务。另外，设计方应尽可能使设计工作的进度与招标、施工和物资采购等工作进度相协调。在国际上，设计进度计划主要是各设计阶段的设计图纸（包括有关的说明）的出图计划，在出图计划中标明每张图纸的名称、图纸规格、负责人和出图日期。出图计划是设计方进度控制的依据，也是业主方控制设计进度的依据。

施工方进度控制的任务是依据施工任务委托合同对施工进度的要求控制施工进度，这是施工方履行合同的义务。在进度计划编制方面，施工方应视项目的特点和施工进度控制的需要，编制深度不同的控制性、指导性和实施性施工的进度计划，以及按不同计划周期（年度、季度、月度和旬）的施工计划等。

供货方进度控制的任务是依据供货合同对供货的要求控制供货进度，这是供货方履行合同的义务。供货进度计划应包括供货的所有环节，如采购、加工制造、运输等。

4.1.2.1　建设工程项目进度计划系统的内涵

建设工程项目进度计划系统是由多个相互关联的进度计划组成的系统，它是项目进度控制的依据。由于各种进度计划编制所需要的必要资料是在项目进展过程中逐步形成的，因此项目进度计划系统的建立和完善也有一个过程，它是逐步形成的。图 4-1 是一个建设工程项目进度计划系统的示例，这个计划系统有 4 个计划层次。

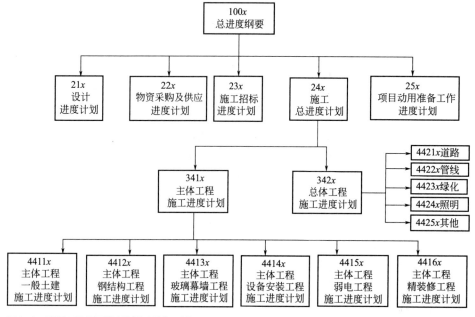

图4-1 建设工程项目进度计划系统的示例

4.1.2.2 不同类型的建设工程项目进度计划系统

根据项目进度控制不同的需要和不同的用途，业主方和项目各参与方可以构建多个不同的建设工程项目进度计划系统，如：

① 由多个相互关联的不同计划深度的进度计划组成的计划系统；
② 由多个相互关联的不同计划功能的进度计划组成的计划系统；
③ 由多个相互关联的不同项目参与方的进度计划组成的计划系统；
④ 由多个相互关联的不同计划周期的进度计划组成的计划系统等。

图 4-1 所示的建设工程项目进度计划系统示例的第二平面是多个相互关联的不同项目参与方的进度计划组成的计划系统；其第三和第四平面是多个相互关联的不同计划深度的进度计划组成的计划系统。

由不同深度的计划构成进度计划系统，包括：
① 总进度规划（计划）；
② 项目子系统进度规划（计划）；
③ 项目子系统中的单项工程进度计划等。

由不同功能的计划构成进度计划系统，包括：
① 控制性进度规划（计划）；
② 指导性进度规划（计划）；
③ 实施性（操作性）进度计划等。

由不同项目参与方的计划构成进度计划系统，包括：
① 业主方编制的整个项目实施的进度计划；
② 设计进度计划；
③ 施工和设备安装进度计划；

④ 采购和供货进度计划等。
由不同周期的计划构成进度计划系统，包括：
① 5 年建设进度计划；
② 年度、季度、月度和旬计划等。

4.1.2.3 建设工程项目进度计划系统中的内部关系

在建设工程项目进度计划系统中，各进度计划或各子系统进度计划编制和调整时必须注意其相互间的联系和协调，如：

① 总进度规划（计划）、项目子系统进度规划（计划）与项目子系统中的单项工程进度计划之间的联系和协调；

② 控制性进度规划（计划）、指导性进度规划（计划）与实施性（操作性）进度计划之间的联系和协调；

③ 业主方编制的整个项目实施的进度计划、设计方编制的进度计划、施工和设备安装方编制的进度计划与采购和供货方编制的进度计划之间的联系和协调等。

4.1.3 计算机辅助建设工程项目进度控制

国外有很多用于进度计划编制的商业软件，自 20 世纪 70 年代末至 80 年代初期开始，我国也开始研制进度计划的软件，这些软件都是在工程网络计划原理的基础上编制的。应用这些软件可以实现计算机辅助建设工程项目进度计划的编制和调整，以确定工程网络计划的时间参数。

计算机辅助工程网络计划编制的意义如下：
① 解决当工程网络计划计算量大，而手工计算难以承担的困难；
② 确保工程网络计划计算的准确性；
③ 有利于工程网络计划及时调整；
④ 有利于编制资源需求计划等。

正如前述，进度控制是一个动态编制和调整计划的过程，初始的进度计划和在项目实施过程中不断调整的计划，以及与进度控制有关的信息应尽可能对项目各参与方透明，以便各方为实现项目的进度目标协同工作。为使业主方各工作部门和项目各参与方方便快捷地获取进度信息，可利用项目信息门户作为基于互联网的信息处理平台辅助进度控制。

4.2 建设工程项目进度计划编制

4.2.1 横道图进度计划的编制方法

横道图是一种最简单、运用最广泛的传统进度计划方法，尽管有许多新的计划技术，但横道图在建设领域中的应用仍非常普遍。

通常横道图的表头为工作及其简要说明，项目进展表示在时间表格上，如图 4-2 所示。按照所表示工作的详细程度，时间单位可以为小时、天、周、月等。这些时间单位经常用日历表示，此时可表示非工作时间，如停工时间、公众假日、假期等。根据此横道图使用者的要求，工作可按照时间先后、责任、项目对象、同类资源等进行排序。

横道图也可将工作简要说明直接放在横道上。横道图可将最重要的逻辑关系标注在内，但是，如果将所有逻辑关系均标注在图上，则横道图简洁性的最大优点将丧失。横道图常用于小型项目或大型项目的子项目上，或用于计算资源需要量和概要预示进度，也可用于其他计划技术的表示结果。

横道图计划表中的进度线（横道）与时间坐标相对应，这种表达方式较直观，易看懂计划编制的意图。但是，横道图进度计划法也存在一些问题，如：

① 工序（工作）之间的逻辑关系可以设法表达，但不易表达清楚；

② 适用于手工编制计划；

③ 没有通过严谨的进度计划时间参数计算，不能确定计划的关键工作、关键路线与时差；

④ 计划调整只能用手工方式进行，其工作量较大；

⑤ 难以适应大的进度计划系统。

序号	工作名称	持续时间	开始时间	完成时间	紧前工作	十二月 21	一月 1 11 21	二月 1 11 21	三月 1 11 21	四月 1 11 21	五月 1 11 21	六月 1 11
1	基础完	0d	2019.12.28	2019.12.28		◆12.28						
2	预制柱	35d	2019.12.28	2020.2.14	1							
3	预制屋架	20d	2019.12.28	2020.1.24	1							
4	预制楼梯	15d	2019.12.28	2020.1.17	1							
5	吊装	30d	2020.2.15	2020.3.28	2,3,4							
6	砌砖墙	20d	2020.3.29	2020.4.25	5							
7	屋面找平	5d	2020.3.29	2020.4.4	5							
8	钢窗安装	4d	2020.4.19	2020.4.22	6SS+15d							
9	二毡三油一砂	5d	2020.4.5	2020.4.11	7							
10	外粉刷	20d	2020.4.25	2020.5.20	8							
11	内粉刷	30d	2020.4.25	2020.6.3	8,9							
12	油漆、玻璃	5d	2020.6.6	2020.6.10	10,11							
13	竣工	0d	2020.6.10	2020.6.10	12							

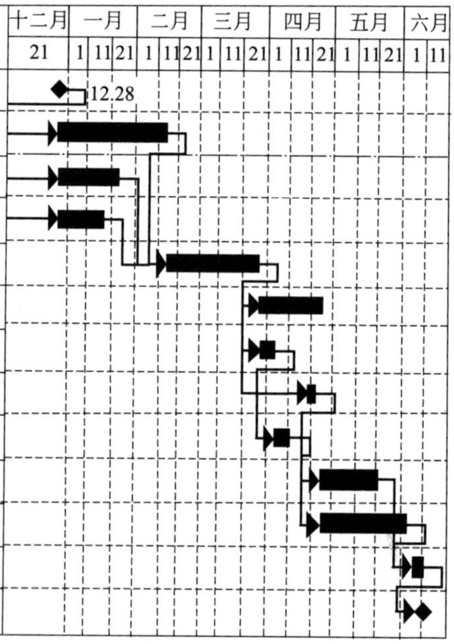

图4-2　横道图

4.2.2　工程网络计划的编制方法

网络图是由箭线和节点组成，用来表示工作流程的有向、有序网状图形。网络计划是在网络图上加注工作的时间参数等编成的进度计划。网络计划技术是用网络计划对任务的工作进度进行安排和控制，以保证实现预定目标的科学的计划管理技术。

国际上，工程网络计划有许多名称，如 CPM、PERT、CPA、MPM 等。工程网络计划的类型有如下几种不同的划分方法。

（1）按工作持续时间的特点划分为：

① 肯定型问题的网络计划；

② 非肯定型问题的网络计划；

③ 随机网络计划等。

（2）按工作和事件在网络图中的表示方法划分为：

① 事件网络：以节点表示事件的网络计划；

② 工作网络：以箭线表示工作的网络计划〔我国《工程网络计划技术规程》（JGJ/T 121—2015）称为双代号网络计划〕；以节点表示工作的网络计划〔我国《工程网络计划技术规程》（JGJ/T 121—2015）称为单代号网络计划〕。

（3）工程网络计划按计划平面的个数划分为：

① 单平面网络计划；

② 多平面网络计划（多阶网络计划，分级网络计划）。

美国较多使用双代号网络计划，欧洲国家则较多使用单代号搭接网络计划。我国《工程网络计划技术规程》（JGJ/T 121—2015）推荐的常用的工程网络计划类型包括：

① 双代号网络计划；

② 单代号网络计划；

③ 双代号时标网络计划；

④ 单代号搭接网络计划。

二维码6　双代号网络计划基本概念与绘图规则

4.2.2.1　双代号网络计划

（1）基本概念

双代号网络图是以箭线及其两端节点的编号表示工作的网络图，如图 4-3 所示。

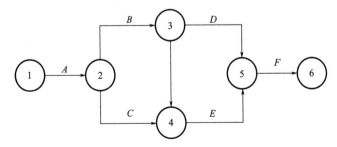

图4-3　双代号网络图

① 箭线（工作）。工作是泛指一项需要消耗人力、物力和时间的具体活动过程，也称工序、活动、作业。

双代号网络图中，每一条箭线表示一项工作。箭线的箭尾节点 i 表示该工作的开始，箭线的箭头节点 j 表示该工作的完成。工作名称可标注在箭线的上方，完成该项工作所需要的持续时间可标注在箭线的下方，如图 4-4 所示。由于一项工作需用一条箭线和其箭尾与箭头处两个圆圈中的号码来表示，故称为双代号网络计划。

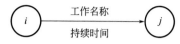

图4-4　双代号网络图工作的表示方法

在双代号网络图中，任意一条实箭线都要占用时间，并多数要消耗资源。在建设工程中，一条箭线表示项目中的一个施工过程，它可以是一道工序、一个分项工程、一个分部工程或一个单位工程，其粗细程度和工作范围的划分根据计划任务的需要确定。

在双代号网络图中，为了正确地表达图中工作之间的逻辑关系，往往需要应用虚箭线。虚箭线是实际工作中并不存在的一项虚设工作，故它们既不占用时间，也不消耗资源，一般起着工作之间的联系、区分和断路三个作用：

a. 联系作用是指应用虚箭线正确表达工作之间相互依存的关系；

b. 区分作用是指双代号网络图中每一项工作都必须用一条箭线和两个代号表示，若两项工作的代号相同时，应使用虚工作加以区分，如图 4-5 所示；

c. 断路作用是用虚箭线断掉多余联系，即在网络图中把无联系的工作连接上时，应加上虚工作将其断开。

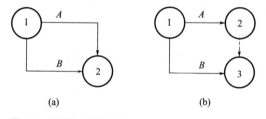

图4-5　虚箭线的区分作用

在无时间坐标的网络图中，箭线的长度原则上可以任意画，其占用的时间以下方标注的时间参数为准。箭线可以为直线、折线或斜线，但其行进方向均应从左向右。在有时间坐标的网络图中，箭线的长度必须根据完成该工作所需持续时间的长短按比例绘制。

在双代号网络图中，通常将工作用 $i—j$ 表示。紧排在本工作之前的工作称为紧前工作；紧排在本工作之后的工作称为紧后工作；与之平行进行的工作称为平行工作。

② 节点（又称结点、事件）。节点是网络图中箭线之间的连接点。在时间上节点表示指向某节点的工作全部完成后该节点后面的工作才能开始的瞬间，它反映前后工作的交接点。网络图中有三个类型的节点。

a. 起点节点。即网络图的第一个节点，它只有外向箭线（由节点向外指的箭线），一般表示一项任务或一个项目的开始。

b. 终点节点。即网络图的最后一个节点，它只有内向箭线（指向节点的箭线），一般表示一项任务或一个项目的完成。

c. 中间节点。即网络图中既有内向箭线，又有外向箭线的节点。

双代号网络图中，节点应用圆圈表示，并在圆圈内标注编号。一项工作应当只有唯一的一条箭线和相应的一对节点，且要求箭尾节点的编号小于其箭头节点的编号，即 $j<i$。网络

图节点的编号顺序应从小到大、可不连续，但不允许重复。

③ 线路。网络图中从起始节点开始，沿箭头方向顺序通过一系列箭线与节点，最后达到终点节点的通路称为线路。在一个网络图中可能有很多条线路，线路中各项工作持续时间之和就是该线路的长度，即线路所需要的时间。一般网络图有多条线路，可依次用该线路上的节点代号来记述，例如网络图 4-3 中的线路有三条线路：①—②—③—⑤—⑥、①—②—④—⑤—⑥、①—②—③—④—⑤—⑥。

在各条线路中，有一条或几条线路的总时间最长，称为关键路线，一般用双线或粗线标注。其他线路长度均小于关键线路，称为非关键线路。

④ 逻辑关系。网络图中工作之间相互制约或相互依赖的关系称为逻辑关系，它包括工艺关系和组织关系，在网络中均应表现为工作之间的先后顺序。

a. 工艺关系。生产性工作之间由工艺过程决定的，非生产性工作之间由工作程序决定的先后顺序称为工艺关系。

b. 组织关系。工作之间由于组织安排需要或资源（人力、材料、机械设备和资金等）调配需要而确定的先后顺序关系称为组织关系。

网络图必须正确地表达整个工程或任务的工艺流程和各工作开展的先后顺序，以及它们之间相互依赖和相互制约的逻辑关系。因此，绘制网络图时必须遵循一定的基本规则和要求。

（2）绘图规则

① 双代号网络图必须正确表达已确定的逻辑关系。网络图中常见的各种工作逻辑关系的表示方法见表 4-1。

表4-1　网络图中常见的各种工作逻辑关系的表示方法

序号	工作之间的逻辑关系	网络图中表示方法	说明
1	A、B 两项工作按照依次施工的顺序进行	○—A→○—B→○	B 工作依赖着 A 工作，A 工作约束着 B 工作的开始
2	A、B、C 三项工作同时开始	（A、B、C 三条箭线从同一起点分别指向三个终点）	A、B、C 三项工作称为平行工作
3	A、B、C 三项工作同时结束	（A、B、C 三条箭线从三个起点分别指向同一终点）	A、B、C 三项工作称为平行工作
4	A、B、C 三项工作只有在 A 完成后 B、C 才能开始	（A 指向节点后，B、C 从该节点分别指向两个终点）	A 工作制约着 B、C 工作的开始，B、C 为平行工作
5	A、B、C 三项工作，C 工作只有在 A、B 完成后，才能开始	（A、B 分别指向同一节点，再由该节点引出 C 到终点）	C 工作依赖着 A、B 工作，A、B 为平行工作

序号	工作之间的逻辑关系	网络图中表示方法	说明
6	A、B、C、D四项工作，只有当A、B完成后，C、D才能开始		通过中间节点j正确地表达了A、B、C、D之间的关系
7	A、B、C、D四项工作，A完成后C才能开始，A、B完成后D才开始		D与A之间引入了逻辑连接（虚工作），只有这样才能正确表达它们之间的约束关系
8	A、B、C、D、E五项工作，A、B完成后C开始；B、D完成后E开始		虚工作i—j反映出C工作受到B工作的约束，虚工作i—k反映出E工作受到B工作的约束
9	A、B、C、D、E五项工作，A、B、C完成后D才能开始；B、C完成后E才能开始		虚工作表示D工作受到B、C工作制约
10	A、B两项工作分三个施工段，流水施工		每个工种工程建立专业工作队，在每个施工段上进行流水作业，不同工种之间用逻辑搭接关系表示

② 双代号网络图中，不允许出现循环回路。所谓循环回路是指从网络图中的某一个节点出发，顺着箭线方向又回到了原来出发点的线路，如图4-6（a）所示。

③ 双代号网络图中，在节点之间不能出现带双向箭头或无箭头的连线，如图4-6（b）所示。

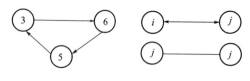

(a) 循环线路　　　　　(b) 箭线的错误画法

图4-6　循环线路和箭线的错误画法

④ 双代号网络图中，不能出现没有箭头节点或没有箭尾节点的箭线，如图4-7所示。

图4-7　没有箭头和箭尾节点的箭线

⑤ 当双代号网络图的某些节点有多条外向箭线或多条内向箭线时，为使图形简洁，可使用母线法绘制（但应满足一项工作用一条箭线和相应的一对节点表示），如图 4-8 所示。

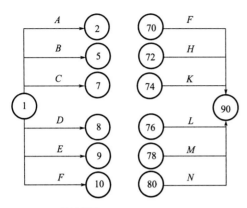

图4-8 母线法绘图

⑥ 绘制网络图时，箭线不宜交叉。当交叉不可避免时，可用过桥法或指向法，如图 4-9 所示。

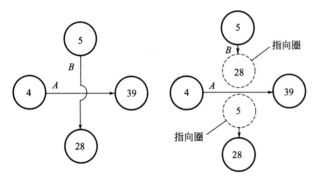

图4-9 箭线交叉的表示方法

⑦ 双代号网络图中应只有一个起点节点和一个终点节点（多目标网络计划除外），而其他所有节点均应是中间节点。

⑧ 双代号网络图应条理清楚，布局合理。例如，网络图中的工作箭线不宜画成任意方向或曲线形状，尽可能用水平线或斜线；关键线路、关键工作尽可能安排在图面中心位置，其他工作分散在两边；避免倒回箭头等。

（3）双代号网络图时间参数的计算

双代号网络计划时间参数计算的目的在于通过计算各项工作的时间参数，确定网络计划的关键工作、关键线路和计算工期，为网络计划的优化、调整和执行提供明确的时间参数。双代号网络计划时间参数的计算方法很多，一般常用的有按工作计算法和按节点计算法。在计算方式上又有分析计算法、表上计算法、图上计算法、矩阵计算法和电算法等。本节只介绍按工作计算法在图上进行计算的方法，即图上计算法。

时间参数的概念及其符号如下：

① 工作持续时间（D_{i-j}）。工作持续时间是对一项工作规定的从开始到完成的时间。在

双代号网络计划中，工作 $i—j$ 的持续时间用 $D_{i—j}$ 表示。

② 工期（T）。工期泛指完成任务所需要的时间，一般有以下三种：

a. 计算工期：根据网络计划时间参数计算出来的工期，用 T_C 表示。

b. 要求工期：任务委托人所要求的工期，用 T_r 表示。

c. 计划工期：在要求工期和计算工期的基础上综合考虑需要和可能而确定的工期，用 T_P 表示。网络计划的计划工期 T_P 应按下列情况分别确定：

当已规定了要求工期 T_r 时，

$$T_P \leqslant T_r \tag{4-1}$$

当未规定要求工期时，可令计划工期等于计算工期，

$$T_P = T_C \tag{4-2}$$

③ 网络计划中工作的六个时间参数。

a. 最早开始时间（$ES_{i—j}$）。最早开始时间是指在各紧前工作全部完成后，本工作有可能开始的最早时刻。工作 $i—j$ 的最早开始时间用 $ES_{i—j}$ 表示。

b. 最早完成时间（$EF_{i—j}$）。最早完成时间是指在各紧前工作全部完成后，本工作有可能完成的最早时刻。工作 $i—j$ 的最早完成时间用 $EF_{i—j}$ 表示。

c. 最迟开始时间（$LS_{i—j}$）。最迟开始时间是指在不影响整个任务按期完成的前提下，工作必须开始的最迟时刻。工作 $i—j$ 的最迟开始时间用 $LS_{i—j}$ 表示。

d. 最迟完成时间（$LF_{i—j}$）。最迟完成时间是指在不影响整个任务按期完成的前提下，工作必须完成的最迟时刻。工作 $i—j$ 的最迟完成时间用 $LF_{i—j}$ 表示。

e. 总时差（$TF_{i—j}$）。总时差是指在不影响总工期的前提下，本工作可以利用的机动时间。工作 $i—j$ 的总时差用 $TF_{i—j}$ 表示。

f. 自由时差（$FF_{i—j}$）。自由时差是指在不影响其紧后工作最早开始的前提下，本工作可以利用的机动时间。工作 $i—j$ 的自由时差用 $FF_{i—j}$ 表示。

按工作计算法计算网络计划中各时间参数，其计算结果应标注在箭线之上，如图 4-10 所示。

(a) 四时间参数标注法　　　　(b) 六时间参数标注法

图4-10　双代号网络计划按工序法计算时间参数标注形式

按工作计算法在网络图上计算六个工作时间参数，必须在清楚计算顺序和计算步骤的基础上，列出必要的公式，以加深对时间参数计算的理解。时间参数的计算步骤为：

① 最早开始时间和最早完成时间的计算。综上所述，工作最早时间参数受到紧前工作的约束，故其计算顺序应从起点节点开始，顺着箭线方向依次逐项计算。

二维码 7
双代号网络计划
时间参数的计算

以网络计划的起点节点为开始节点的工作的最早开始时间为零。如网络计划起点节点的编号为 1,则:

$$ES_{i-j}=0\ (i=1) \tag{4-3}$$

顺着箭线方向依次计算各个工作的最早完成时间和最早开始时间。

当工作只有一个紧前工作时,最早完成时间等于最早开始时间加上其持续时间:

$$EF_{i-j}=ES_{i-j}+D_{i-j} \tag{4-4}$$

当工作有多个紧前工作时,最早开始时间等于各紧前工作的最早完成时间 EF_{h-i} 的最大值:

$$ES_{i-j}=\max\ [EF_{h-i}] \tag{4-5}$$

或

$$ES_{i-j}=\max\ [ES_{h-i}+D_{h-i}] \tag{4-6}$$

② 确定计算工期 T_C。计算工期等于以网络计划的终点节点为箭头节点的各个工作的最早完成时间的最大值。当网络计划终点节点的编号为 n 时,计算工期:

$$T_C=\max\ [EF_{i-n}] \tag{4-7}$$

当无要求工期的限制时,取计划工期等于计算工期,即取:$T_P=T_C$。

③ 最迟开始时间和最迟完成时间的计算。工作最迟时间参数受到紧后工作的约束,故其计算顺序应从终点节点起,逆着箭线方向依次逐项计算。

以网络计划的终点节点($j=n$)为箭头节点的工作的最迟完成时间等于计划工期 T_P,即:

$$LF_{i-n}=T_P \tag{4-8}$$

逆着箭线方向依次计算各个工作的最迟开始时间和最迟完成时间。

当工作只有一个紧后工作时,最迟开始时间等于最迟完成时间减去其持续时间:

$$LS_{i-j}=LF_{i-j}-D_{i-j} \tag{4-9}$$

当工作有多个紧后工作时,最迟完成时间等于各紧后工作的最迟开始时间 LS_{j-k} 的最小值:

$$LF_{i-j}=\min\ [LS_{j-k}] \tag{4-10}$$

或

$$LF_{i-j}=\min\ [LF_{j-k}-D_{j-k}] \tag{4-11}$$

④ 计算工作总时差。总时差等于其最迟开始时间减去最早开始时间,或等于最迟完成时间减去最早完成时间:

$$TF_{i-j}=LS_{i-j}-ES_{i-j} \tag{4-12}$$

$$TF_{i-j}=LF_{i-j}-EF_{i-j} \tag{4-13}$$

⑤ 计算工作自由时差。当工作 $i-j$ 有紧后工作 $j-k$ 时,其自由时差应为:

$$FF_{i-j}=ES_{j-k}-EF_{i-j} \tag{4-14}$$

或

$$FF_{i-j}=ES_{j-k}-ES_{i-j}-D_{i-j} \tag{4-15}$$

以网络计划的终点节点($j=n$)为箭头节点的工作,其自由时差 FF_{i-n} 应按网络计划的计划工期 T_P 确定,即:

$$FF_{i-n}=T_P-EF_{i-n} \tag{4-16}$$

（4）关键工作和关键线路的确定

① 关键工作。总时差最小的工作是关键工作。

② 关键线路。自始至终全部由关键工作组成的线路为关键线路，或线路上总的工作持续时间最长的线路为关键线路。网络图上的关键线路可用双线或粗线标注。

【例4-1】已知网络计划的资料如表4-2所示，试绘制双代号网络计划；若计划工期等于计算工期，试计算各项工作的六个时间参数并确定关键线路，将之标注在网络计划上。

表4-2 网络计划资料表

工作名称	A	B	C	D	E	F	G	H
紧前工作			B	B	A、C	A、C	D、E、F	D、F
持续时间/天	4	2	3	3	5	6	3	5

【解】（1）根据表4-2中网络计划的有关资料，按照网络图的绘图规则，绘制双代号网络图，如图4-11所示。

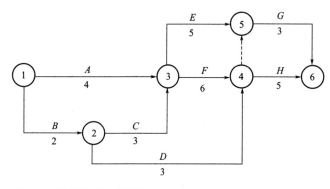

图4-11 双代号网络计算实例

（2）计算各项工作的时间参数，并将计算结果标注在箭线上方相应的位置。

① 计算各项工作的最早开始时间和最早完成时间。从起点节点（①节点）开始，顺着箭线方向依次逐项计算到终点节点（⑥节点）。

a. 以网络计划起点节点为开始节点的各工作的最早开始时间为零：

$ES_{1-2}=ES_{1-3}=0$

b. 计算各项工作的最早开始和最早完成时间：

$EF_{1-2}=ES_{1-2}+D_{1-2}=0+2=2$

$EF_{1-3}=ES_{1-3}+D_{1-3}=0+4=4$

$ES_{2-3}=ES_{2-4}=EF_{1-2}=2$

$EF_{2-3}=ES_{2-3}+D_{2-3}=2+3=5$

$EF_{2-4}=ES_{2-4}+D_{2-4}=2+3=5$

$ES_{3-4}=ES_{3-5}=\max[EF_{1-3},EF_{2-3}]=\max[4,5]=5$

$EF_{3-4}=ES_{3-4}+D_{3-4}=5+6=11$

$EF_{3-5}=ES_{3-5}+D_{3-5}=5+5=10$

$ES_{4-6}=ES_{4-5}=\max[EF_{3-4},EF_{2-4}]=\max[11,5]=11$

$EF_{4-6}=ES_{4-6}+D_{4-6}=11+5=16$

$EF_{4-5}=11+0=11$

$ES_{5-6}=\max[EF_{3-5},EF_{4-5}]=\max[10,11]=11$

$ES_{5-6}=11+3=14$

将以上计算结果标注在图4-12中的相应位置。

② 确定计算工期 T_C 及计划工期 T_P。

计算工期：$T_C=\max[EF_{5-6},EF_{4-6}]=\max[14,16]=16$

已知计划工期等于计算工期，则计划工期：$T_P=T_C=16$

③ 计算各项工作的最迟开始时间和最迟完成时间。从终点节点（⑥节点）开始，逆着箭线方向依次逐项计算到起点节点（①节点）。

a. 以网络计划终点节点为箭头节点的工作的最迟完成时间等于计划工期：

$LF_{4-6}=LF_{5-6}=16$

b. 计算各项工作的最迟开始时间和最迟完成时间：

$LS_{4-6}=LF_{4-6}-D_{4-6}=16-5=11$

$LS_{5-6}=LF_{5-6}-D_{5-6}=16-3=13$

$LF_{3-5}=LF_{4-5}=LS_{5-6}=13$

$LS_{3-5}=LF_{3-5}-D_{3-5}=13-5=8$

$LS_{4-5}=LF_{4-5}-D_{4-5}=13-0=13$

$LF_{2-4}=LF_{3-4}=\min[LS_{4-5},LS_{4-6}]=\min[13,11]=11$

$LS_{2-4}=LF_{2-4}-D_{2-4}=11-3=8$

$LS_{3-4}=LF_{3-4}-D_{3-4}=11-6=5$

$LF_{1-3}=LF_{2-3}=\min[LS_{3-4},LS_{3-5}]=\min[5,8]=5$

$LS_{1-3}=LF_{1-3}-D_{1-3}=5-4=1$

$LS_{2-3}=LF_{2-3}-D_{2-3}=5-3=2$

$LF_{1-2}=\min[LS_{2-3},LS_{2-4}]=\min[2,8]=2$

$LS_{1-2}=LF_{1-2}-D_{1-2}=2-2=0$

④ 计算各项工作的总时差 TF_{i-j}。可以用工作的最迟开始时间减去最早开始时间或用工作的最迟完成时间减去最早完成时间：

$TF_{1-2}=LS_{1-2}-ES_{1-2}=0-0=0$

或 $TF_{1-2}=LF_{1-2}-EF_{1-2}=2-2=0$

$TF_{1-3}=LS_{1-3}-ES_{1-3}=1-0=1$

$TF_{2-3}=LS_{2-3}-ES_{2-3}=2-2=0$

$TF_{2-4}=LS_{2-4}-ES_{2-4}=8-2=6$

$TF_{3-4}=LS_{3-4}-ES_{3-4}=5-5=0$

$TF_{3-5}=LS_{3-5}-ES_{3-5}=8-5=3$

$TF_{4-6}=LS_{4-6}-ES_{4-6}=11-11=0$

$TF_{5-6}=LS_{5-6}-ES_{5-6}=13-11=2$

将以上计算结果标注在图4-12中的相应位置。

⑤ 计算各项工作的自由时差 TF_{i-j}。其等于紧后工作的最早开始时间减去本工作的最早

完成时间：

$FF_{1-2}=ES_{2-3}-EF_{1-2}=2-2=0$

$FF_{1-3}=ES_{3-4}-EF_{1-3}=5-4=1$

$FF_{2-3}=ES_{3-5}-EF_{2-3}=5-5=0$

$FF_{2-4}=ES_{4-6}-EF_{2-4}=11-5=6$

$FF_{3-4}=ES_{4-6}-EF_{3-4}=11-11=0$

$FF_{3-5}=ES_{5-6}-EF_{3-5}=11-10=1$

$FF_{4-6}=T_P-EF_{4-6}=16-16=0$

$FF_{5-6}=T_P-EF_{5-6}=16-14=2$

将以上计算结果标注在图4-12中的相应位置。

（3）确定关键工作及关键线路。在图4-12中，最小的总时差是0，所以，凡是总时差为0的工作均为关键工作。该例中的关键工作是：①—②，②—③，③—④，④—⑥（或者说是B、C、F、H）。

在图4-12中，自始至终全由关键工作组成的关键线路是：①—②—③—④—⑥。关键线路用双箭线进行标注，如图4-12所示。

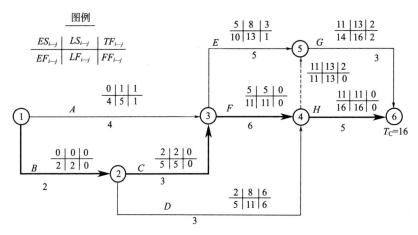

图4-12 双代号网络计算实例

4.2.2.2 双代号时标网络计划

（1）双代号时标网络计划的特点

双代号时标网络计划是以水平时间坐标为尺度编制的双代号网络计划，其主要特点有：

① 时标网络计划兼有网络计划与横道计划的优点，它能够清楚地表明计划的时间进程，使用方便；

② 时标网络计划能在图上直接显示出各项工作的开始与完成时间，工作的自由时差及关键线路；

③ 在时标网络计划中可以统计每一个单位时间对资源的需要量，以便进行资源优化和调整；

④ 由于箭线受到时间坐标的限制，当情况发生变化时，对网络计划的修改比较麻烦，

往往要重新绘图。但在使用计算机以后，这一问题已较容易解决。

（2）双代号时标网络计划的一般规定

① 时间坐标的时间单位应根据需要在编制网络计划之前确定，可为季、月、周、天等；

② 时标网络计划应以实箭线表示工作，以虚箭线表示虚工作，以波形线表示工作的自由时差；

③ 时标网络计划中所有符号在时间坐标上的水平投影位置，都必须与其时间参数相对应，节点中心必须对准相应的时标位置；

④ 虚工作必须以垂直方向的虚箭线表示，有自由时差时加波形线表示。

（3）时标网络计划的编制

时标网络计划宜按各个工作的最早开始时间编制。在编制时标网络计划之前，应先按已确定的时间单位绘制出时标计划表，如表4-3所示。

表4-3 时标计划表

日历 （时间单位）	1	2	3	4	5	6	7	8	9	10	11	12	13	14	15	16
网络计划																
（时间单位）																

双代号时标网络计划的编制方法有两种：

① 间接法绘制。先绘制出时标网络计划，计算各工作的最早时间参数，再根据最早时间参数在时标计划表上确定节点位置，连线完成。某些工作箭线长度不足以到达该工作的完成节点时，用波形线补足。

② 直接法绘制。根据网络计划中工作之间的逻辑关系及各工作的持续时间，直接在时标计划表上绘制时标网络计划。绘制步骤如下：

a. 将起点节点定位在时标表的起始刻度线上。

b. 按工作持续时间在时标计划表上绘制起点节点的外向箭线。

c. 其他工作的开始节点必须在其所有紧前工作都绘出以后，定位在这些紧前工作最早完成时间最大值的时间刻度上。某些工作的箭线长度不足以到达该节点时，用波形线补足，箭头画在波形线与节点连接处。

d. 用上述方法从左至右依次确定其他节点位置，直至网络计划终点节点定位，即绘图完成。

【例4-2】已知网络计划的资料如表4-4所示，试绘制双代号时标网络计划。

表4-4 网络计划资料表

工作名称	A	B	C	D	E	F	G	H	J
紧前工作				A	A、B	D	C、E	C	D、G
持续时间/天	3	4	7	5	2	5	3	5	4

【解】（1）将网络计划的起点节点定位在时标表的起始刻度线位置上，起点节点的编号为1，如图4-13所示。

（2）画节点①的外向箭线，即按各工作的持续时间，画出无紧前工作的 A、B、C 工作，并确定节点②、③、④的位置，如图 4-13 所示。

（3）依次画出节点②、③、④的外向箭线工作 D、E、H，并确定节点⑤、⑥的位置。节点⑥的位置定位在其两条内向箭线的最早完成时间的最大值处，即定位在时标值 7 的位置，工作 E 的箭线长度达不到⑥节点，则用波形线补足，如图 4-13 所示。

（4）按上述步骤，直到画出全部工作，确定出终点节点⑧的位置，即时标网络计划绘制完毕，如图 4-13 所示。

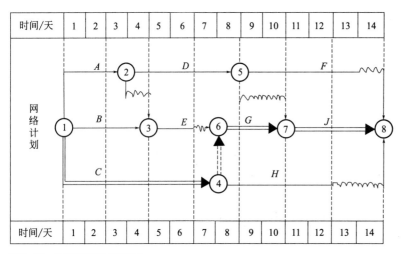

图4-13　双代号时标网络计划

（4）关键线路和计算工期的确定

① 时标网络计划关键线路的确定，应自终点节点逆箭线方向朝起点节点逐次进行判定，从终点到起点不出现波形线的线路即为关键线路。图 4-13 中，关键线路是①—④—⑥—⑦—⑧，用双箭线表示。

② 时标网络计划的计算工期，应是终点节点与起点节点所在位置之差。图 4-13 中，计算工期 T_c=14-0=14（天）。

（5）网络计划时间参数的确定

在时标网络计划中，六个工作时间参数的确定步骤如下：

① 最早时间参数的确定。按最早开始时间绘制时标网络计划，最早时间参数可以从图上直接确定：

a. 最早开始时间 ES_{i-j}。每条实箭线左端箭尾节点（i 节点）中心所对应的时标值，即为该工作的最早开始时间。

b. 最早完成时间 ES_{i-j}。如箭线右端无波形线，则该箭线右端节点（j 节点）中心所对应的时标值为该工作的最早完成时间；如箭线右端有波形线，则实箭线右端末所对应的时标值即为该工作的最早完成时间。

由图 4-13 可知：ES_{1-3}=0，EF_{1-3}=4；ES_{3-6}=4，EF_{3-6}=6。以此类推确定。

② 自由时差的确定。时标网络计划中各工作的自由时差值应为表示该工作的箭线中波形线部分在坐标轴上的水平投影长度。

由图 4-13 可知：工作 E、H、F 的自由时差分别为 $FF_{3-6}=1$，$FF_{4-8}=2$，$FF_{5-8}=1$。

③ 总时差的确定。时标网络计划中工作的总时差的计算应自右向左进行，且符合下列规定：

a. 以终点节点（$j=n$）为箭头节点的工作的总时差 TF_{i-n} 应按网络计划的计划工期 T_P 计算确定，即：

$$TF_{i-n}=T_P-EF_{i-n} \quad (4-17)$$

由图 4-13 中可知，工作 F、J、H 的总时差分别为：

$TF_{5-8}=T_P-EF_{5-8}=14-3=1$
$TF_{7-8}=T_P-EF_{7-8}=14-14=0$
$TF_{4-8}=T_P-EF_{4-8}=14-12=2$

b. 其他工作的总时差等于其紧后工作 $j-k$ 总时差的最小值与本工作的自由时差之和，即：

$$TF_{i-j}=\min[TF_{j-k}]+FF_{i-j} \quad (4-18)$$

图 4-13 中，各项工作的总时差计算如下：

$TF_{6-7}=TF_{7-8}+FF_{6-7}=0+0=0$
$TF_{3-6}=TF_{6-7}+FF_{3-6}=0+1=1$
$TF_{2-5}=\min[TF_{5-7},TF_{5-8}]+FF_{2-5}=\min[2,1]+0=1+0=1$
$TF_{1-4}=\min[TF_{4-6},TF_{4-8}]+FF_{1-4}=\min[0,2]+0=0+0=0$
$TF_{1-3}=TF_{3-6}+FF_{1-3}=1+0=1$
$TF_{1-2}=\min[TF_{2-3},TF_{2-5}]+FF_{1-2}=\min[2,1]+0=1+0=1$

④ 最迟时间参数的确定。时标网络计划中工作的最迟开始时间和最迟完成时间可按下式计算：

$$LS_{i-j}=ES_{i-j}+TF_{i-j} \quad (4-19)$$

$$LF_{i-j}=EF_{i-j}+TF_{i-j} \quad (4-20)$$

图 4-13 中，工作的最迟开始时间和最迟完成时间为：

$LS_{1-2}=ES_{1-2}+TF_{1-2}=0+1=1$
$LF_{1-2}=EF_{1-2}+TF_{1-2}=3+1=4$
$LS_{1-3}=ES_{1-3}+TF_{1-3}=0+1=1$
$LF_{1-3}=EF_{1-3}+TF_{1-3}=4+1=5$

由此类推，可计算出各项工作的最迟开始时间和最迟完成时间。由于所有工作的最早开始时间、最早完成时间和总时差均为已知，故容易计算，此处不再一一列举。

4.3 建设工程项目施工进度检查与调整

二维码 8
单代号网络计划

在计划执行过程中，由于组织、管理、经济、技术、资源、环境和自然条件等因素的影响，往往会造成实际进度与计划进度产生偏差，如果偏差不能及时纠正，必将影响进度目标的实现。因此，在计划执行过程中采取相应措施来进行管理，对保证计划目标的顺利实现具有重要意义。

进度计划执行中的管理工作主要有以下几个方面：

① 检查并掌握实际进展情况；

② 分析产生进度偏差的主要原因；

③ 确定相应的纠偏措施或调整方法。

4.3.1 进度计划的检查

(1) 进度计划的检查方法

① 计划执行中的跟踪检查。在网络计划的执行过程中，必须建立相应的检查制度，定时定期地对计划的实际执行情况进行跟踪检查，收集反映实际进度的有关数据。

② 收集数据的加工处理。收集反映实际进度的原始数据量大面广，必须对其进行整理、统计和分析，形成与计划进度具有可比性的数据，以便在网络图上进行记录。根据记录的结果可以分析判断进度的实际状况，及时发现进度偏差，为网络图的调整提供信息。

③ 实际进度检查记录的方式。当采用时标网络计划时，可采用实际进度前锋线记录计划实际执行状况，进行实际进度与计划进度的比较。

实际进度前锋线是在原时标网络计划上，自上而下从计划检查时刻的时标点出发，用点画线依次将各项工作实际进度达到的前锋点连接而成的折线。通过实际进度前锋线与原进度计划中各工作箭线交点的位置，可以判断实际进度与计划进度的偏差。

例如，图4-14是一份时标网络计划用前锋线进行检查记录的实例。该图有4条前锋线，分别记录了第47、52、57、62天的四次检查结果。

当采用无时标网络计划时，可在图上直接用文字、数字、适当符号或列表记录计划的实际执行状况，进行实际进度与计划进度的比较。

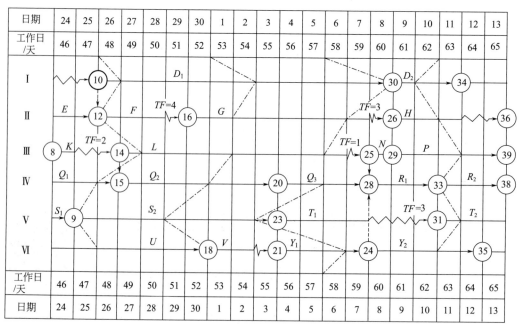

图4-14 实际进度前锋线实例

(2)网络计划检查的主要内容

① 关键工作进度；

② 非关键工作的进度及时差利用情况；

③ 实际进度对各项工作之间逻辑关系的影响；

④ 资源状况；

⑤ 成本状况；

⑥ 存在的其他问题。

(3)对检查结果进行分析判断

通过对网络计划执行情况检查的结果进行分析判断，可为计划的调整提供依据。一般应进行如下分析判断：

① 对时标网络计划宜利用绘制的实际进度前锋线，分析计划的执行情况及其发展趋势，对未来的进度作出预测、判断，找出偏离计划目标的原因及可供挖掘的潜力；

② 对无时标网络计划宜按表4-5记录的情况，对计划中未完成的工作进行分析判断。

表4-5 网络计划检查结果分析表

工作编号	工作名称	检查时尚需工作天数	按计划最迟完成尚有天数	总时差/天		自由时差/天		情况分析
				原有	目前尚有	原有	目前尚有	

4.3.2 进度计划的调整

(1)网络计划调整的内容

① 调整关键线路的长度；

② 调整非关键工作时差；

③ 增、减工作项目；

④ 调整逻辑关系；

⑤ 重新估计某些工作的持续时间；

⑥ 对资源的投入作相应调整。

(2)网络计划调整的方法

① 调整关键线路的方法。当关键线路的实际进度比计划进度拖后时，应在尚未完成的关键工作中，缩短资源强度小或费用低的工作的持续时间，并重新计算未完成部分的时间参数，将其作为一个新计划实施。

当关键线路的实际进度比计划进度提前时，若不拟提前工期，应选用资源占用量大或者直接费用高的后续关键工作，适当延长其持续时间，以降低其资源强度或费用；当确定要提前完成计划时，应将计划尚未完成的部分作为一个新计划，重新确定关键工作的持续时间，按新计划实施。

② 非关键工作时差的调整方法。非关键工作时差的调整应在其时差的范围内进行，以便更充分地利用资源、降低成本或满足施工的需要。每一次调整后都必须重新计算时间参数，观察该调整对计划全局的影响。可采用以下几种调整方法：

a. 将工作在其最早开始时间与最迟完成时间范围内移动；

b. 延长工作的持续时间；

c. 缩短工作的持续时间。

③ 增、减工作项目时的调整方法。增、减工作项目时应符合下列规定：

a. 不打乱原网络计划总的逻辑关系，只对局部逻辑关系进行调整；

b. 在增减工作后应重新计算时间参数，分析对原网络计划的影响；当对工期有影响时，应采取调整措施，以保证计划工期不变。

④ 调整逻辑关系。只有当实际情况要求改变施工方法或组织方法时逻辑关系的调整才可进行。调整时应避免影响原定计划工期和其他工作的顺利进行。

⑤ 调整工作的持续时间。当发现某些工作的原持续时间估计有误或实现条件不充分时，应重新估算其持续时间，并重新计算时间参数，尽量使原计划工期不受影响。

⑥ 调整资源的投入。当资源供应发生异常时，应采用资源优化方法对计划进行调整，或采取应急措施，使其对工期的影响最小。

网络计划的调整，可以定期进行，亦可根据计划检查的结果在必要时进行。

4.4 建设工程项目进度控制

建设工程项目进度控制的措施包括组织措施、管理措施、经济措施和技术措施。

4.4.1 项目进度控制的组织措施

组织措施是目标能否实现的决定性因素，为实现项目的进度目标，应充分重视健全项目管理的组织体系。在项目组织结构中应有专门的工作部门和符合进度控制岗位资格的专人负责进度控制工作。

进度控制的主要工作环节包括进度目标的分析和论证、编制进度计划、定期跟踪进度计划的执行情况、采取纠偏措施以及调整进度计划。这些工作任务和相应的管理职能应在项目管理组织设计的任务分工表和管理职能分工表中标示并落实。

应编制项目进度控制的工作流程，如定义项目进度计划系统的组成，各类进度计划的编制程序、审批程序和计划调整程序等。

进度控制工作包含了大量的组织和协调工作，而会议是组织和协调的重要手段，应进行有关进度控制会议的组织设计，以明确会议的类型；各类会议的主持人及参加单位和人员；各类会议的召开时间；各类会议文件的整理、分发和确认等。

4.4.2 项目进度控制的管理措施

建设工程项目进度控制的管理措施涉及管理的思想、管理的方法、管理的手段、承发包模式、合同管理和风险管理等。在理顺组织的前提下，科学和严谨的管理显得十分重要。

建设工程项目进度控制在管理观念方面存在的主要问题是：

① 缺乏进度计划系统的观念，分别编制各种独立而互不联系的计划，形成不了计划系统；

② 缺乏动态控制的观念，只重视计划的编制，而不重视及时地进行计划的动态调整；

③ 缺乏进度计划多方案比较和选优的观念，合理的进度计划应体现资源的合理使用、工作面的合理安排、有利于提高建设质量、有利于文明施工和合理地缩短建设周期。

用工程网络计划的方法编制进度计划必须很严谨地分析和考虑工作之间的逻辑关系，通过工程网络的计算可发现关键工作和关键路线，也可知道非关键工作可使用的时差，工程网络计划的方法有利于实现进度控制的科学化。

发承包模式的选择直接关系到工程实施的组织和协调。为了实现进度目标，应选择合理的合同结构，以避免因过多的合同交界面而影响工程的进展。工程物资的采购模式对进度也有直接的影响，对此应作比较分析。

为实现进度目标，不但应进行进度控制，还应注意分析影响工程进度的风险，并在分析的基础上采取风险管理措施，以减少进度失控的风险量。常见的影响工程进度的风险有组织风险，管理风险，合同风险，资源（人力、物力和财力）风险，技术风险等。

重视信息技术（包括相应的软件、局域网、互联网以及数据处理设备）在进度控制中的应用。虽然信息技术对进度控制而言只是一种管理手段，但它的应用有利于提高进度信息处理的效率、有利于提高进度信息的透明度、有利于促进进度信息的交流和项目各参与方的协同工作。

4.4.3 项目进度控制的经济措施

建设工程项目进度控制的经济措施涉及资金需求计划、资金供应的条件和经济激励措施等。为确保进度目标的实现，应编制与进度计划相适应的资源需求计划（资源进度计划），包括资金需求计划和其他资源（人力和物力资源）需求计划，以反映工程实施的各时段所需要的资源。通过资源需求的分析，可发现所编制的进度计划实现的可能性，若资源条件不具备，则应调整进度计划。资金需求计划也是工程融资的重要依据。

资金供应条件包括可能的资金总供应量、资金来源（自有资金和外来资金）以及资金供应的时间。在工程预算中应考虑加快工程进度所需要的资金，其中包括为实现进度目标将要采取的经济激励措施所需要的费用。

4.4.4 项目进度控制的技术措施

建设工程项目进度控制的技术措施涉及对实现进度目标有利的设计技术和施工技术的选用。不同的设计理念、设计技术路线、设计方案会对工程进度产生不同的影响，在设计工作的前期，特别是在设计方案评审和选用时，应对设计技术与工程进度的关系作分析比较。在工程进度受阻时，应分析是否存在设计技术的影响因素，分析为实现进度目标有无设计变更的可能性。

施工方案对工程进度有直接的影响，在决策其选用时，不仅应分析技术的先进性和经济合理性，还应考虑其对进度的影响。在工程进度受阻时，应分析是否存在施工技术的影响因素，分析为实现进度目标有无改变施工技术、施工方法和施工机械的可能性。

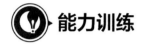

能力训练

一、单项选择题

1. 建设工程施工进度控制中，业主方的任务是控制整个项目（　　）的进度。
   A. 实施阶段　　　　　　　　B. 决策阶段
   C. 项目全寿命周期　　　　　D. 使用阶段

2. 某项目部按施工总进度计划、主体工程施工计划、钢筋工程施工计划，构建了承包项目的进度计划系统，则该进度计划系统是按不同（　　）组成的计划系统。
   A. 计划功能　　　　　　　　B. 项目参与方
   C. 计划深度　　　　　　　　D. 计划周期

3. 作为建设工程项目进度控制的依据，建设工程项目进度计划系统应（　　）。
   A. 在项目的前期决策阶段建立　　B. 在项目的初步设计阶段完善
   C. 在项目的进展过程中逐步形成　　D. 在项目的准备阶段建立

4. 建设工程项目总进度目标的工作包括：①项目结构分析；②编制各层进度计划；③进度计划系统的结构分析；④项目的工作编码。其正确的工作顺序是（　　）。
   A. ①—③—④—②　　　　　　B. ①—③—②—④
   C. ③—②—①—④　　　　　　D. ④—①—③—②

5. 某工程网络计划中，工作 N 最早完成时间为第 17 天，持续时间为 5 天。该工作有三项紧后工作，它们最早开始时间分别为第 25 天、第 27 天和第 30 天，则工作 N 的自由时差为（　　）天。
   A. 7　　　　B. 2　　　　C. 3　　　　D. 8

6. 某双代号网络计划中（以"天"为时间单位），工作 K 的最早开始时间为 6，工作持续时间为 4；工作 M 的最迟完成时间为 22，工作持续时间为 10；工作 N 的最迟完成时间为 20，工作持续时间为 5。已知工作 K 只有 M、N 两项紧后工作，工作 K 的总时差为（　　）天。
   A. 2　　　　B. 2　　　　C. 5　　　　D. 6

7. 已知某建设工程网络计划中 A 工作的自由时差为 5 天，总时差为 7 天。监理工程师在检查施工进度时发现只有该工作实际进度拖延，且影响总工期 3 天，则该工作实际进度比计划进度拖延（　　）天。
A. 3　　　　　　　B. 5　　　　　　　C. 8　　　　　　　D. 10

8. 双代号网络计划中的关键线路是指（　　）。
A. 总时差为零的线路　　　　　B. 总的工作时间最短的线路
C. 一经确定，不会发生转移的线路　　D. 自始至终全部由关键工作组成的线路

9. 下列进度控制措施中，属于管理措施的是（　　）。
A. 建立进度控制的会议制度　　B. 分析影响项目工程进度的风险
C. 制定项目进度控制的工作流程　　D. 选用有利的设计和施工技术

10. 建设工程项目进度控制的措施中，"定义项目进度计划系统的组成"属于（　　）措施。
A. 管理　　　　　　B. 经济　　　　　　C. 组织　　　　　　D. 技术

二、多项选择题

1. 为了有效地控制工程项目的施工进度，施工方应根据工程项目的特点和施工进度控制的需要，编制（　　）。
A. 项目动用前准备阶段的工作计划　　B. 年度、季度、月度和旬的施工计划
C. 采购计划、供货进度计划　　D. 设计准备工作计划、设计进度计划
E. 控制性、指导性和实施性的施工进度计划

2. 在项目实施阶段，项目总进度应包括（　　）。
A. 项目建议书编制进度　　B. 设计工作进度
C. 招标工作进度　　D. 项目投产运行工作进度
E. 工程施工和设备安装进度

3. 建设工程项目总进度目标论证时，在进行项目的工作编码前应完成的工作有（　　）。
A. 编制各层进度计划　　B. 协调各层进度计划的关系
C. 调查研究和收集资料　　D. 进度计划系统的结构分析
E. 项目结构分析

4. 某工程施工进度计划如图 4-15 所示，下列说法正确的有（　　）。

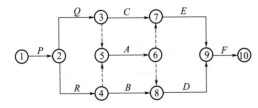

图4-15　第4题图

A. R 的紧后工作是 A、B　　B. E 的紧前工作只有 C、D
C. D 的紧后工作只有 F　　D. P 没有紧前工作
E. A、B 的紧后工作都有 D

5. 某双代号网络计划如图 4-16 所示，图中存在的绘图错误有（   ）。

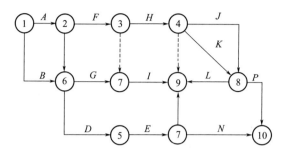

图4-16　第5题图

  A. 多个终点节点   B. 节点编号重复
  C. 两项工作有相同的节点编号 D. 多个起点节点
  E. 循环回路

6. 下列建设工程项目进度控制的措施中，属于管理措施的有（   ）。
  A. 采用工程网络计划实现进度控制科学化
  B. 明确进度控制管理职能分工
  C. 选择合理的工程物资采购模式
  D. 编制资源需求计划
  E. 重视信息技术在进度控制中的应用

三、简答题

1. 建设工程项目进度计划的类型有哪些？
2. 列举双代号网络计划的时间参数。
3. 什么是计算工期、要求工期和计划工期？
4. 当计算工期不能满足计划工期时，可设法通过压缩关键工作的持续时间，以满足计划工期要求。在选择缩短持续时间的关键工作时，宜考虑哪些因素？
5. 什么是实际进度前锋线？

四、案例分析题

1. 根据下表逻辑关系绘制双代号网络图。

工作	A	B	C	D	E	F	G	H
紧前工作	—	A	A	A	B、C	B、C、D	D	E、F、G
紧后工作	B、C、D	E、F	E、F	F、G	H	H	H	—

2. 根据下表逻辑关系绘制双代号网络图。

工作	A	B	C	D	E	F	G	H
紧后工作	B、C、D	E	E、F	F、G	H	H	H	—

3. 根据下表逻辑关系及数据,绘制双代号网络图,并计算各工作的 ES、EF、LS、LF、TF、FF,用双线画出关键线路。

工作	A	B	C	D	E	F	G	H
紧前工作				A	A、B、C	C	D	D、E、F
紧后工作	D、E	E	E、F	G、H	H	H		
持续时间/天	8	9	8	10	12	9	13	10

单元5 建设工程项目成本控制

知识目标

1. 掌握建设工程施工成本控制方法；
2. 掌握施工成本分析方法；
3. 熟悉施工成本管理的内容、任务和措施；
4. 熟悉施工成本控制程序；
5. 了解建设工程项目成本管理的基本概念和成本的构成。

 技能目标

1. 能够编制施工成本计划；
2. 能够运用赢得值法进行成本控制，并进行偏差分析；
3. 能够运用因素分析法和差额分析法进行成本分析。

 素质目标

成本管理是指企业生产经营过程中各项成本核算、成本分析、成本决策和成本控制等一系列科学管理行为的总称。成本管理充分动员和组织企业全体人员，在保证产品质量的前提下，对企业生产经营过程的各个环节进行科学合理的管理，力求以最少生产耗费取得最大的生产成果。建设工程项目施工成本管理应从工程投标报价开始，直至项目保证金返还为止，贯穿于项目实施的全过程。建设工程一般都耗资巨大，一个项目往往需要数百万元、上千万元甚至上亿元的资金。项目施工过程中，能否将成本控制在计划之内，能否达到项目开工前所分析的预期目标，是每个企业最关心的问题。2008 年北京奥运会，"鸟巢"最初预算 38.9 亿元，钢结构总重 4.2 万吨。后经专家反复研究，"瘦身"后的方案可减少用钢量 1.2 万吨，屋盖的取消减轻了支撑结构的压力，"鸟巢"本身的牢固性不受影响，成本降低约 4 亿元人民币。这就要求项目管理人员必须对项目施工成本进行全过程跟踪管理，使项目成本控制贯穿于项目建设全过程，培养经济、节约成本的意识，控制好每一阶段、每一细节，才能最终达到整个项目成本管理的目的。

5.1 施工成本管理任务与措施

5.1.1 建设工程成本管理的基本概念

（1）成本的概念

成本是指按一定的对象归集的费用总和。成本是以货币形式描述的产品在生产经营中或服务提供中，各种物质资源和人力资源耗费的总和。成本中物质资源的耗费包括劳动资料的占用和劳动对象的消耗，劳动资料的占用通过提取折旧或摊销进入成本，而劳动对象则根据消耗量一次性进入成本。

（2）施工项目成本的概念

施工项目成本是指在建设工程项目的施工过程中所发生的全部生产费用的总和，包括：所消耗的原材料、辅助材料、构配件等费用；周转材料的摊销费或租赁费，施工机械的使用费或租赁费；支付给生产工人的工资、奖金、工资性质的津贴；进行施工组织与管理所发生的全部费用支出等。

（3）施工项目成本管理的概念

施工项目成本管理就是要在保证工期和质量满足要求的情况下，采取相应管理措施，包括组织措施、经济措施、技术措施、合同措施，把成本控制在计划范围内，并进一步寻求最大限度的成本节约。施工成本管理的任务和环节主要包括：施工成本计划；施工成本控制；施工成本核算；施工成本分析；施工成本考核。

5.1.2 施工项目成本的构成

施工项目成本从不同的角度有不同的分类。

按控制阶段可分为承包成本、计划成本和实际成本。承包成本是建筑业企业在施工图预算的基础上，考虑本企业的成本水平和竞争态势提出的投标报价中的成本；计划成本是项目经理部根据计划期的有关资料和降耗节约措施计算的成本；实际成本是施工项目在报告期内实际发生的各项生产费用的总和。三种成本的比较，可以反映出施工项目成本管理的水平和成效。

按成本项目的性态可分为固定成本和变动成本。固定成本是在一定时间和一定工程量范围内，其发生的成本额不受工程量增减的影响而相对固定的成本，如折旧费、大修理费、管理人员工资办公费等；变动成本是发生额随工程量的增减呈正比例变动的成本，如直接用于工程的材料费、实行计件工资制的人工费等。

按成本归集途径可分为直接成本和间接成本。

5.1.2.1 直接成本

直接成本是指施工过程中耗费的构成工程实体或有助于工程实体形成的各项费用支出，是可以直接计入工程对象的费用，包括人工费、材料费和机械使用费等。

① 人工费。人工费是指直接从事建筑安装工程施工的生产工人开支的各项费用，包括：工资、奖金、工资性质的津贴、生产工人辅助工资、职工福利费、生产工人劳动保护费等。

② 材料费。材料费是指施工过程中耗用的构成工程实体的各种材料费用，包括：原材料、辅助材料、构配件、零件、未成品的费用，周转材料的摊销费和租赁费等。

③ 机械使用费。机械使用费是指施工过程中使用机械所发生的费用，包括：使用自有施工机械的费用，外租施工机械的租赁费，施工机械安装、拆卸和进出场费。

④ 其他直接费。其他直接费是指除上述三项以外的直接用于施工过程的费用，包括：材料二次搬运费、临时设施摊销费、生产工具使用费、检验试验费、工程定位复测费、工程点交费、场地清理费等。建筑安装工程费用项目组成还列有：冬雨季施工增加费、夜间施工增加费、仪器仪表使用费、特殊工程培训费、特殊地区施工增加费等。

5.1.2.2 间接成本

间接成本是指项目经理部为施工准备、组织和管理施工生产所发生的，与成本核算对象相关联的全部施工间接支出。包括：

① 工作人员薪金，指现场项目管理人员的工资、资金、工资性质的津贴等。

② 劳动保护费，指现场管理人员按规定标准发放的劳动保护用品的购置费和修理费、防暑降温费、在有碍身体健康环境中施工的保健费用等。

③ 职工福利费，指按现场项目管理人员工资总额的 14% 提取的福利费。

④ 办公费，指现场管理办公用的文具、纸张、账表、印刷、邮电、书报、会议、水、电、烧水和集体取暖用煤等费用。

⑤ 差旅交通费，指职工因公出差期间的旅费、住勤补助费、市内交通费和误餐补助费、职工探亲路费、劳动力招募费、职工离退休及职工退职一次性路费、工伤人员就医路费、工地转移费以及现场管理使用的交通工具的油料费、燃料费、养路费和牌照费等。

⑥ 固定资产使用费，指现场管理及试验部门使用的属于固定资产的设备、仪器等折旧费、大修理费、维修费和租赁费等。

⑦ 工具用具使用费，指现场管理使用的不属于固定资产的工具、器具、家具交通工具和检验、试验、测验、消防用具等的购置费、维修费和摊销费等。

⑧ 保险费，指施工管理用财产、车辆保险及高空、井下、海上作业特殊工种安全保险等。

⑨ 工程保修费，指工程施工交付使用后在规定的保修期内的修理费用。

⑩ 工程排污费，指施工现场按规定缴纳的排污费用。

此外，还有其他费用。按项目管理的要求，凡发生于项目的可控费用，均应下沉到项目核算，不受层次限制，以便落实项目管理的经济责任，所以施工项目成本还包括下列费用项目。

① 工会经费，指按现场管理人员的工资总额的 2% 计提工会经费。

② 教育经费，指按现场管理人员的工资总额的 1.5% 提取使用的职工教育经费。
③ 业务活动经费，指按"小额、合理、必需"原则使用的业务活动经费。
④ 税金，指应由项目负担的房产税、车船使用税、土地使用税、印花税等。
⑤ 劳保统筹费，指按工资总额一定比例缴纳的劳保统筹基金。
⑥ 利息支出，指项目在银行开户的存贷款利息收支净额。
⑦ 其他财务费用，包括汇兑净损失、调剂外汇手续费、银行手续费用等。

5.1.3 施工成本管理的措施

为了取得施工成本管理的理想成效，应当从多方面采取措施实施管理，通常可以将这些措施归纳为组织措施、技术措施、经济措施、合同措施。

（1）组织措施

组织措施是从施工成本管理的组织方面采取的措施。施工成本控制是全员的活动，如实行项目经理责任制，落实施工成本管理的组织机构和人员，明确各级施工成本管理人员的任务和职能分工、权力和责任。施工成本管理不仅是专业成本管理人员的工作，各级项目管理人员都负有成本控制责任。

组织措施的另一方面是编制施工成本控制工作计划、确定合理详细的工作流程。要做好施工采购计划，通过生产要素的优化配置、合理使用、动态管理，有效控制实际成本；加强施工定额管理和施工任务单管理，控制活劳动和物化劳动的消耗；加强施工调度，避免因施工计划不周和盲目调度造成窝工损失、机械利用率降低、物料积压等现象。成本控制工作只有建立在科学管理的基础之上，具备合理的管理体制、完善的规章制度、稳定的作业秩序、完整准确的信息传递，才能取得成效。组织措施是其他各类措施的前提和保障，而且一般不需要增加额外的费用，运用得当可以取得良好的效果。

（2）技术措施

施工过程中降低成本的技术措施，包括：进行技术经济分析，确定最佳的施工方案；结合施工方法，进行材料使用的比选，在满足功能要求的前提下，通过代用、改变配合比、使用外加剂等方法降低材料消耗的费用；确定最合适的施工机械、设备使用方案；结合项目的施工组织设计及自然地理条件，降低材料的库存成本和运输成本；应用先进的施工技术，运用新材料，使用先进的机械设备等。在实践中，也要避免仅从技术角度选定方案而忽视对其经济效果的分析论证。

技术措施不仅对解决施工成本管理过程中的技术问题是不可缺少的，而且对纠正施工成本管理目标偏差也有相当重要的作用。因此，运用技术纠偏措施的关键，一是要能提出多个不同的技术方案；二是要对不同的技术方案进行技术经济分析比较，以选择最佳方案。

（3）经济措施

经济措施是最易为人们所接受和采用的措施。管理人员应编制资金使用计划，确定、分解施工成本管理目标；对施工成本管理目标进行风险分析，并制定防范性对策；对各种支出，应认真做好资金的使用计划，并在施工中严格控制各项开支；及时准确地记录、收集、整理、核算实际支出的费用；对各种变更，及时做好增减账，及时落实业主签证，及时结算工程款；通过偏差分析和未完工工程预测，可发现一些潜在的可能引起未完工程施工成本增加的问题，对这些问题应以主动控制为出发点，及时采取预防措施。因此，经济措施的运用绝不仅仅是财务人员的事情。

（4）合同措施

采用合同措施控制施工成本，应贯穿整个合同周期，包括从合同谈判开始到合同终结的全过程。对于分包项目，首先是选用合适的合同结构，对各种合同结构模式进行分析、比较，在合同谈判时，要争取选用适合于工程规模、性质和特点的合同结构模式。其次，在合同的条款中应仔细考虑一切影响成本和效益的因素，特别是潜在的风险因素。通过对引起成本变动的风险因素的识别和分析，采取必要的风险对策，如通过合理的方式，增加承担风险的个体数量，降低损失发生的比例，并最终将这些策略体现在合同的具体条款中。在合同执行期间，合同管理的措施既要密切注视对方合同执行的情况，以寻求合同索赔的机会；同时也要密切关注自己履行合同的情况，以防被对方索赔。

5.2 施工成本计划

施工成本计划是以货币形式编制施工项目在计划期内的生产费用、成本水平、成本降低率以及为降低成本所采取的主要措施和规划的书面方案。它是建立施工项目成本管理责任制、开展成本控制和核算的基础。此外，它还是项目降低成本的指导文件，是设立目标成本的依据，即成本计划是目标成本的一种形式。

施工成本计划是施工项目成本控制的一个重要环节，是实现降低施工成本任务的指导性文件。如果针对施工项目所编制的成本计划达不到目标成本要求时，就必须组织施工项目经理部的有关人员重新研究，寻找降低成本的途径，重新进行编制。同时，编制成本计划的过程也是动员全体施工项目管理人员的过程，是挖掘降低成本潜力的过程，是检验施工技术质量管理、工期管理、物资消耗和劳动力消耗管理等是否有效落实的过程。

5.2.1 施工成本计划的类型

对于施工项目而言，其成本计划的编制是一个不断深化的过程。在这一过程的不同阶段形成深度和作用不同的成本计划，若按照其发挥的作用可以分为以下三类：

（1）竞争性成本计划

竞争性成本计划是施工项目投标及签订合同阶段的估算成本计划。这类成本计划以招标文件中的合同条件、投标者须知、技术规范、设计图纸和工程量清单为依据，以有关价格条件说明为基础，结合调研、现场踏勘、答疑等情况，根据施工企业自身的工料消耗标准、水平、价格资料和费用指标等，对本企业完成投标工作所需要支出的全部费用进行估算。在投标报价过程中，虽也着力考虑降低成本的途径和措施，但总体上比较粗略。

（2）指导性成本计划

指导性成本计划是选派项目经理阶段的预算成本计划，是项目经理的责任成本目标。它是以合同价为依据，按照企业的预算定额标准制定的设计预算成本计划，且一般情况下确定责任总成本目标。

（3）实施性成本计划

实施性成本计划是项目施工准备阶段的施工预算成本计划，它是以项目实施方案为依据，以落实项目经理责任目标为出发点，采用企业的施工定额，通过施工预算的编制而形成的实施性施工成本计划。

以上三类成本计划相互衔接、不断深化，构成了整个工程项目施工成本的计划过程。其中，竞争性成本计划带有成本战略的性质，是施工项目投标阶段商务标书的基础，而有竞争力的商务标书又是以其先进合理的技术标书为支撑的。因此，它奠定了施工成本的基本框架和水平。指导性成本计划和实施性成本计划，都是战略性成本计划的进一步开展和深化，是对战略性成本计划的战术安排。

5.2.2 施工成本计划的内容编制方法

施工成本计划的编制以成本预测为基础，关键是确定目标成本。计划的制定，需结合施工组织设计的编制过程，通过不断地优化施工技术方案和合理配置生产要素，进行工、料、机消耗的分析，制定一系列节约成本的措施，确定施工成本计划。一般情况下，施工成本计划总额应控制在目标成本的范围内，并建立在切实可行的基础上。

施工总成本目标确定之后，还需通过编制详细的实施性施工成本计划把目标成本层层分解，落实到施工过程的每个环节，有效地进行成本控制。施工成本计划的编制方式有：按施工成本构成编制施工成本计划；按施工项目组成编制施工成本计划；按施工进度编制施工成本计划。

5.2.2.1 按施工成本构成编制施工成本计划的方法

按照成本构成要素划分，建筑安装工程费由人工费、材料（包含工程设备）费、施工机具使用费、企业管理费、利润、规费和税金组成。其中人工费、材料费、施工机具使用费、企业管理费和利润包含在分部分项工程费、措施项目费、其他项目费中。施工成本可以按成本构成分解为人工费、材料费、施工机具使用费和企业管理费等。在此基础上，编制按施工成本构成分解的施工成本计划。

5.2.2.2 按施工项目组成编制施工成本计划的方法

大中型工程项目通常是由若干单项工程构成的，而每个单项工程包括了多个单位工程，每个单位工程又是由若干个分部分项工程构成。因此，首先要把项目总施工成本分解到单项工程和单位工程中，再进一步分解到分部工程和分项工程中。

在完成施工项目成本目标分解之后，接下来就要具体地分配成本，编制分项工程的成本支出计划，从而形成详细的成本计划表，见表5-1。

表5-1 分项工程成本计划表

分项工程编码	工程内容	计量单位	工程数量	计划成本	本分项总计

在编制成本支出计划时，要在项目总体层面上考虑总的预备费，也要在主要的分项工程中安排适当的不可预见费，避免在具体编制成本计划时，可能发现个别单位工程或工程量表中某项内容的工程量计算有较大出入，偏离原来的成本预算。因此，应在项目实施过程中对其尽可能地采取一些措施。

5.2.2.3 按施工进度编制施工成本计划的方法

按施工进度编制施工成本计划，通常可在控制项目进度的网络图的基础上，进一步扩充得到。即在建立网络图时，一方面确定完成各项工作所需花费的时间，另一方面确定完成这一工作合适的施工成本支出计划。在实践中，将工程项目分解为既能方便地表示时间，又能方便地表示施工成本支出计划的工作是不容易的。通常如果项目分解程度对时间控制合适的话，则对施工成本支出计划可能分解过细，以至于不可能对每项工作确定其施工成本支出计划；反之亦然。因此在编制网络计划时，应在充分考虑进度控制对项目划分要求的同时，还要考虑确定施工成本支出计划对项目划分的要求，做到二者兼顾。

通过对施工成本目标按时间进行分解，在网络计划基础上，可获得项目进度计划的横道图，并在此基础上编制成本计划。其表示方式有两种：一种是在时标网络图上按月编制的成本计划直方图，如图5-1所示；另一种是用时间－成本累积曲线（S形曲线）表示，如图5-2所示。

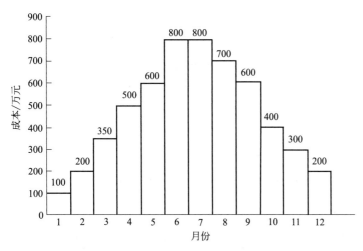

图5-1 时标网络图上按月编制的成本计划

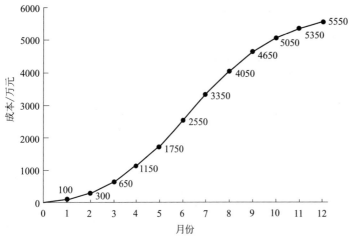

图5-2　时间-成本累积曲线（S形曲线）

以上三种编制施工成本计划的方式并不是相互独立的。在实践中，往往是将这几种方式结合起来使用，从而可以取得扬长避短的效果。例如：将按项目分解总施工成本与按施工成本构成分解总施工成本两种方式相结合，横向按施工成本构成分解，纵向按子项目分解，或相反。这种分解方式有助于检查各分部分项工程施工成本构成是否完整，有无重复计算或漏算；同时还有助于检查各项具体的施工成本支出的对象是否明确或落实，并且可以从数字上校核分解的结果有无错误。还可将按子项目分解项目总施工成本计划与按时间分解项目总施工成本计划结合起来，一般纵向按子项目分解，横向按时间分解。

5.3　施工成本控制

施工成本控制是在施工过程中，对影响施工成本的各种因素加强管理，并采取各种有效措施，将施工中实际发生的各种消耗和支出严格控制在成本计划范围内；通过动态监控并及时反馈，严格审查各项费用是否符合标准，计算实际成本和计划成本之间的差异并进行分析，进而采取多种措施，减少或消除施工中的损失浪费。

建设工程项目施工成本控制应贯穿于项目从投标阶段开始直至保证金返还的全过程，它是企业全面成本管理的重要环节。施工成本控制可分为事先控制、事中控制（过程控制）和事后控制。在项目的施工过程中，需按动态控制原理对实际施工成本的发生过程进行有效控制。

5.3.1　施工成本控制的依据

建筑工程项目施工成本控制要有科学的依据，要从客观事实出发，施工项目的各种文件、合同、图纸、计划等施工资料都是成本控制的依据。施工成本控制的重点依据包括以下内容：

（1）工程承包合同

施工成本控制要以工程承包合同为依据，围绕降低工程成本这个目标，从预算收入和实际成本两方面，研究节约成本、增加收益的有效途径，以求获得最大的经济效益。

（2）施工成本计划

施工成本计划是根据施工项目的具体情况制定的施工成本控制方案，既包括预定的具体成本控制目标，又包括实现控制目标的措施和规划，是施工成本控制的指导文件。

（3）进度报告

进度报告提供了对应时间节点的工程实际完成量、工程施工成本实际支付情况等重要信息。施工成本控制工作正是通过实际情况与施工成本计划相比较，找出二者之间的差别，分析偏差产生的原因，从而采取措施改进以后的工作。此外，进度报告还有助于管理者及时发现工程实施中存在的隐患，并在可能造成重大损失之前采取有效措施，尽量避免损失。

（4）工程变更

在项目的实施过程中，由于各方面的原因，工程变更是很难避免的。工程变更一般包括设计变更、进度计划变更、施工条件变更、技术规范与标准变更、施工次序变更、工程量变更等。一旦出现变更，工程量、工期、成本都有可能发生变化，从而使得施工成本控制工作变得更加复杂和困难。因此，施工成本管理人员应当通过对变更要求中各类数据的计算、分析，及时掌握变更情况，包括已发生工程量、将要发生工程量、工期是否拖延、支付情况等重要信息，判断变更以及变更可能带来的索赔额度等。

除了上述几种施工成本控制工作的主要依据以外，施工组织设计、分包合同等有关文件资料也都是施工成本控制的依据。

5.3.2 施工成本控制的步骤

要做好施工成本的过程控制，必须制定规范化的过程控制程序。成本的过程控制中，有两方面的控制程序：一方面是管理行为控制程序，另一方面是指标控制程序。管理行为控制程序是对成本全过程控制的基础，指标控制程序则是成本进行过程控制的重点，两者既相对独立又相互联系，既相互补充又相互制约。

5.3.2.1 管理行为控制程序

管理行为控制的目的是确保每个岗位人员在成本管理过程中的管理行为符合事先确定的程序和方法的要求。从这个意义上讲，首先要清楚企业建立的成本管理体系是否能对成本形成的过程进行有效的控制，其次要考察体系是否处在有效的运行状态。管理行为控制程序就是为规范项目施工成本的管理行为而制定的约束和激励机制，内容如下：

（1）建立项目施工成本管理体系的评审组织和评审程序

成本管理体系的建立不同于质量管理体系，质量管理体系反映的是企业的质量保证能力，由社会有关组织进行评审和认证；成本管理体系的建立是企业自身生存发展的需要，没有社会组织来评审和认证。因此企业必须建立项目施工成本管理体系的评审组织和评审程序，定期进行评审和总结，持续改进。

（2）建立项目施工成本管理体系运行的评审组织机构

项目施工成本管理体系的运行有一个逐步推行的渐进过程。一个企业的各分公司、项目经理部的运行质量往往是不平衡的。因此，必须建立专门的常设组织机构，依照程序定期地进行检查和评审，发现问题，总结经验，以保证成本管理体系的合理运行和持续改进。

（3）目标考核，定期检查

管理程序文件应明确每个岗位人员在成本管理中的职责，确定每个岗位人员的管理行为，如应提供的报表、提供的时间和原始数据的质量要求等。也可将每个岗位人员是否按要求去履行职责作为一个目标来考核。为了方便检查，应将考核指标具体化，并设专人定期或不定期地检查。表5-2是为规范管理行为而设计的考核表。

表5-2 项目成本岗位责任考核表

序号	岗位名称	职责	检查方法	检查人	检查时间
1	项目经理	1. 建立项目成本管理组织 2. 组织编制项目施工成本管理手册 3. 定期或不定期地检查有关人员管理行为是否符合岗位职责要求	1. 查看有无组织结构图 2. 查看"项目施工成本管理手册"	上级或自查	开工初期检查一次，以后每月检查一次
2	项目工程师	1. 指定采用新技术降低成本的措施 2. 编制总进度计划 3. 编制总的工具及设备使用计划	1. 查看资料 2. 现场实际情况与计划进行对比	项目经理或其委托人	开工初期检查一次，以后每月检查1~2次
3	主管材料员	1. 编制材料采购计划 2. 编制材料采购月报表 3. 对材料管理工作每周组织检查一次 4. 编制月材料盘点表及材料收发结存报表	1. 查看资料 2. 对现场实际情况与管理制度中的要求进行对比	项目经理或其委托人	每月或不定期抽查
4	成本会计	1. 编制月度成本计划 2. 进行成本核算，编制月度成本核算表 3. 每月编制一次材料复核报告	1. 查看资料 2. 审核编制依据	项目经理或其委托人	每月检查一次
5	施工员	1. 编制月度用工计划 2. 编制月材料需求计划 3. 编制月度工具及设备计划 4. 开具限额领料单	1. 查看资料 2. 计划与实际对比，考核其准确性及实用性	项目经理或其委托人	每月或不定期抽查

应根据检查的内容编制相应的检查表，由项目经理或其委托人检查后填写检查表。检查表要由专人负责整理归档。

（4）制定对策，纠正偏差

对管理工作进行检查的目的是保证管理工作按预定的程序和标准进行，从而保证项目施工成本管理能够达到预期的目标。因此，对检查中发现的问题，要及时进行分析，然后根据不同的情况，及时采取对策。

5.3.2.2 指标控制程序

能否达到预期的成本目标，是施工成本控制是否成功的关键。对各岗位人员的成本管理行为进行控制，就是为了保证成本目标的实现。施工项目成本指标控制程序如下。

(1) 确定施工项目成本目标及月度成本目标

在工程开工之初，项目经理部应根据公司与项目签订的"项目承包合同"确定项目的成本管理目标，并根据工程进度计划确定月度成本计划目标。

(2) 收集成本数据，监测成本形成过程

过程控制的目的就在于不断纠正成本形成过程中的偏差，保证成本项目的发生是在预定范围之内。因此，在施工过程中要定期收集反映施工成本支出情况的数据，并将实际发生情况与目标计划进行对比，从而保证有效控制成本。

(3) 分析偏差原因，制定对策

施工过程是一个多工种、多方位、立体交叉作业的复杂活动，成本的发生和形成是很难按预定的目标进行的，因此，需要对产生的偏差及时分析原因，分清是客观因素（如市场调价）还是人为因素（如管理行为失控），及时制定对策并予以纠正。

(4) 用成本指标考核管理行为，用管理行为来保证成本指标

管理行为的控制程序和成本指标的控制程序是对项目施工成本进行过程控制的主要内容，这两个程序在实施过程中，是相互交叉、相互制约又相互联系的。只有把成本指标的控制程序和管理行为的控制程序相结合，才能保证成本管理工作有序地、富有成效地进行。图5-3是成本指标控制程序图。

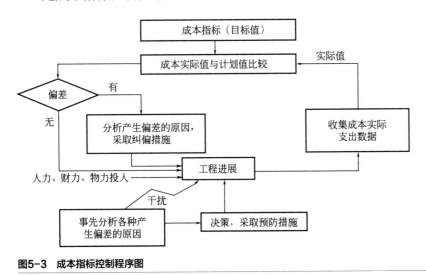

图5-3 成本指标控制程序图

5.3.3 施工成本控制的方法

5.3.3.1 施工成本的过程控制方法

施工阶段是成本发生的主要阶段，这个阶段的成本控制主要是通过确定成本目标并按计划成本组织施工，合理配置资源，对施工现场发生的各项成本费用进行有效控制，其具体的控制方法如下。

（1）人工费的控制

人工费的控制实行"量价分离"的方法，将作业用工及零星用工按定额工日的一定比例综合确定用工数量与单价，通过劳务合同进行控制。

① 人工费的影响因素。

a. 社会平均工资水平。建筑安装工人人工单价必须和社会平均工资水平趋同。社会平均工资水平取决于经济发展水平。由于我国改革开放以来经济迅速增长，社会平均工资也有大幅增长，从而导致人工单价的大幅提高。

b. 生产消费指数。生产消费指数的提高会导致人工单价的提高。生活消费指数的变动取决于物价的变动，尤其取决于生活消费品物价的变动。

c. 劳动力市场供需变化。劳动力市场如果供不应求，人工单价就会提高；供过于求，人工单价就会下降。

d. 政府推行的社会保障和福利政策也会影响人工单价的变动。

e. 经会审的施工图、施工定额、施工组织设计等决定人工的消耗量。

② 控制人工费的方法。加强劳动定额管理，提高劳动生产率，降低工程耗用人工工日，是控制人工费支出的主要手段。

a. 制定先进合理的企业内部劳动定额，严格执行劳动定额，并将安全生产、文明施工及零星用工下达到作业队进行控制。全面推行全额计件的劳动管理办法和单项工程集体承包的经济管理办法，以不超出施工图预算人工费指标为控制指标，实行工资包干制度。

认真执行按劳分配的原则，使职工个人所得与劳动贡献相一致，充分调动广大职工的劳动积极性，以提高劳动力效率。把工程项目的进度、安全、质量等指标与定额管理结合起来，提高劳动者的综合能力，实行奖励制度。

b. 提高生产工人的技术水平和作业队的组织管理水平，根据施工进度、技术要求，合理搭配各工种工人的数量，减少和避免无效劳动。不断地改善劳动组织，创造良好的工作环境，改善工人的劳动条件，提高劳动效率。合理调节各工序人数安排情况，安排劳动力时，尽量做到技术工不做普通工的工作、高级工不做低级工的工作，避免技术上的浪费，既要加快工程进度，又要节约人工费用。

c. 加强职工的技术培训和多种施工作业技能的培训，不断提高职工的业务技术水平和熟练操作程度，培养一专多能的技术工人，提高作业工效。提倡技术革新和推广新技术，提高技术装备水平和工厂化生产水平，提高企业的劳动生产率。

d. 实行弹性需求的劳务管理制度。对施工生产各环节上的业务骨干和基本的施工力量，要保持相对稳定。对短期需要的施工力量，要做好预测、计划管理，通过企业内部的劳务市场及外部协作队伍进行调剂。严格做到项目部的定员随工程进度要求及时进行调整，进行弹性管理。要打破行业、工种界限，提倡一专多能，提高劳动力的利用效率。

（2）材料费的控制

材料费控制同样按照"量价分离"原则，控制材料用量和材料价格。

① 材料用量的控制。在保证符合设计要求和质量标准的前提下，合理使用材料，通过定额控制、指标控制、计量控制、包干控制等手段有效控制物资材料的消耗，具体方法如下。

a. 定额控制。对于有消耗定额的材料，以消耗定额为依据，实行限额领料制度。

限额领料的形式包括按分项工程实行限额领料、按工程部位实行限额领料和按单位工程实行限额领料。

（a）按分项工程实行限额领料。按分项工程实行限额领料，就是按照分项工程进行限额，如钢筋绑扎、混凝土浇筑、砌筑、抹灰等，它是以施工班组为对象进行的限额领料。

（b）按工程部位实行限额领料。按工程部位实行限额领料，就是按工程施工工序分为基础工程、结构工程和装饰工程，它是以施工专业队为对象进行的限额领料。

（c）按单位工程实行限额领料。按单位工程实行限额领料，就是对一个单位工程从开工到竣工全过程的建设工程项目的用料实行的限额领料，它是以项目经理部或分包单位为对象开展的限额领料。

限额领料的依据包括：

（a）准确的工程量，是按工程施工图纸计算的正常施工条件下的数量，是计算限额领料量的基础。

（b）现行的施工预算定额或企业内部消耗定额，是制定限额用量的标准。

（c）施工组织设计，是计算和调整非实体性消耗材料的基础。

（d）施工过程中发包人认可的变更洽商单，它是调整限额量的依据。

限额领料的实施措施有：

（a）确定限额领料的形式。施工前，根据工程的分包形式，与使用单位确定限额领料的形式。

（b）签发限额领料单。根据双方确定的限额领料形式，根据有关部门编制的施工预算和施工组织设计，将所需材料数量汇总后编制材料限额数量，经双方确认后下发。

（c）限额领料单的应用。限额领料单一式三份，一份交保管员作为控制发料的依据；一份交使用单位，作为领料的依据；一份由签发单位留存，作为考核的依据。

（d）限额量的调整。在限额领料的执行过程中，会有许多因素影响材料的使用，如工程量的变更、设计更改、环境因素的影响等。限额领料的主管部门在限额领料的执行过程中要深入施工现场，了解用料情况，根据实际情况及时调整限额数量，以保证施工生产的顺利进行和限额领料制度的连续性、完整性。

（e）限额领料的核算。根据限额领料形式，工程完工后，双方应及时办理结算手续，检查限额领料的执行情况，对用料情况进行分析，按双方约定的合同，对用料节超进行奖罚兑现。

b. 指标控制。对于没有消耗定额的材料，则实行计划管理和按指标控制的办法。根据以往项目的实际耗用情况，结合具体施工项目的内容和要求，制定领用材料指标，以控制发料。超过指标的材料，必须经过一定的审批手续方可领用。

c. 计量控制。准确做好材料物资的收发计量检查和投料计量检查。

d. 包干控制。在材料使用过程中，对部分小型及零星材料（如钢钉、钢丝等）根据工程量计算出所需材料量，将其折算成费用，由作业者包干使用。

② 材料价格的控制。材料价格主要由材料采购部门控制。由于材料价格是由买价、运杂费、运输中的合理损耗等所组成，因此控制材料价格，主要是通过掌握市场信息，应用招标和询价等方式控制材料、设备的采购价格。

施工项目的材料物资，包括构成工程实体的主要材料和结构件，以及有助于工程实体形成的周转使用材料和低值易耗品。从价值角度看，材料物资的价值约占建筑安装工程造价的60%，甚至70%以上。因此，对材料价格的控制非常重要。由于材料物资的供应渠道和管理方式各不相同，所以控制的内容和所采取的控制方法也将有所不同。

（3）施工机械使用费的控制

合理选择施工机械设备、合理使用施工机械设备对成本控制具有十分重要的意义，尤其是高层建筑施工。据某些工程实例统计，高层建筑地面以上部分的总费用中，垂直运输机械费用占6%～10%。由于不同的起重运输机械有不同的特点，因此在选择起重运输机械时，首先应根据工程特点和施工条件确定采取的起重运输机械的组合方式。在确定采用何种组合方式时，首先应满足施工需要，其次要考虑到费用的高低和综合经济效益。

施工机械使用费主要由台班数量和台班单价两方面决定，因此为有效控制施工机械使用费支出，应主要从这两个方面进行控制。

① 台班数量。

a. 根据现场实际情况确定施工方案，选择适合项目施工特点的施工机械，制定设备需求计划，合理安排施工生产，充分利用现有机械设备，加强内部调配，提高机械设备的利用率。

b. 保证施工机械设备的作业时间，安排好生产工序的衔接，尽量避免停工、窝工，尽量减少施工中所消耗的机械台班数量。

c. 核定设备台班定额产量，实行超产奖励办法，加快施工生产进度，提高机械设备单位时间的生产效率和利用率。

d. 加强设备租赁计划管理，减少不必要的设备闲置和浪费，充分利用社会闲置机械资源。

② 台班单价。

a. 加强现场设备的维修、保养工作。降低大修、经常性修理等各项费用的开支，提高机械设备的完好率，最大限度地提高机械设备的利用率，避免因使用不当造成机械设备的停置。

b. 加强机械操作人员的培训工作。不断提高操作技能，提高施工机械台班的生产效率。

c. 加强配件的管理。建立健全配件领发料制度，严格按油料消耗定额控制油料消耗，做到修理有记录、消耗有定额、统计有报表、损耗有分析。通过经常分析总结，提高修理质量，降低配件消耗，减少修理费用的支出。

d. 降低材料成本。做好施工机械配件和工程材料采购计划，降低材料成本。

e. 成立设备管理领导小组，负责设备调度、检查、维修、评估等具体事宜。对主要部件及其保养情况建立档案，分清责任，便于尽早发现问题，找到解决问题的办法。

（4）施工分包费用的控制

分包工程价格的高低，必然对项目经理部的施工项目成本产生一定的影响。因此，施工项目成本控制的重要工作之一是对分包价格的控制。项目经理部应在确定施工方案的初期就要确定需要分包的工程范围，决定分包范围的因素主要是施工项目的专业性和项目规模。对分包费用的控制，主要是要做好分包工程的询价、订立平等互利的分包合同、建立稳定的分包关系网络、加强施工验收和分包结算等工作。

5.3.3.2 赢得值（挣值）法

赢得值法（EVM，Earned Value Management）作为一项先进的项目管理技术，最初是美国国防部于1967年首次确立的。目前，国际上先进的工程公司已普遍采用赢得值法进行工程项目的费用、进度综合分析控制。用赢得值法进行费用、进度综合分析控制，基本参数有三项，即已完工作预算费用、计划工作预算费用和已完工作实际费用。

二维码9
赢得值法

（1）赢得值法的三个基本参数

① 已完工作预算费用。已完工作预算费用（BCWP，Budgeted Cost for Work Performed），是指在某一时间已经完成的工作（或部分工作），以批准认可的预算为标准所需要的资金总额。由于发包人正是根据这个值为承包人完成的工作量支付相应的费用，也就是承包人获得（挣得）的金额，故称赢得值或挣值。

$$已完工作预算费用（BCWP）= 已完成工作量 \times 预算单价 \quad (5-1)$$

② 计划工作预算费用。计划工作预算费用（BCWS，Budgeted Cost for Work Scheduled），即根据进度计划，在某一时刻应当完成的工作（或部分工作），以预算为标准所需要的资金总额。一般来说，除非合同有变更，BCWS在工程实施过程中应保持不变。

$$计划工作预算费用（BCWS）= 计划工作量 \times 预算单价 \quad (5-2)$$

③ 已完工作实际费用。已完工作实际费用（ACWP，Actual Cost for Work Performed），即到某一时刻为止，已完成的工作（或部分工作）所实际花费的总金额。

$$已完工作实际费用（ACWP）= 已完成工作量 \times 实际单价 \quad (5-3)$$

（2）赢得值法的四个评价指标

在这三个基本参数的基础上，可以确定赢得值法的四个评价指标，它们都是时间的函数。

① 费用偏差（CV，Cost Variance）。

$$费用偏差（CV）= 已完工作预算费用（BCWP）- 已完工作实际费用（ACWP） \quad (5-4)$$

当费用偏差CV为负值时，即表示项目运行超出预算费用；当费用偏差CV为正值时，表示项目运行节支，实际费用没有超出预算费用。

② 进度偏差（SV，Schedule Variance）。

$$进度偏差（SV）= 已完工作预算费用（BCWP）- 计划工作预算费用（BCWS） \quad (5-5)$$

当进度偏差SV为负值时，表示进度延误，即实际进度落后于计划进度；当进度偏差SV为正值时，表示进度提前，即实际进度快于计划进度。

③ 费用绩效指数（CPI）。

$$费用绩效指数（CPI）= 已完工作预算费用（BCWP）/ 已完工作实际费用（ACWP） \quad (5-6)$$

当费用绩效指数（CPI）< 1时，表示超支，即实际费用高于预算费用；当费用绩效指数（CPI）> 1时，表示节支，即实际费用低于预算费用。

④ 进度绩效指数（SPI）。

进度绩效指数（SPI）＝已完工作预算费用（BCWP）/计划工作预算费用（BCWS）

(5-7)

当进度绩效指数（SPI）＜1时，表示进度延误，即实际进度比计划进度慢；当进度绩效指数（SPI）＞1时，表示进度提前，即实际进度比计划进度快。

费用（进度）偏差反映的是绝对偏差，结果很直观，有助于费用管理人员了解项目费用出现偏差的绝对数额，并依此采取一定措施，制定或调整费用支出计划和资金筹措计划。但是，绝对偏差有其不容忽视的局限性。如同样是10万元的费用偏差，对于总费用1000万元的项目和总费用1亿元的项目而言，其严重性显然是不同的。因此，费用（进度）偏差仅适合对同一项目作偏差分析。费用（进度）绩效指数反映的是相对偏差，它不受项目层次的限制，也不受项目实施时间的限制，因而在同一项目和不同项目比较中均可采用。

在项目的费用、进度综合控制中引入赢得值法，可以克服过去进度、费用分开控制的缺点，即当发现费用超支时，很难立即知道是由于费用超出预算，还是由于进度提前。相反，当发现费用低于预算时，也很难立即知道是由于费用节省，还是由于进度拖延。而引入赢得值法即可定量地判断进度、费用的执行效果。

【例5-1】某工程项目施工合同于2020年12月签订，约定的合同工期为20个月，2021年1月开始正式施工，承包人按合同工期要求编制了混凝土结构工程施工进度时标网络计划（图5-4），并经专业监理工程师审核批准。

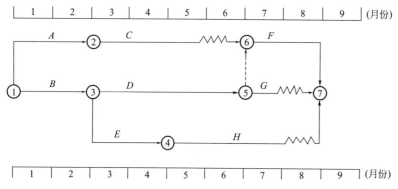

图5-4 时标网络计划

该项目的各项工作均按最早开始时间安排，且各工作每月所完成的工程量相等。各工作的计划工程量和实际工程量见表5-3。工作D、E、F的实际工作持续时间与计划工作持续时间相同。

表5-3 计划工程量和实际工程量表

工作	A	B	C	D	E	F	G	H
计划工程量/m³	8600	9000	5400	10000	5200	6200	1000	3600
实际工程量/m³	8600	9000	5400	9200	5000	5800	1000	5000

合同约定,混凝土结构工程综合单价为1000元/m³,按月结算。结算价按项目所在地混凝土结构工程价格指数进行调整,项目实施期间各月的混凝土结构工程价格指数见表5-4。

表5-4 工程价格指数表

时间	2020年12月	2021年1月	2021年2月	2021年3月	2021年4月	2021年5月	2021年6月	2021年7月	2021年8月	2021年9月
混凝土结构工程价格指数/%	100	115	110	115	110	110	110	120	110	110

施工期间,由于发包人原因使工作H的开始时间比计划的开始时间推迟1个月,并由于工作H工程量的增加使该工作的工作持续时间延长了1个月。

问题:

1. 请按施工进度计划编制资金使用计划(即计算每月和累计计划工作预算费用),并简要写出其步骤。
2. 计算工作H各月的已完工作预算费用和已完工作实际费用。
3. 计算混凝土结构工程已完工作预算费用和已完工作实际费用。
4. 列式计算8月末的费用偏差CV和进度偏差SV。

【解】

1. 将各工作计划工程量与单价相乘后,除以该工作持续时间,得到各工作每月计划工作预算费用;再将时标网络计划中各工作分别按月纵向汇总得到每月计划工作预算费用;然后逐月累加得到各月累计计划工作预算费用。

2. H工作6~9月每月完成工程量为:5000/4=1250(m³/月);

H工作6~9月已完工作预算费用均为:1250×1000=125(万元);

H工作已完工作实际费用:

6月份:125×110%=137.5(万元);

7月份:125×120%=150.0(万元);

8月份:125×110%=137.5(万元);

9月份:125×110%=137.5(万元)。

3. 计算结果见表5-5。

表5-5 计算结果 单位:万元

项目	数据								
	1	2	3	4	5	6	7	8	9
每月计划工作预算费用	880	880	690	690	550	370	530	310	
累计计划工作预算费用	880	1760	2450	3140	3690	4060	4590	4900	
每月已完工作预算费用	880	880	660	660	410	355	515	415	125
累计已完工作预算费用	880	1760	2420	3080	3490	3845	4360	4775	4900
每月已完工作实际费用	1012	924	726	759	451	390.5	618	456.5	137.5
累计已完工作实际费用	112	1936	2662	3421	3872	4262.5	4880.5	5337	5474.5

4. 费用偏差(CV)= 已完工作预算费用 − 已完工作实际费用 = 4775−5337 = −562(万元),超支562万元。

进度偏差（SV）= 已完工作预算费用 − 计划工作预算费用 =4775−4900=−125（万元），进度拖后125万元。

5.3.3.3 偏差原因分析与纠偏措施

（1）偏差原因分析

在实际执行过程中，最理想的状态是已完工作实际费用（ACWP）、计划工作预算费用（BCWS）、已完工作预算费用（BCWP）三条曲线靠得很近、平稳上升，表示项目按预定计划目标进行。如果三条曲线离散度不断增加，则可能出现较大的投资偏差。

偏差分析的一个重要目的就是要找出引起偏差的原因，从而采取有针对性的措施，减少或避免相同问题的再次发生。在进行偏差原因分析时，首先应当将已经导致和可能导致偏差的各种原因逐一列举出来。导致不同工程项目产生费用偏差的原因具有一定共性，因而可以通过对已建项目的费用偏差原因进行归纳、总结，为该项目采取预防措施提供依据。

一般来说，产生费用偏差的原因有以下几种，如图5-5所示。

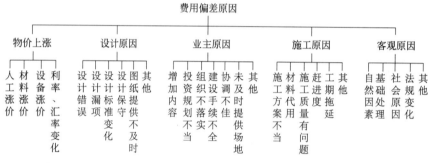

图5-5 费用偏差原因

（2）纠偏措施

通常要压缩已经超支的费用，而不影响其他目标是十分困难的，一般只有当给出的措施比原计划已选定的措施更为有利，比如使工程范围减少或生产效率提高等，成本才能降低。例如：

① 寻找新的、效率更高的设计方案；
② 购买部分产品，而不是采用完全由自己生产的产品；
③ 重新选择供应商，但会产生供应风险，选择需要时间；
④ 改变实施过程；
⑤ 变更工程范围；
⑥ 索赔，例如向业主、承（分）包商、供应商索赔以弥补费用超支。

5.4 施工成本分析与考核

施工成本分析是在施工成本核算的基础上，对成本的形成过程和影响成本升降的因素进行分析，以寻求进一步降低成本的途径，包括有利偏差的挖掘和不利偏差的纠正。施工成本分析贯穿于施工成本管理的全过程，它是在成本的形成过程中，主要利用施工项目的成本核算资料（成本信息），与目标成本、预算成本以及类似的施工项目的实际成本等进行比较，了解成本的变动情况；同时也要分析主要技术经济指标对成本的影响，系统地研究成本变动的因素，检查成本计划的合理性，并通过成本分析，深入研究成本变动的规律，寻找降低施工项目成本的途径，以便有效地进行成本控制。成本偏差的控制，分析是关键，纠偏是核心。要针对分析得出的偏差发生原因，采取切实措施，加以纠正。

5.4.1　施工成本核算

施工成本核算包括两个基本环节：一是按照规定的成本开支范围对施工费用进行归集和分配，计算出施工费用的实际发生额；二是根据成本核算对象，采用适当的方法，计算出该施工项目的总成本和单位成本。施工成本管理需要正确及时地核算施工过程中发生的各项费用，计算施工项目的实际成本。施工成本核算所提供的各种成本信息，是成本预测、成本计划、成本控制、成本分析和成本考核等各个环节的依据。

施工成本核算一般以单位工程为对象，但也可以按照承包工程项目的规模、工期、结构类型、施工组织和施工现场等情况，结合成本管理要求，灵活划分成本核算对象。施工成本核算的基本内容包括：人工费核算，材料费核算，周转材料费核算，结构件费核算，机械使用费核算，措施费核算，分包工程成本核算，企业管理费核算，项目月度施工成本报告编制。

施工成本核算制是明确施工成本核算的原则、范围、程序、方法、内容、责任及要求的制度。项目管理必须实行施工成本核算制，它和项目经理责任制等共同构成了项目管理的运行机制。公司层与项目经理部的经济关系、管理责任关系、管理权限关系，以及项目管理组织所承担的责任成本核算的范围、核算业务流程和要求等，都应以制度的形式作出明确的规定。

项目经理部要建立一系列项目业务核算台账和施工成本会计账户，实施全过程的成本核算，具体可分为定期的成本核算和竣工工程成本核算。定期的成本核算如每天、每周、每月的成本核算等，是竣工工程成本核算的基础。

形象进度、产值统计、实际成本归集"三同步"，即三者的取值范围应是一致的。形象进度表达的工程量、统计施工产值的工程量和实际成本归集所依据的工程量均应是相同的数值。

对竣工工程的成本核算，应区分为竣工工程现场成本和竣工工程完全成本，分别由项目经理部和企业财务部门进行核算分析，其目的在于分别考核项目管理绩效和企业经营效益。

5.4.2　施工成本分析的基本方法

施工成本分析的基本方法包括比较法、因素分析法、差额计算法、比率法等。

（1）比较法

比较法又称"指标对比分析法"，是指对比技术经济指标，检查目标的完成情况，分析产生差异的原因，进而挖掘降低成本的方法。这种方法通俗易懂、简单易行、便于掌握，因而得到了广泛的应用，但在应用时必须注意各技术经济指标的可比性。比较法的应用通常有以下形式。

① 将实际指标与目标指标对比。以此检查目标完成情况，分析影响目标完成的积极因素和消极因素，以便及时采取措施，保证成本目标的实现。在进行实际指标与目标指标对比时，还应注意目标本身有无问题，如果目标本身出现问题，则应调整目标，重新评价实际工作。

② 本期实际指标与上期实际指标对比。通过本期实际指标与上期实际指标对比，可以看出各项技术经济指标的变动情况，反映施工管理水平的提高程度。

③ 与本行业平均水平、先进水平对比。通过这种对比，可以反映本项目的技术和经济管理水平与行业的平均及先进水平的差距，进而采取措施提高本项目管理水平。

以上三种对比，可以在一张表中同时反映。例如，某项目本年计划节约"三材"100000元，实际节约120000元，上年节约95000元，本企业先进水平节约130000元。根据上述资料编制分析表5-6。

表5-6 实际指标与上期指标、先进水平对比表　　　　单位：元

指标	本年计划数	上年实际数	企业先进水平	本年实际数	差异数		
					与计划比	与上年比	与先进比
"三材"节约额	100000	95000	130000	120000	20000	25000	-10000

（2）因素分析法

因素分析法又称连环置换法，可用来分析各种因素对成本的影响程度。在进行分析时，假定众多因素中的一个因素发生了变化，而其他因素则不变，然后逐个替换，分别比较其计算结果，以确定各个因素的变化对成本的影响程度。因素分析法的计算步骤如下：

二维码10
因素分析法

① 确定分析对象，计算实际与目标数的差异；

② 确定该指标是由哪几个因素组成的，并按其相互关系进行排序（排序规则是：先实物量，后价值量；先绝对值，后相对值）；

③ 以目标数为基础，将各因素的目标数相乘，作为分析替代的基数；

④ 将各个因素的实际数按照已确定的排列顺序进行替换计算，并将替换后的实际数保留下来；

⑤ 将每次替换计算所得的结果，与前一次的计算结果相比较，两者的差异即为该因素对成本的影响程度；

⑥ 各个因素的影响程度之和，应与分析对象的总差异相等。

【例5-2】商品混凝土目标成本为443040元，实际成本为473697元，比目标成本增加30657元，资料见表5-7。分析成本增加的原因。

表5-7 商品混凝土目标成本与实际成本对比表

项目	单位	目标	实际	差额
产量	m³	600	630	+30
单价	元	710	730	+20
损耗率	%	4	3	-1
成本	元	443040	473697	+30657

【解】

1. 分析对象是商品混凝土的成本，实际成本与目标成本的差额为30657元，该指标是由产量、单价、损耗率三个因素组成的。

2. 以目标数443040元（=600×710×1.04）为分析替代的基础。

第一次替代产量因素，以630替代600：630×710×1.04=465192（元）；

第二次替代单价因素，以730替代710，并保留上次替代后的值：630×730×1.04=478296（元）；

第三次替代损耗率因素，以1.03替代1.04，并保留上两次替代后的值：630×730×1.03=473697（元）。

3. 计算差额：

第一次替代与目标数的差额=465192-443040=22152（元）；

第二次替代与第一次替代的差额=478296-465192=13104（元）；

第三次替代与第二次替代的差额=473697-478296=-4599（元）。

4. 产量增加使成本增加了22152元，单价提高使成本增加了13104元，而损耗率下降使成本减少了4599元。

5. 各因素的影响程度之和=22152+13104-4599=30657（元），与实际成本与目标成本的总差额相等。

为了使用方便，企业也可以通过运用因素分析表来求出各因素变动对实际成本的影响程度，其具体形式见表5-8。

表5-8　商品混凝土成本变动因素分析表

顺序	连环替代计算	差异/元	因素分析
目标数	600×710×1.04		
第一次替代	630×710×1.04	22152	由于产量增加30m³，成本增加22152元
第二次替代	630×730×1.04	13104	由于单价提高20元，成本增加13104元
第三次替代	630×730×1.03	-4599	由于损耗率下降1%，成本减少4599元
合计	22152+13104-4599=30657	30657	

（3）差额计算法

差额计算法是因素分析法的一种简化形式，它利用各个因素的目标值与实际值的差额来计算其对成本的影响程度。

【例5-3】某施工项目某月的实际成本降低额比计划提高了2.40万元，见表5-9。

表5-9　降低成本计划与实际对比表

项目	单位	计划	实际	差额
预算成本	万元	300	320	+20
成本降低率	%	4	4.5	+0.5
成本降低额	万元	12	14.40	+2.40

根据表 5-9 资料,应用"差额计算法"分析预算成本和成本降低率对成本降低额的影响程度。

【解】
1. 预算成本增加对成本降低额的影响程度:(320-300)×4%=0.80(万元)。
2. 成本降低率提高对成本降低额的影响程度:(4.5%-4%)×320=1.60(万元)。
以上两项合计:0.80+1.60=2.40(万元)。

(4)比率法

比率法是指用两个以上的指标的比例进行分析的方法。它的基本特点是:先把对比分析的数值变成相对数,再观察其相互之间的关系。常用的比率法有以下几种:

① 相关比率法。由于项目经济活动的各个方面是相互联系、相互依存、相互影响的,因而可以两个性质不同且相关的指标加以对比,求出比率,并以此来考察经营成果的好坏。例如:产值和工资是两个不同的概念,但它们是投入与产出的关系。在一般情况下,都希望以最少的工资支出完成最大的产值。因此,用产值工资率指标来考核人工费的支出水平,可以很好地分析人工成本。

② 构成比率法。又称比重分析法或结构对比分析法。通过构成比率法,可以考察成本总量的构成情况及各成本项目占总成本的比例,同时也可看出预算成本、实际成本和降低成本的比例关系,从而寻求降低成本的途径,见表 5-10。

表5-10　成本构成比例分析表

成本项目	预算成本		实际成本		降低成本		
	金额/万元	比例/%	金额/万元	比例/%	金额/万元	占本项比例/%	占总量比例/%
一、直接成本	1263.79	93.2	1200.31	92.38	63.48	5.02	4.68
1.人工费	113.36	8.36	119.28	9.18	-5.92	-1.09	-0.44
2.材料费	1006.56	74.23	939.67	72.32	66.89	6.65	4.93
3.机具使用费	87.6	6.46	89.65	6.9	-2.05	-2.34	-0.15
4.措施费	56.27	4.15	51.71	3.98	4.56	8.1	0.34
二、间接成本	92.21	6.8	99.01	7.62	-6.8	-7.37	0.5
三、总成本	1356	100	1299.32	100	56.68	4.18	4.18

③ 动态比率法。动态比率法是将同类指标不同时期的数值进行对比,求出比率,以分析该项指标的发展方向和发展速度。动态比率的计算,通常采用基期指数和环比指数两种方法,见表 5-11。

表5-11　指标动态比较表

指标	第一季度	第二季度	第三季度	第四季度
降低成本/万元	45.60	47.80	52.50	64.30
基期指数/%		104.82	115.13	141.01
环比指数/%		104.82	109.83	122.48

5.4.3 施工成本考核

施工成本考核是指在施工项目完成后，对施工项目成本形成中的各责任者，按施工项目成本目标责任制的有关规定，将成本的实际指标与计划、定额、预算进行对比和考核，评定施工项目成本计划的完成情况和各责任者的业绩，并以此给予相应的奖励和处罚。通过成本考核，做到有奖有惩、赏罚分明，才能有效地调动每一位员工在各自施工岗位上努力完成目标成本的积极性，从而降低施工项目成本，提高企业的效益。

施工成本考核是衡量成本降低的实际成果，也是对成本指标完成情况的总结和评价。成本考核制度包括考核的目的、时间、范围、对象、方式、依据、指标、组织领导、评价与奖惩原则等内容。

以施工成本降低额和施工成本降低率作为成本考核的主要指标，要加强公司层对项目经理部的指导，并充分依靠技术人员、管理人员和作业人员的经验及智慧，防止项目管理在企业内部异化为靠少数人承担风险的以包代管模式。成本考核也可分别考核公司层和项目经理部。

公司层对项目经理部进行考核与奖惩时，既要防止虚盈实亏，也要避免实际成本归集差错等的影响，使施工成本考核真正做到公平、公正、公开，在此基础上落实施工成本管理责任制的奖惩或激励措施。

施工成本管理的每一个环节都是相互联系和相互作用的。成本预测是成本决策的前提，成本计划是成本决策所确定目标的具体化。成本计划控制则是对成本计划的实施进行控制和监督，保证决策的成本目标的实现，而成本核算又是对成本计划是否实现的最后检验，它所提供的成本信息又将为下一个施工项目成本预测和决策提供基础资料。成本考核是实现成本目标责任制的保证和实现决策目标的重要手段。

能力训练

一、单项选择题

1. 根据建设工程项目施工成本的组成，属于直接成本的是（　　）。
   A. 工具用具使用费　　　　　　　B. 职工教育经费
   C. 机械折旧费　　　　　　　　　D. 管理人员工资

2. 下列施工管理措施中属于组织措施的是（　　）。
   A. 选用合适的分包项目合同结构
   B. 确定合适的施工成本控制工作流程
   C. 确定合适的施工机械设备使用方案
   D. 对施工成本管理目标进行风险分析，并制定防范性对策

3. 编制实施性成本计划的主要依据是（　　）。
   A. 施工图预算　　　　　　　　　B. 投资估算

C. 施工预算　　　　　　　　　　D. 设计概算

4. 施工企业在工程投标及签订合同阶段编制的估算成本计划，属于（　　）成本计划。
   A. 指导性　　　B. 实施性　　　C. 作业性　　　D. 竞争性

5. 某施工承包企业将其承接的高速公路项目的目标总成本分解为桥梁成本、隧道成本、道路工程成本等子项，并编制相应的成本计划，这是按（　　）分解的。
   A. 成本组成　　　B. 项目结构　　　C. 工程类别　　　D. 工程性质

6. 绘制时间－成本累积曲线的环节有：①计算单位时间成本；②确定工程项目进度计划；③计算计划累计支出的成本额；④绘制 S 形曲线。正确的绘制步骤是（　　）。
   A. ①—②—③—④　　　　　　B. ②—①—③—④
   C. ①—③—②—④　　　　　　D. ②—③—④—①

7. 在施工成本的过程控制中，需进行包干控制的材料是（　　）。
   A. 钢钉　　　B. 水泥　　　C. 钢筋　　　D. 石子

8. 下列建设工程项目成本分析方法中，属于分析各种因素对成本影响程度的是（　　）。
   A. 连环置换法　　　B. 相关比率法　　　C. 比重分析法　　　D. 动态比率法

9. 某施工项目的商品混凝土目标成本是 420000 元（目标产量 500 m^3，目标单价 800 元/m^3，预计损耗率为 5%），实际成本是 511680 元（实际产量 600 m^3，实际单价 820 元/m^3，实际损耗率为 4%），若采用因素分析法进行成本分析（因素的排列顺序为产量、单价、损耗率），则由于产量提高增加的成本是（　　）元。
   A. 49200　　　B. 12600　　　C. 84000　　　D. 91680

10. 某项目施工成本数据如表 5-12 所示，根据差额计算法，成本降低率提高对成本降低额的影响程度为（　　）万元。
    A. 0.6　　　B. 0.7　　　C. 1.1　　　D. 1.2

表5-12　某项目施工成本数据

项目	单位	计划	实际	差额
成本	万元	220	240	20
成本降低率	%	3	3.5	0.5
成本减低额	万元	6.6	8.4	1.8

二、多项选择题

1. 施工成本分析是在成本形成过程中，将施工项目的成本核算资料与（　　）进行比较，以了解成本变动情况。
   A. 类似施工项目的预算成本　　　B. 本施工项目的实际成本
   C. 本施工项目的目标成本　　　　D. 本施工项目的预算成本
   E. 类似施工项目的实际成本

2. 下列施工成本管理的措施中，属于经济措施的有（　　）。
   A. 对施工方案进行经济效果分析论证
   B. 通过生产要素的动态管理控制实际成本
   C. 对各种变更及时落实业主签证并结算工程款
   D. 抽检进场的工程材料、构配件质量
   E. 对施工成本管理目标进行风险分析，并制定防范性对策

3. 成本计划编制依据应包括（　　）。
   A. 合同文件　　　　　　　　B. 项目管理规划大纲
   C. 价格信息　　　　　　　　D. 相关定额
   E. 本项目的成本资料

4. 按最早开始时间编制的施工计划及各工作每月成本强度（单位：万元／月）如图 5-6 所示，D 工作可以按最早开始时间或最迟开始时间进行安排。则 4 月份的施工成本计划值可以是（　　）万元。

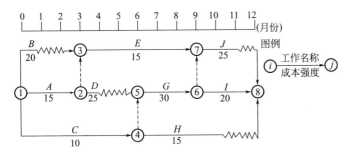

图5-6　第4题图

   A. 60　　　　　　　　　　B. 50　　　　　　　　　　C. 25
   D. 15　　　　　　　　　　E. 10

5. 关于分部分项工程成本分析，下列说法正确的有（　　）。
   A. 分部分项成本分析是施工项目成本分析的基础
   B. 必须对施工项目所有的分部分项工程进行成本分析
   C. 分部分项成本分析的方法是进行实际成本与目标成本的比较
   D. 分部分项成本分析的对象为已完成分部分项工程
   E. 对主要的分部分项工程要做到从开工到竣工进行系统的成本分析

三、简答题

1. 请简述施工成本的组成。
2. 建筑工程施工成本管理的措施有哪些？
3. 竞争性成本计划、指导性成本计划、实施性成本计划分别是在什么阶段编制？
4. 简述施工成本计划的编制程序。
5. 简述施工预算和施工图预算的区别。
6. 赢得值法的三个基本参数和四个评价指标分别是什么？

7. 赢得值法的偏差指标和绩效指标重复吗？请说明理由。

8. 简述施工成本分析依据。

9. 因素分析法基本思路是什么？

四、案例分析题

某土方工程总挖方量为 10000m³，预算单价为 45 元/m³。该挖方工程预算总费用为 45 万元，计划用 25 天完成，每天 400m³，开工后第七天早上刚上班时，业主项目管理人员前去测量，取得了两个数据：已完成挖方 2000m³，支付给承包单位的工程进度款累计已达到 12 万元。请用赢得值法计算该工程费用偏差及进度偏差。

单元6 建设工程项目职业健康安全管理

知识目标

1. 掌握安全技术交底的内容与要求;
2. 掌握健康安全事故的等级划分和处理流程;
3. 掌握职业健康安全卫生的要求与措施;
4. 熟悉安全生产管理制度;
5. 熟悉生产安全事故应急预案的内容;
6. 了解职业健康安全管理体系。

 技能目标

1. 能够进行施工安全技术交底;
2. 能够正确分析并处理安全事故。

 素质目标

随着人类社会进步和科技发展,职业健康安全的问题越来越受关注。建筑业较大事故多发,主要集中在房屋建筑、铁路隧道和拆除等建设工程,且多为坍塌事故,故应加强安全工作措施和监督管理,规范建筑市场管理,加强施工现场安全管理和安全培训教育,避免出现作业人员违规违章行为。为了保证劳动者在劳动生产过程中的健康安全,必须加强职业健康安全管理,所有人员都应培养安全意识。

6.1 建设工程职业健康安全管理概述

6.1.1 建设工程职业健康安全管理的目的

职业健康安全管理的目的是在生产活动中,通过职业健康安全生产的管理活动,对影响生产的具体因素进行状态控制,使生产因素中的不安全行为和状态尽可能减少或消除,且不引发事故,以保证生产活动中人员的健康和安全。对于建筑工程项目,职业健康安全管理的目的是防止和尽可能减少生产安全事故、保护产品生产者的健康与安全、保障人民群众的生命和财产免受损失;控制影响或可能影响工作场所内的员工或其他工作人员(包括临时工和承包方员工)、访问者或任何其他人员的健康安全的条件和因素;避免因管理不当对在组织控制下工作的人员健康和安全造成危害。

6.1.2 建设工程职业健康安全管理的特点

依据建设工程产品的特性，建设工程职业健康安全管理有以下特点：

① 复杂性。建设项目的职业健康安全管理涉及大量的露天作业，受到气候条件、工程地质和水文地质、地理条件和地域资源等不可控因素的影响较大。

② 多变性。一方面是项目建筑现场材料、设备和工具的流动性大；另一方面由于技术进步，项目不断引入新材料、新设备和新工艺，这都加大了相应的管理难度。

③ 协调性。项目建设涉及的工种甚多，包括大量的高空作业、地下作业、用电作业、爆破作业、起重作业等较危险的工作，并且各工种经常需要交叉或平行作业。

④ 持续性。项目建设一般具有建筑周期长的特点，从设计、实施直至投产阶段，诸多工序环环相扣。前一道工序的隐患，可能在后续的工序中暴露，酿成安全事故。

6.1.3 建设工程职业健康安全管理的要求

（1）建设工程项目决策阶段

建设单位应按照有关工程法律法规的规定和强制性标准的要求，办理各种有关安全与环境保护方面的审批手续。对需要进行环境影响评价或安全预评价的工程项目，应组织或委托有相应资质的单位进行工程项目环境影响评价和安全预评价。

（2）建设工程设计阶段

设计单位应按照有关建设工程法律法规的规定和强制性标准的要求，进行环境保护设施和安全设施的设计，防止因设计考虑不周而导致生产安全事故的发生或对环境造成不良影响。

在进行工程设计时，设计单位应当考虑施工安全和防护需要，对涉及施工安全的重点部分和环节在设计文件中应进行注明，并对防范生产安全事故提出指导意见。

对于采用新结构、新材料、新工艺的建设工程和特殊结构的建筑工程，设计单位应在设计中提出保障施工作业人员安全和预防生产安全事故的措施建议。

在工程总概算中，应明确工程安全环保设施费用、安全施工和环境保护措施费等。

设计单位和注册建筑师等执业人员应当对其设计负责。

（3）建设工程施工阶段

建设单位在申请领取施工许可证时，应当提供建设工程有关安全施工措施的资料。对于依法批准开工报告的建设工程，建设单位应当自开工报告批准之日起15日内，将保证安全施工的措施报送建设工程所在地的县级以上人民政府建设行政主管部门或者其他有关部门备案。

对于应当拆除的工程，建设单位应当在拆除工程施工15日前，将拆除施工单位资质等级证明，拟拆除建筑物、构筑物及可能涉及毗邻建筑的说明，拆除施工组织方案，堆放、清除废弃物的措施的资料,报送建设工程所在地的县级以上的地方人民政府主管部门或者其他有关部门备案。

施工企业在其经营生产的活动中必须对本企业的安全生产负全面责任。企业的代表人是安全生产的第一负责人,项目经理是施工项目生产的主要负责人。施工企业应当具备安全生产的资质条件,取得安全生产许可证的施工企业应设立安全机构,配备合格的安全人员,提供必要的资源;要建立健全职业健康安全体系以及有关的安全生产责任制和各项安全生产规章制度。对项目要编制切合实际的安全生产计划,制定职业健康安全保障措施;实施安全教育培训制度,不断提高员工的安全意识和安全生产素质。

6.2 建设工程安全生产管理

6.2.1 安全生产管理制度

《中华人民共和国建筑法》(以下简称《建筑法》)、《中华人民共和国安全生产法》(以下简称《安全生产法》)、《安全生产许可证条例》、《建设工程安全生产管理条例》、《建设施工企业安全生产许可证管理规定》等建设工程相关法律法规和部门规章对政府部门、有关企业及相关人员的建设工程安全生产和管理行为进行了全面的规定,确立了一系列建设工程安全生产管理制度。现阶段正在执行的主要安全生产管理制度包括:安全生产责任制度;安全生产许可证制度;政府安全生产监督检查制度;安全生产教育培训制度;安全措施计划制度;特种作业人员持证上岗制度;专项施工方案专家论证制度;危及施工安全工艺、设备、材料淘汰制度;施工起重机械使用登记制度;安全检查制度;生产安全事故报告和调查处理制度;"三同时"制度;安全预评价制度;意外伤害保险制度等。

6.2.1.1 安全生产责任制度

安全生产责任制度是最基本的安全管理制度,是所有安全生产管理制度的核心。安全生产责任制度是按照安全生产管理方针和"管生产的同时必须管安全"的原则,将各级负责人员、各职能部门及其工作人员和各岗位生产工人在安全生产方面应做的事情及应负的责任加以明确规定的一种制度。具体来说,就是将安全生产责任分解到相关单位的主要负责人、项目负责人、班组长以及每个岗位的作业人员身上。

根据《建设工程安全生产管理条例》和《建筑施工安全检查标准》的相关规定,安全生产责任制度的主要内容如下:

① 安全生产责任制度主要包括企业主要负责人的安全责任,负责人或其他副职的安全责任,项目负责人(项目经理)的安全责任,生产、技术、材料等各职能管理负责人及其工作人员的安全责任,技术负责人(工程师)的安全责任,专职安全生产管理人员的安全责任,施工员的安全责任,班组长的安全责任和岗位人员的安全责任等。

② 项目应对各级、各部门安全生产责任制规定检查和考核办法,并按规定期限进行考核,对考核结果及兑现情况应有记录。

③ 项目独立承包的工程在签订承包合同中必须有安全生产工作的具体指标和要求。工程由多家单位施工时，总分包单位在签订分包合同的同时要签订安全生产合同（协议），签订合同前要检查分包单位的营业执照、企业资质证、安全资格证等。分包队伍的资质应与工程要求相符，在安全合同中应明确总分包单位各自的安全职责。原则上，实行总承包的由总承包单位负责，分包单位向总包单位负责，服从总包单位对施工现场的安全管理，分包单位在其分包范围内建立施工现场安全生产管理制度，并组织实施。

④ 项目的主要工种应有相应的安全技术操作规程，包括砌筑、抹灰、混凝土、木工、电工、钢筋、机械、起重、信号指挥、脚手架、水暖、油漆、塔吊、电梯、电气焊等工种，特殊作业应另行补充。应将安全技术操作规程列为日常安全活动和安全教育的主要内容，并应悬挂在操作岗位前。

⑤ 工程项目部专职安全人员的配备应按住房和城乡建设部的规定，1万平方米以下工程1人；1万～5万平方米的工程不少于2人；5万平方米以上的工程不少于3人。

总之，企业实行安全生产责任制度必须做到在计划、布置、检查、总结、评比生产的时候，同时计划、布置、检查、总结、评比安全工作。其内容大体分为两个方面：纵向方面是各级人员的安全生产责任制，即从最高管理者、管理者代表到项目负责人（项目经理）、技术负责人（工程师）、专职安全生产管理人员、施工员、班组长和岗位人员等各级人员的安全生产责任制；横向方面是各个部门的安全生产责任制，即各职能部门（如安全环保、设备、技术、生产、财务等部门）的安全生产责任制。只有这样，才能建立健全安全生产责任制，做到群防群治。

6.2.1.2 安全生产许可证制度

《安全生产许可证条例》规定国家对建筑施工企业实施安全生产许可证制度。其目的是严格规范安全生产条件，进一步加强安全生产监督管理，防止和减少生产安全事故。国务院建设主管部门负责中央管理的建设施工企业安全生产许可证的颁发和管理；其他企业由省、自治区、直辖市人民政府建设主管部门进行颁发和管理，并接受国务院建设主管部门的指导和监督。

企业取得安全生产许可证，应当具备下列安全生产条件：

① 建立、健全安全生产责任制，制定完备的安全生产规章制度和操作规程；
② 安全投入符合安全生产要求；
③ 设置安全生产管理机构，配备专职安全生产管理人员；
④ 主要负责人和安全生产管理人员经考核合格；
⑤ 特种作业人员经有关业务主管部门考核合格，取得特种作业操作资格证书；
⑥ 从业人员经安全生产教育和培训合格；
⑦ 依法参加工伤保险，为从业人员缴纳保险费；
⑧ 厂房、作业场所和安全设施、设备、工艺符合有关安全生产法律、法规、标准和规程的要求；
⑨ 有职业危害防治措施，并为从业人员配备符合国家标准或者行业标准的劳动防护用品；
⑩ 依法进行安全评价；
⑪ 有重大危险源检测、评估、监控措施和应急预案；

⑫ 有生产安全事故应急救援预案、应急救援组织或者应急救援人员，配备必要的应急救援器材、设备；

⑬ 法律、法规规定的其他条件。

企业进行生产前，应当依照《安全生产许可证条例》的规定向安全生产许可证颁发管理机关申请领取安全生产许可证，并提供《安全生产许可证条例》第六条规定的相关文件、资料。安全生产许可证颁发管理机关应当自收到申请之日起45日内审查完毕，经审查符合《安全生产许可证条例》规定的安全生产条件的，颁发安全生产许可证；不符合《安全生产许可证条例》规定的安全生产条件的，不予颁发安全生产许可证，书面通知企业并说明理由。

安全生产许可证的有效期为3年。安全生产许可证有效期满需要延期的，企业应当于期满前3个月向原安全生产许可证颁发管理机关办理延期手续。

企业在安全生产许可证有效期内，严格遵守有关安全生产的法律法规，未发生死亡事故的，安全生产许可证有效期届满时，经原安全生产许可证颁发管理机关同意不再审查，安全生产许可证有效期延期3年。

企业不得转让、冒用安全生产许可证或者使用伪造的安全生产许可证。

6.2.1.3　政府安全生产监督检查制度

政府安全生产监督检查制度是指国家法律、法规授权的行政部门，代表政府对企业的安全生产过程实施监督管理。《建设工程安全生产管理条例》第五章"监督管理"对建设工程安全监督管理的规定内容如下：

① 国务院负责安全生产监督管理的部门依照《中华人民共和国安全生产法》的规定，对全国建设工程安全生产工作实施综合监督管理。县级以上地方人民政府负责安全生产监督管理的部门依照《中华人民共和国安全生产法》的规定，对本行政区域内建设工程安全生产工作实施综合监督管理。

② 国务院建设行政主管部门对全国的建设工程安全生产实施监督管理。国务院铁路、交通、水利等有关部门按照国务院规定的职责分工，负责有关专业建设工程安全生产的监督管理。县级以上地方人民政府建设行政主管部门对本行政区域内的建设工程安全生产实施监督管理。县级以上地方人民政府交通、水利等有关部门在各自的职责范围内，负责本行政区域内的专业建设工程安全生产的监督管理。

③ 县级以上人民政府负有建设工程安全生产监督管理职责的部门在各自的职责范围内履行安全监督检查职责时，有权纠正施工中违反安全生产要求的行为，责令立即排除检查中发现的安全事故隐患，对重大隐患可以责令暂时停止施工。

④ 建设行政主管部门或者其他有关部门可以将施工现场安全监督检查，委托给建设工程安全监督机构具体实施。

6.2.1.4　安全生产教育培训制度

安全生产教育培训一般包括对管理人员、特种作业人员和企业员工的安全教育。

（1）管理人员的安全教育

① 企业法定代表人安全教育。企业法定代表人安全教育的主要内容包括：

a. 国家有关安全生产的方针、政策、法律、法规及有关规章制度；

b. 安全生产管理职责、企业安全生产管理知识及安全文化；

c. 有关事故案例及事故应急处理措施等。

② 项目经理、技术负责人和技术干部安全教育。项目经理、技术负责人和技术干部安全教育的主要内容包括：

a. 安全生产方针、政策和法律、法规；

b. 项目经理部安全生产责任；

c. 典型事故案例剖析；

d. 本系统安全及其相应的安全技术知识。

③ 行政管理干部安全教育。行政管理干部安全教育的主要内容包括：

a. 安全生产方针、政策和法律、法规；

b. 基本的安全技术知识；

c. 本职的安全生产责任。

④ 企业安全管理人员安全教育。企业安全管理人员安全教育内容应包括：

a. 国家有关安全生产的方针、政策、法律、法规和安全生产标准；

b. 企业安全生产管理、安全技术、职业病知识、安全文件；

c. 员工伤亡事故和职业病统计报告及调查处理程序；

d. 有关事故案例及事故应急处理措施。

⑤ 班组长和安全员安全教育。班组长和安全员安全教育内容包括：

a. 安全生产法律、法规、安全技术及技能、职业病和安全文化的知识；

b. 本企业、本班组和工作岗位的危险因素、安全注意事项；

c. 本岗位安全生产职责；

d. 典型事故案例；

e. 事故抢救与应急处理措施。

（2）特种作业人员的安全教育

根据《特种作业人员安全技术培训考核管理规定》，特种作业是指容易发生事故，对操作者本人、他人的安全健康及设备、设施的安全可能造成重大危害的作业。特种作业人员，是指直接从事特种作业的从业人员。

根据《特种作业人员安全技术培训考核管理规定》，特种作业的范围主要有（未详细列出）：

① 电工作业，包括高压电工作业、低压电工作业、防爆电气作业；

② 焊接与热切割作业，包括熔化焊接与热切割作业、压力焊作业、钎焊作业；

③ 高处作业，包括登高架设作业，高处安装、维护、拆除作业；

④ 制冷与空调作业，包括制冷与空调设备运行操作作业、制冷与空调设备安装修理作业；

⑤ 煤矿安全作业；

⑥ 金属、非金属矿山安全作业；

⑦ 石油天然气安全作业；

⑧ 冶金（有色）生产安全作业；

⑨ 危险化学品安全作业；

⑩ 烟花爆竹安全作业；

⑪ 安全监管总局认定的其他作业。

特种作业人员应具备的条件是：

① 年满18周岁，且不超过国家法定退休年龄；

② 经社区或者县级以上医疗机构体检健康合格，并无妨碍从事相应特种作业的器质性心脏病、癫痫病、美尼尔氏症、眩晕症、癔症、震颤麻痹症、精神病、痴呆症以及其他疾病和生理缺陷；

③ 具有初中及以上文化程度；

④ 具备必要的安全技术知识与技能；

⑤ 相应特种作业规定的其他条件。

特种作业人员必须经专门的安全技术培训并考核合格，取得"中华人民共和国特种作业操作证"后，方可上岗作业。

特种作业人员应当接受与其所从事的特种作业相应的安全技术理论培训和实际操作培训。已经取得职业高中、技工学校及中专以上学历的毕业生从事与其所学专业相应的特种作业，持学历证明经考核发证机关同意，可以免予相关专业的培训。

跨省、自治区、直辖市从业的特种作业人员，可以在户籍所在地或者从业所在地参加培训。

（3）企业员工的安全教育

企业员工的安全教育主要有新员工上岗前的三级安全教育、改变工艺和变换岗位时的安全教育、经常性安全教育三种形式。

① 新员工上岗前的三级安全教育。三级安全教育通常是指进厂、进车间、进班组三级，对建设工程来说，具体指企业（公司）、项目（或工区、工程处、施工队）、班组三级。

企业新员工上岗前必须进行三级安全教育，企业新员工须按规定通过三级安全教育和实际操作训练，并经考核合格后方可上岗。

企业（公司）级安全教育由企业主管领导负责，企业职业健康安全管理部门会同有关部门组织实施，内容应包括：安全生产法律、法规，通用安全技术、职业卫生和安全文化的基本知识，本企业安全生产规章制度及状况、劳动纪律和有关事故案例等内容。

项目（或工区、工程处、施工队）级安全教育由项目级负责人组织实施，专职或兼职安全员协助，内容包括：工程项目的概况，安全生产状况和规章制度，主要危险因素及安全事项，预防工伤事故和职业病的主要措施，典型事故案例及事故应急处理措施等。

班组级安全教育由班组长组织实施，内容包括：遵章守纪，岗位安全操作规程，岗位间工作衔接配合的安全生产事项，典型事故及发生事故后应采取的紧急措施，劳动防护用品（用具）的性能及正确使用方法等内容。

② 改变工艺和变换岗位时的安全教育。企业（或工程项目）在实施新工艺、新技术或使用新设备、新材料时，必须对有关人员进行相应级别的安全教育，要按新的安全操作规程教育和培训参加操作的岗位员工及有关人员，使其了解新工艺、新设备、新产品的安全性能及安全技术，以适应新的岗位作业的安全要求。

当组织内部员工发生从一个岗位调到另外一个岗位，或从某工种改变为另一工种，或因放长假离岗一年以上重新上岗的情况，企业必须进行相应的安全技术培训和教育，以使其掌握现岗位安全生产特点和要求。

③ 经常性安全教育。无论何种教育都不可能是一劳永逸的，安全教育同样如此，必须坚持不懈、经常不断地进行，这就是经常性安全教育。在经常性安全教育中，安全思想、安全态度教育最重要。进行安全思想、安全态度教育，要通过采取多种多样形式的安全教育活动，激发员工搞好安全生产的热情，促使员工重视和真正实现安全生产。经常性安全教育的形式有：每天的班前班后会上说明安全注意事项；安全活动日；安全生产会议；事故现场会；张贴安全生产招贴画、宣传标语及标志等。

6.2.1.5 安全措施计划制度

安全措施计划制度是指企业进行生产活动时，必须编制安全措施计划，它是企业有计划地改善劳动条件和安全卫生设施，防止工伤事故和职业病的重要措施之一，对企业加强劳动保护，改善劳动条件，保障职工的安全和健康，促进企业生产经营的发展都起着积极作用。

（1）安全措施计划的范围

安全措施计划的范围应包括改善劳动条件、防止事故发生、预防职业病和职业中毒等内容，具体包括：

① 安全技术措施。安全技术措施是预防企业员工在工作过程中发生工伤事故的各项措施，包括防护装置、保险装置、信号装置和防爆炸装置等。

② 职业卫生措施。职业卫生措施是预防职业病和改善职业卫生环境的必要措施，包括防尘、防毒、防噪声、通风、照明、取暖、降温等措施。

③ 辅助用房间及设施。辅助用房间及设施是为了保证生产过程安全卫生所必需的房间及一切设施，包括更衣室、休息室、淋浴室、消毒室、妇女卫生室、厕所和冬期作业取暖室等。

④ 安全宣传教育措施。安全宣传教育措施是为了宣传普及有关安全生产法律、法规、基本知识所需要的措施，其主要内容包括安全生产教材、图书、资料，安全生产展览，安全生产规章制度，安全操作方法训练设施，劳动保护和安全技术的研究与实验等。

（2）编制安全措施计划的依据

① 国家发布的有关职业健康安全政策、法规和标准；
② 在安全检查中发现的尚未解决的问题；
③ 造成伤亡事故和职业病的主要原因和所采取的措施；
④ 生产发展需要所应采取的安全技术措施；
⑤ 安全技术革新项目和员工提出的合理化建议。

（3）编制安全技术措施计划的一般步骤

编制安全技术措施计划可以按照下列步骤进行：

① 工作活动分类；
② 危险源识别；
③ 风险确定；
④ 风险评价；
⑤ 制定安全技术措施计划；
⑥ 评价安全技术措施计划的充分性。

6.2.1.6 特种作业人员持证上岗制度

《建设工程安全生产管理条例》第二十五条规定：垂直运输机械作业人员、安装拆卸工、爆破作业人员、起重信号工、登高架设作业人员等特种作业人员，必须按照国家有关规定经过专门的安全作业培训，并取得特种作业操作资格证书后，方可上岗作业。

专门的安全作业培训，是指由有关主管部门组织的专门针对特种作业人员的培训，也就是特种作业人员在独立上岗作业前，必须进行与本工种相适应的、专门的安全技术理论学习和实际操作训练，经培训考核合格，取得特种作业操作资格证书后，才能上岗作业。特种作业操作资格证书在全国范围内有效，离开特种作业岗位一定时间后，应当按照规定重新进行实际操作考核，经确认合格后方可上岗作业。对于未经培训考核，即从事特种作业的，《建设工程安全生产管理条例》第六十二条规定了行政处罚措施；造成重大安全事故，构成犯罪的，对直接责任人员，依照刑法的有关规定追究刑事责任。

特种作业操作证由安全监管总局统一式样、标准及编号。特种作业操作证有效期为6年，在全国范围内有效。特种作业操作证每3年复审1次。特种作业人员在特种作业操作证有效期内，连续从事本工种10年以上，严格遵守有关安全生产法律法规的，经原考核发证机关或者从业所在地考核发证机关同意，特种作业操作证的复审时间可以延长至每6年1次。特种作业操作证申请复审或者延期复审前，特种作业人员应当参加必要的安全培训并考试合格。安全培训时间不少于8个学时，主要培训法律、法规、标准、事故案例和有关新工艺、新技术、新装备等知识。

6.2.1.7 专项施工方案专家论证制度

依据《建设工程安全生产管理条例》第二十六条的规定：施工单位应当在施工组织设计中编制安全技术措施和施工现场临时用电方案，对下列达到一定规模的危险性较大的分部分项工程编制专项施工方案，并附具安全验算结果，经施工单位技术负责人、总监理工程师签字后实施，由专职安全生产管理人员进行现场监督，包括：基坑支护与降水工程；土方开挖工程；模板工程；起重吊装工程；脚手架工程；拆除、爆破工程；国务院建设行政主管部门或者其他有关部门规定的其他危险性较大的工程。

对上述所列工程中涉及深基坑、地下暗挖工程、高大模板工程的专项施工方案，施工单位还应当组织专家进行论证、审查。

6.2.1.8 危及施工安全工艺、设备、材料淘汰制度

严重危及施工安全的工艺、设备、材料是指不符合生产安全要求，极有可能导致生产安全事故发生，致使人民生命和财产遭受重大损失的工艺、设备和材料。

《建设工程安全生产管理条例》第四十五条规定："国家对严重危及施工安全的工艺、设备、材料实行淘汰制度。具体目录由国务院建设行政主管部门会同国务院其他有关部门制定并公布。"本条明确规定，国家对严重危及施工安全的工艺、设备和材料实行淘汰制度。这一方面有利于保障安全生产；另一方面也体现了优胜劣汰的市场经济规律，有利于提高生产经营单位的工艺水平，促进设备更新。

对严重危及施工安全的工艺、设备和材料，实行淘汰制度，需要国务院建设行政主管部

门会同国务院其他有关部门,确定哪些是严重危及施工安全的工艺、设备和材料,并且以明示的方法予以公布。对于已经公布的严重危及施工安全的工艺、设备和材料,建设单位和施工单位都应当严格遵守和执行,不得继续使用此类工艺和设备,也不得转让他人使用。

6.2.1.9 施工起重机械使用登记制度

《建设工程安全生产管理条例》第三十五条规定:"施工单位应当自施工起重机械和整体提升脚手架、模板等自升式架设设施验收合格之日起三十日内,向建设行政主管部门或者其他有关部门登记。登记标志应当置于或者附着于该设备的显著位置。"

这是对施工起重机械的使用进行监督和管理的一项重要制度,能够有效防止不合格机械和设施投入使用;同时,还有利于监管部门及时掌握施工起重机械和整体提升脚手架、模板等自升式架设设施的使用情况,有利于监督管理。

进行登记应当提交施工起重机械有关资料,包括:

① 生产方面的资料,如设计文件、制造质量证明书、检验证书、使用说明书、安装证明等;

② 使用的有关情况资料,如施工单位对于这些机械和设施的管理制度及措施、使用情况、作业人员的情况等。

监管部门应当对登记的施工起重机械建立相关档案,及时更新,加强监管,减少生产安全事故的发生。施工单位应当将标志置于显著位置,便于使用者监督,保证施工起重机械的安全使用。

6.2.1.10 安全检查制度

① 安全检查的目的。安全检查制度是清除隐患、防止事故、改善劳动条件的重要手段,是企业安全生产管理工作的一项重要内容。通过安全检查可以发现企业及生产过程中的危险因素,以便有计划地采取措施,保证安全生产。

② 安全检查的方式。检查方式有企业组织的定期安全检查,各级管理人员的日常巡回检查,专业性检查,季节性检查,节假日前后的安全检查,班组自检、交接检查,不定期检查等。

③ 安全检查的内容。安全检查的主要内容包括:查思想、查管理、查隐患、查整改、查伤亡事故处理等。

安全检查的重点是检查"三违"和安全责任制的落实。检查后应编写安全检查报告,报告应包括:已达标项目,未达标项目,存在问题,原因分析,纠正和预防措施。

④ 安全隐患的处理程序。对查出的安全隐患,不能立即整改的要制定整改计划,定人、定措施、定经费、定完成日期,在未消除安全隐患前,必须采取可靠的防范措施,如有危及人身安全的紧急险情,应立即停工。应按照"登记—整改—复查—销案"的程序处理安全隐患。

6.2.1.11 生产安全事故报告和调查处理制度

关于生产安全事故报告和调查处理制度,《中华人民共和国安全生产法》《中华人民共和国建筑法》《建设工程安全生产管理条例》《生产安全事故报告和调查处理条例》《特种设备安全监察条例》等法律法规都对此作了相应的规定。

《安全生产法》第八十三条规定："生产经营单位发生生产安全事故后，事故现场有关人员应当立即报告本单位负责人。单位负责人接到事故报告后，应当迅速采取有效措施，组织抢救，防止事故扩大，减少人员伤亡和财产损失，并按照国家有关规定立即如实报告当地负有安全生产监督管理职责的部门，不得隐瞒不报、谎报或者迟报，不得故意破坏事故现场、毁灭有关证据。"

《建筑法》第五十一条规定："施工中发生事故时，建筑施工企业应当采取紧急措施减少人员伤亡和事故损失，并按照国家有关规定及时向有关部门报告。"

《建设工程安全生产管理条例》第五十条对建设工程生产安全事故报告制度的规定为："施工单位发生生产安全事故，应当按照国家有关伤亡事故报告和调查处理的规定，及时、如实地向负责安全生产监督管理的部门、建设行政主管部门或者其他有关部门报告；特种设备发生事故的，还应当同时向特种设备安全监督管理部门报告。接到报告的部门应当按照国家有关规定，如实上报。"该条是关于发生伤亡事故时的报告义务的规定。一旦发生安全事故，及时报告有关部门是及时组织抢救的基础，也是认真进行调查、分清责任的基础。因此，施工单位在发生安全事故时，不能隐瞒事故情况。

2007年6月1日起实施的《生产安全事故报告和调查处理条例》对生产安全事故报告和调查处理制度作了更加明确的规定。

6.2.1.12 "三同时"制度

"三同时"制度是指凡是我国境内新建、改建、扩建的基本建设项目（工程），技术改建项目（工程）和引进的建设项目，其安全生产设施必须符合国家规定的标准，必须与主体工程同时设计、同时施工、同时投入生产和使用。安全生产设施主要是指安全技术方面的设施、职业卫生方面的设施、生产辅助性设施。

《中华人民共和国劳动法》第五十三条规定："新建、改建、扩建工程的劳动安全卫生设施必须与主体工程同时设计、同时施工、同时投入生产和使用。"

《中华人民共和国安全生产法》第三十一条规定："生产经营单位新建、改建、扩建工程项目（以下统称建设项目）的安全设施，必须与主体工程同时设计、同时施工、同时投入生产和使用。安全设施投资应当纳入建设项目概算。"

新建、改建、扩建工程的初步设计要经过行业主管部门、安全生产管理部门、卫生部门和工会的审查，同意后方可进行施工；工程项目完成后，必须经过主管部门、安全生产管理行政部门、卫生部门和工会的竣工检验；建设工程项目投产后，不得将安全设施闲置不用，生产设施必须和安全设施同时使用。

6.2.1.13 安全预评价制度

安全预评价是在建设工程项目前期，应用安全评价的原理和方法对工程项目的危险性、危害性进行预测性评价。

开展安全预评价工作，是贯彻落实"安全第一，预防为主"方针的重要手段，是企业实施科学化、规范化安全管理的工作基础。科学、系统地开展安全评价工作，不仅直接起到了消除危险有害因素、减少事故发生的作用，有利于全面提高企业的安全管理水平，而且有利于系统地、有针对性地加强对不安全状况的治理、改造，最大限度地降低安全生产风险。

6.2.1.14　意外伤害保险制度

根据《建筑法》第四十八条规定，建筑职工意外伤害保险是法定的强制性保险。2003年，公布的《建设部关于加强建筑意外伤害保险工作的指导意见》，从九个方面对加强和规范建设意外伤害保险工作提出了较详尽的规定，明确了建设施工企业应当为施工现场从事施工作业和管理的人员，在施工活动过程中发生的人身意外伤亡事故提供保障，办理建设意外伤害保险、支付保险费，范围应当覆盖工程项目。同时，还对保险期限、金额、保费、投保方式、索赔、安全服务及行业自保等都提出了指导性意见。

6.2.2　施工安全技术措施和安全技术交底

6.2.2.1　建设工程施工安全技术措施

（1）安全控制的概念

安全控制是生产过程中涉及的计划、组织、监控、调节和改进等一系列致力于满足生产安全所进行的管理活动。

（2）安全控制的目标

安全控制的目标是减少和消除生产过程中的事故，保证人员健康安全和财产免受损失。具体应包括：

① 减少或消除人的不安全行为的目标；

② 减少或消除设备、材料的不安全状态的目标；

③ 改善生产环境和保护自然环境的目标。

（3）施工安全控制的特点

建设工程施工安全控制的特点主要有以下几个方面：

① 控制面广。由于建设工程规模较大，生产工艺复杂、工序多，在建造过程中流动作业多，高处作业多，作业位置多变，遇到的不确定因素多，安全控制工作涉及范围大，控制面广。

② 控制的动态性。由于建设工程项目的单件性，使得每项工程所处的条件不同，所面临的危险因素和防范措施也会有所改变。员工在转移工地后，熟悉一个新的工作环境需要一定的时间，有些工作制度和安全技术措施也会有所调整，员工同样有个熟悉的过程。

由于建设工程项目施工的分散性，现场施工分散于施工现场的各个部位，尽管有各种规章制度和安全技术交底的环节，但是面对具体的生产环境时，仍然需要自己的判断和处理，有经验的人员还必须适应不断变化的情况。

③ 控制系统交叉性。建设工程项目是开放系统，受自然环境和社会环境影响很大，同时也会对社会和环境造成影响，安全控制需要把工程系统、环境系统及社会系统结合起来。

④ 控制的严谨性。由于建设工程施工的危害因素复杂、风险程度高、伤亡事故多，所

以预防控制措施必须严谨，如有疏漏就可能发展到失控而酿成事故，造成损失和伤害。

（4）施工安全的控制程序

① 确定每项具体建设工程项目的安全目标。按"目标管理"方法在以项目经理为首的项目管理系统内进行分解，从而确定每个岗位的安全目标，实现全员安全控制。

② 编制建设工程项目安全技术措施计划。工程施工安全技术措施计划是对生产过程中的不安全因素，用技术手段加以消除和控制的文件，是落实"预防为主"方针的具体体现，是进行工程项目安全控制的指导性文件。

③ 安全技术措施计划的落实和实施。安全技术措施计划的落实和实施包括建立健全安全生产责任制，设置安全生产设施，采用安全技术和应急措施，进行安全教育和培训，安全检查，事故处理，沟通和交流信息，通过一系列安全措施的贯彻使生产作业的安全状况处于受控状态。

④ 安全技术措施计划的验证。安全技术措施计划的验证是通过施工过程中对安全技术措施计划实施情况的安全检查，纠正不符合安全技术措施计划的情况，保证安全技术措施的贯彻和实施。

⑤ 持续改进。根据安全技术措施计划的验证结果，对不适宜的安全技术措施计划进行修改、补充和完善。

（5）施工安全技术措施的一般要求

① 施工安全技术措施必须在工程开工前制定。施工安全技术措施是施工组织设计的重要组成部分，应在工程开工前与施工组织设计一同编制。为保证各项安全设施的落实，在工程图纸会审时，就应特别注意考虑安全施工的问题，并在开工前制定好安全技术措施，使得用于该工程的各种安全设施有较充分的时间进行采购、制作和维护等准备工作。

② 施工安全技术措施要有全面性。按照有关法律法规的要求，在编制工程施工组织设计时，应当根据工程特点制定相应的施工安全技术措施。对于大中型工程项目、结构复杂的重点工程，除必须在施工组织设计中编制施工安全技术措施外，还应编制专项工程施工安全技术措施，详细说明有关安全方面的防护要求和措施，确保单位工程或分部分项工程的施工安全。对爆破、拆除、起重吊装、水下、基坑支护和降水、土方开挖、脚手架、模板等危险性较大的作业，必须编制专项安全施工技术方案。

③ 施工安全技术措施要有针对性。施工安全技术措施是针对每项工程的特点制定的，编制安全技术措施的技术人员必须掌握工程概况、施工方法、施工环境、施工条件等一手资料，并熟悉安全法规、标准等，才能制定有针对性的安全技术措施。

④ 施工安全技术措施应力求全面、具体、可靠。施工安全技术措施应把可能出现的各种不安全因素考虑周全，制定的对策措施方案应力求全面、具体、可靠，这样才能真正做到预防事故的发生。但是，全面具体不等于罗列一般通常的操作工艺、施工方法以及日常安全工作制度、安全纪律等。这些制度性规定，安全技术措施中不需要再作抄录，但必须严格执行。

对大型群体工程或一些面积大、结构复杂的重点工程，除必须在施工组织总设计中编制施工安全技术总体措施外，还应编制单位工程或分部分项工程安全技术措施，详细地制定出有关安全方面的防护要求和措施，确保该单位工程或分部分项工程的安全施工。

⑤ 施工安全技术措施必须包括应急预案。由于施工安全技术措施是在相应的工程施工

实施之前制定的，所涉及的施工条件和危险情况大都是建立在可预测的基础上，而建设工程施工过程是开放的过程，在施工期间的变化是经常发生的，还可能出现预测不到的突发事件或灾害（如地震、火灾、台风、洪水等）。所以，施工技术措施计划必须包括面对突发事件或紧急状态的各种应急设施、人员逃生和救援预案，以便在紧急情况下，能及时启动应急预案，减少损失，保护人员安全。

⑥ 施工安全技术措施要有可行性和可操作性。施工安全技术措施应能够在每个施工工序之中得到贯彻实施，既要考虑保证安全要求，又要考虑现场环境条件和施工技术条件。

（6）施工安全技术措施的主要内容

① 进入施工现场的安全规定；
② 地面及深槽作业的防护；
③ 高处及立体交叉作业的防护；
④ 施工用电安全；
⑤ 施工机械设备的安全使用；
⑥ 在采取"四新"技术时，有针对性的安全技术措施；
⑦ 有针对自然灾害预防的安全措施；
⑧ 预防有毒、有害、易燃、易爆等作业造成危害的安全技术措施；
⑨ 现场消防措施。

安全技术措施中必须包含施工总平面图，在图中必须对危险的油库、易燃材料库、变电设备、材料和构配件的堆放位置、塔式起重机、物料提升机（井架、龙门架）、施工用电梯、垂直运输设备位置、搅拌台的位置等按照施工需求和安全规程的要求明确定位，并提出具体要求。

结构复杂，危险性大、特性较多的分部分项工程，应编制专项施工方案和安全措施。如基坑支护与降水工程、土方开挖工程、模板工程、起重吊装工程、脚手架工程、拆除工程、爆破工程等，必须编制单项的安全技术措施，并要有设计依据、计算、详图、文字要求。

季节性施工安全技术措施，就是考虑夏季、雨季、冬季等不同季节的气候对施工生产带来的不安全因素可能造成的各种突发性事故，而从防护上、技术上、管理上采取的防护措施。一般工程可在施工组织设计或施工方案的安全技术措施中编制季节性施工安全措施；危险性大、高温期长的工程，应单独编制季节性的施工安全措施。

6.2.2.2 安全技术交底

（1）安全技术交底的内容

安全技术交底是一项技术性很强的工作，对于贯彻设计意图、严格实施技术方案、按图施工、循规操作、保证施工质量和施工安全至关重要。

安全技术交底主要内容如下：
① 本施工项目的施工作业特点和危险点；
② 针对危险点的具体预防措施；
③ 应注意的安全事项；
④ 相应的安全操作规程和标准；

⑤ 发生事故后应及时采取的避难和急救措施。

（2）安全技术交底的要求

① 项目经理部必须实行逐级安全技术交底制度，纵向延伸到班组全体作业人员；

② 技术交底必须具体、明确，针对性强；

③ 技术交底的内容应针对分部分项工程施工中给作业人员带来的潜在危险因素和存在问题；

④ 应优先采用新的安全技术措施；

⑤ 对于涉及"四新"项目或技术含量高、技术难度大的单项技术设计，必须经过两阶段技术交底，即初步设计技术交底和实施性施工图技术设计交底；

⑥ 应将工程概况、施工方法、施工程序、安全技术措施等向工长、班组长进行详细交底；

⑦ 定期向由两个以上作业队和多工种进行交叉施工的作业队伍进行书面交底；

⑧ 保存书面安全技术交底签字记录。

（3）安全技术交底的作用

① 让一线作业人员了解和掌握该作业项目的安全技术操作规程和注意事项，减少因违章操作而导致事故发生的可能；

② 是安全管理人员在项目安全管理工作中的重要环节；

③ 是安全管理内业的内容要求，同时做好安全技术交底也是安全管理人员自我保护的手段。

6.2.3　安全生产检查监督

工程项目安全检查的目的是清除隐患、防止事故、改善劳动条件及提高员工安全生产意识，是安全控制工作的一项重要内容。通过安全检查可以发现工程中的危险因素，以便有计划地采取措施，保证安全生产。施工项目的安全检查应由项目经理组织，定期进行。

6.2.3.1　安全生产检查监督的主要类型

（1）全面安全检查

全面安全检查应包括职业健康安全管理方针、管理组织机构及其安全管理的职责、安全设施、操作环境、防护用品、卫生条件、运输管理、危险品管理、火灾预防、安全教育和安全检查制度等内容。对全面安全检查的结果必须进行汇总分析，详细探讨所出现的问题及相应对策。

（2）经常性安全检查

工程项目和班组应开展经常性安全检查，及时排除事故隐患。工作人员必须在工作前，对所用的机械设备和工具进行仔细的检查，发现问题立即上报。下班前，还必须进行班后检查，做好设备的维修保养和清整场地等工作，保证交接安全。

（3）专业或专职安全管理人员的专业安全检查

由于操作人员在进行设备的检查时，往往是根据其自身的安全知识和经验进行主观判断，因而有很大的局限性，不能反映出客观情况，流于形式。而专业或专职安全管理人员则有较丰富的安全知识和经验，通过其认真检查就能够得到较为理想的效果。专业或专职安全管理人员在进行安全检查时，必须不徇私情，按章检查，发现违章操作情况要立即纠正，发现隐患及时指出并提出相应防护措施，并及时上报检查结果。

（4）季节性安全检查

要对防风防沙、防涝抗旱、防雷电、防暑防害等工作进行季节性的检查，根据各个季节自然灾害的发生规律，及时采取相应的防护措施。

（5）节假日检查

在节假日，坚持上班的人员较少，往往会放松思想警惕，容易发生意外，而一旦发生意外事故，也难以进行有效的救援和控制。因此，节假日必须安排专业安全管理人员进行安全检查，对重点部位要进行巡视。同时配备一定数量的安全保卫人员，搞好安全保卫工作，绝不能麻痹大意。

（6）要害部门重点安全检查

对于企业要害部门和重要设备必须进行重点检查。由于其重要性和特殊性，一旦发生意外，会造成大的伤害，给企业的经济效益和社会效益带来不良的影响。为了确保安全，对设备的运转和零件的状况要定时进行检查，发现损伤立刻更换，决不能"带病"作业；一过有效年限即使没有故障，也应该予以更新，不能因小失大。

6.2.3.2 安全生产检查监督的主要内容

（1）查思想

检查企业领导和员工对安全生产方针的认识程度，对建立健全安全生产管理和安全生产规章制度的重视程度，对安全检查中发现的安全问题或安全隐患的处理态度等。

（2）查制度

为了实施安全生产管理制度，工程承包企业应结合本身的实际情况，建立健全一整套本企业的安全生产规章制度，并落实到具体的工程项目施工任务中。在安全检查时，应对企业的施工安全生产规章制度进行检查。

（3）查管理

主要检查安全生产管理是否有效，安全生产管理和规章制度是否真正得到落实。

（4）查隐患

主要检查生产作业现场是否符合安全生产要求。检查人员应深入作业现场，检查工人的劳动条件、卫生设施、安全通道，零部件的存放，防护设施状况、电气设备、压力容器、化学用品的储存，粉尘及有毒有害作业部位点的达标情况，车间内的通风照明设施，个人劳动防护用品的使用是否符合规定等。要特别注意对一些要害部位和设备加强检查，如锅炉房、变电所、各种剧毒、易燃、易爆等场所。

（5）查整改

主要检查对过去提出的安全问题和发生安全生产事故及安全隐患后是否采取了安全技术措施和安全管理措施，进行整改的效果如何。

（6）查事故处理

检查对伤亡事故是否及时报告，对责任人是否已经作出严肃处理。在安全检查中必须成立一个适应安全检查工作需要的检查组，配备适当的人力、物力。检查结束后应编写安全检查报告，说明已达标项目、未达标项目、存在问题、原因分析，给出纠正和预防措施的建议。

6.2.4 安全隐患的处理

6.2.4.1 建设工程安全的隐患

建设工程安全隐患包括三个部分的不安全因素：人的不安全因素、物的不安全状态和组织管理上的不安全因素。

（1）人的不安全因素

人的不安全因素包括能够使系统发生故障或发生性能不良的事件的个人的不安全因素和违背安全要求的错误行为。人的不安全因素包括人员的心理、生理、能力中所具有不能适应工作、作业岗位要求的影响安全的因素。违背安全要求的错误行为指能造成事故的人为错误，是人为地使系统发生故障或发生性能不良事件，是违背设计和操作规程的错误行为。

（2）物的不安全状态

物的不安全状态是指能导致事故发生的物质条件，包括机械设备或环境所存在的不安全因素。

（3）组织管理上的不安全因素

组织管理上的缺陷，也是事故潜在的不安全因素，作为间接的原因有以下方面：①技术上的缺陷；②教育上的缺陷；③生理上的缺陷；④心理上的缺陷；⑤管理工作上的缺陷；⑥学校教育和社会、历史上的原因造成的缺陷。

6.2.4.2 建设工程安全隐患的处理

在工程建设过程中，安全事故隐患是难以避免的，但要尽可能预防和消除安全事故隐患的发生。首先需要项目参与各方加强安全意识，做好事前控制，建立健全各项安全生产管理制度，落实安全生产责任制，注重安全生产教育培训，保证安全生产条件所需资金的投入，将安全隐患消除在萌芽之中；其次是根据工程的特点确保各项安全施工措施的落实，加强对工程安全生产的检查监督，及时发现安全事故隐患；再者是对发现的安全事故隐患及时进行处理，查找原因，防止事故隐患的进一步扩大。

（1）安全事故隐患治理原则

① 冗余安全度治理原则。为确保安全，在治理事故隐患时应考虑设置多道防线，即使发生事故时有一两道防线无效，还有冗余的防线可以控制事故隐患。例如：道路上有一个坑，既要设防护栏及警示牌，又要设照明及夜间警示红灯。

② 单项隐患综合治理原则。人、机、料、法、环境五者任一个环节产生安全事故隐患，都要从五者安全匹配的角度考虑，调整匹配的方法，提高匹配的可靠性。一件单项隐患问题的整改需综合（多角度）治理。人的隐患，既要治人，也要治机具及生产环境等各环节。例如某工地发生触电事故，一方面要进行人的安全用电操作教育，同时现场也要设置漏电开关，对配电箱、用电线路进行防护改造，也要严禁非专业电工乱接乱拉电线。

③ 事故直接隐患与间接隐患并治原则。对人、机、环境系统进行安全治理的同时，还需安全治理管理措施。

④ 预防与减灾并重治理原则。治理安全事故隐患时，需尽可能减少发生事故的可能性，如果不能安全控制事故的发生，也要设法将事故等级降低。但是不论预防措施如何完善，都不能保证事故绝对不会发生，还必须对事故减灾作好充分准备，研究应急技术操作规范。如应及时切断供料及切断能源的操作方法；应及时降压、降温、降速以及停止运行的方法；应及时排放毒物的方法；应及时疏散及抢救的方法；应及时请求救援的方法等。还应定期组织训练和演习，使该生产环境中每名干部及工人都真正掌握这些减灾技术。

⑤ 重点治理原则。按对隐患的分析评价结果实行危险点分级治理，也可以用安全检查表打分，对隐患危险程度分级。

⑥ 动态治理原则。动态治理就是对生产过程进行动态随机安全化治理，生产过程中发现问题及时治理，既可以及时消除隐患，又可以避免小的隐患发展成大的隐患。

（2）安全事故隐患的处理

在建设工程中，安全事故隐患的发现可以来自于各参与方，包括建设单位、设计单位、监理单位、施工单位、供货商、工程监管部门等。各方对于事故安全隐患处理的义务和责任，以及相关的处理程序在《建设工程安全生产管理条例》中已有明确的界定。这里仅从施工单位角度谈其对事故安全隐患的处理方法。

① 当场指正，限期纠正，预防隐患发生。对于违章指挥和违章作业行为，检查人员应当场指出，并限期纠正，预防事故的发生。

② 做好记录，及时整改，消除安全隐患。对检查中发现的各类安全事故隐患，应做好记录，分析安全隐患产生的原因，制定消除隐患的纠正措施，报相关方审查批准后进行整改，及时消除隐患。对重大安全事故隐患排除前或者排除过程中无法保证安全的，责令从危险区域内撤出作业人员或者暂时停止施工，待隐患消除再行施工。

③ 分析统计，查找原因，制定预防措施。对于反复发生的安全隐患，应通过分析多个部位存在的同类型隐患（即"通病"）和属于重复出现的隐患（即"顽症"），查找产生"通病"和"顽症"的原因，修订和完善安全管理措施，制定预防措施，从源头上消除安全事故隐患的发生。

④ 跟踪验证。检查单位应对受检单位的纠正和预防措施的实施过程及实施效果，进行跟踪验证，并保存验证记录。

6.3 建设工程生产安全事故应急预案和事故处理

6.3.1 建设工程生产安全事故应急预案

应急预案是对特定的潜在事件和紧急情况发生时所采取措施的计划安排，是应急响应的行动指南。编制应急预案的目的，是防止一旦紧急情况发生时出现混乱，能够按照合理的响应流程采取适当的救援措施，预防和减少可能随之引发的职业健康安全和环境影响。

6.3.1.1 应急预案体系的构成

应急预案应形成体系，针对各级各类可能发生的事故和所有危险源制订专项应急预案及现场应急处置方案，并明确事前、事发、事中、事后的各个过程中相关部门和有关人员的职责。生产规模小、危险因素少的生产经营单位，其综合应急预案和专项应急预案可以合并编写。

① 综合应急预案。综合应急预案是从总体上阐述事故的应急方针、政策，应急组织结构及相关应急职责，应急行动、措施和保障等基本要求和程序，是应对各类事故的综合性文件。

② 专项应急预案。专项应急预案是针对具体的事故类别（如基坑开挖、脚手架拆除等事故）、危险源和应急保障而制定的计划或方案，是综合应急预案的组成部分。应按照综合应急预案的程序和要求组织制定，并作为综合应急预案的附件。专项应急预案应制定明确的救援程序和具体的应急救援措施。

③ 现场处置方案。现场处置方案是针对具体的装置、场所或设施、岗位所制定的应急处置措施。现场处置方案应具体、简单、针对性强。现场处置方案应根据风险评估及危险性控制措施逐一编制，做到事故相关人员应知应会、熟练掌握，并通过应急演练，做到迅速反应、正确处置。

6.3.1.2 生产安全事故应急预案的管理

建设工程生产安全事故应急预案的管理包括应急预案的评审、备案、实施和奖惩。国家安全生产监督管理总局负责应急预案的综合协调管理工作。国务院其他负有安全生产监督管理职责的部门按照各自的职责负责本行业、本领域内应急预案的管理工作。

县级以上地方各级人民政府安全生产监督管理部门负责本行政区域内应急预案的综合协调管理工作。县级以上地方各级人民政府其他负有安全生产监督管理职责的部门按照各自的职责负责辖区内本行业、本领域应急预案的管理工作。

（1）应急预案的评审

地方各级安全生产监督管理部门应当组织有关专家对本部门编制的应急预案进行审定，必要时可以召开听证会，听取社会有关方面的意见。涉及相关部门职能或者需要有关部门配合的，应当征得有关部门同意。

参加应急预案评审的人员应当包括应急预案涉及的政府部门工作人员和有关安全生产及应急管理方面的专家。

评审人员与所评审预案的生产经营单位有利害关系的，应当回避。

应急预案的评审或者论证应当注重应急预案的实用性、基本要素的完整性、预防措施的针对性、组织体系的科学性、响应程序的操作性、应急保障措施的可行性、应急预案的衔接性等内容。

（2）应急预案的备案

地方各级安全生产监督管理部门的应急预案，应当报同级人民政府和上一级安全生产监督管理部门备案。其他负有安全生产监督管理职责的部门的应急预案，应当抄送同级安全生产监督管理部门。

中央管理的总公司（总厂、集团公司、上市公司）的综合应急预案和专项应急预案，报国务院国有资产监督管理部门、国务院安全生产监督管理部门和国务院有关主管部门备案；其所属单位的应急预案分别抄送所在地的省、自治区、直辖市或者设区的市人民政府安全生产监督管理部门和有关主管部门备案。

上述规定以外的其他生产经营单位中涉及实行安全生产许可的，其综合应急预案和专项应急预案，按照隶属关系报所在地县级以上地方人民政府安全生产监督管理部门和有关主管部门备案；未实行安全生产许可的，其综合应急预案和专项应急预案的备案，由省、自治区、直辖市人民政府安全生产监督管理部门确定。

（3）应急预案的实施

各级安全生产监督管理部门、生产经营单位应当采取多种形式开展应急预案的宣传教育，普及生产安全事故预防、避险、自救和互救知识，提高从业人员的安全意识和应急处置技能。

生产经营单位应当制定本单位的应急预案演练计划，根据本单位的事故预防重点，每年至少组织一次综合应急预案演练或者专项应急预案演练，每半年至少组织一次现场处置方案演练。

有下列情形之一的，应急预案应当及时修订：

① 生产经营单位因兼并、重组、转制等导致隶属关系、经营方式、法定代表人发生变化的；

② 生产经营单位生产工艺和技术发生变化的；

③ 周围环境发生变化，形成新的重大危险源的；

④ 应急组织指挥体系或者职责已经调整的；

⑤ 依据的法律、法规、规章和标准发生变化的；

⑥ 应急预案演练评估报告要求修订的；

⑦ 应急预案管理部门要求修订的。

生产经营单位应当及时向有关部门或者单位报告应急预案的修订情况，并按照有关应急预案报备程序重新备案。

（4）应急预案的奖惩

生产经营单位应急预案未按照有关规定备案的，由县级以上安全生产监督管理部门给予警告，并处三万元以下罚款。

生产经营单位未制定应急预案或者未按照应急预案采取预防措施，导致事故救援不力或者造成严重后果的，由县级以上安全生产监督管理部门依照有关法律、法规和规章的规定，责令停产停业整顿，并依法给予行政处罚。

6.3.2　职业健康安全事故的分类和处理

6.3.2.1　职业伤害事故的分类

职业健康安全事故分两大类型，即职业伤害事故与职业病。职业伤害事故是指因生产过程及工作原因或与其相关的其他原因造成的伤亡事故。

（1）按照事故发生的原因分类

按照我国标准《企业职工伤亡事故分类》（GB 6441—1986）规定，职业伤害事故分为 20 类，其中与建筑业有关的有以下 12 类。

① 物体打击：指落物、滚石、锤击、碎裂、崩块、砸伤等造成的人身伤害，不包括因爆炸而引起的物体打击。

② 车辆伤害：指被车辆挤、压、撞和车辆倾覆等造成的人身伤害。

③ 机械伤害：指被机械设备或工具绞、碾、碰、割、戳等造成的人身伤害，不包括车辆、起重设备引起的伤害。

④ 起重伤害：指从事各种起重作业时发生的机械伤害事故，不包括上下驾驶室时发生的坠落伤害，起重设备引起的触电及检修时制动失灵造成的伤害。

⑤ 触电：由于电流经过人体导致的生理伤害，包括雷击伤害。

⑥ 灼烫：指火焰引起的烧伤、高温物体引起的烫伤、强酸或强碱引起的灼伤、放射线引起的皮肤损伤，不包括电烧伤及火灾事故引起的烧伤。

⑦ 火灾：在火灾时造成的人体烧伤、窒息、中毒等。

⑧ 高处坠落：由于危险势能差引起的伤害，包括从架子、屋架上坠落以及从平地坠入坑内等。

⑨ 坍塌：指建筑物、堆置物倒塌以及土石塌方等引起的事故伤害。

⑩ 火药爆炸：指在火药的生产、运输、储藏过程中发生的爆炸事故。

⑪ 中毒和窒息：指煤气、油气、沥青、一氧化碳中毒等。

⑫ 其他伤害：包括扭伤、跌伤、冻伤、野兽咬伤等。

以上 12 类职业伤害事故中，在建设工程领域中最常见的是高处坠落、物体打击、机械伤害、触电、坍塌、中毒和窒息、火灾 7 类。

（2）按事故严重程度分类

我国标准《企业职工伤亡事故分类》（GB 6441—1986）规定，按事故严重程度分类，事故分为：

① 轻伤事故，是指造成职工肢体或某些器官功能性或器质性轻度损伤，能引起劳动能力轻度或暂时丧失的伤害的事故，一般每个受伤人员休息 1 个工作日以上（含 1 个工作日）、

105个工作日以下；

② 重伤事故，一般指受伤人员肢体残缺或视觉、听觉等器官受到严重损伤，能引起人体长期存在功能障碍或劳动能力有重大损失的伤害，或者造成每个受伤人损失105个工作日以上（含105个工作日）的失能伤害的事故；

③ 死亡事故，其中，重大伤亡事故指一次事故中死亡1～2人的事故；特大伤亡事故指一次事故死亡3人以上（含3人）的事故。

（3）按事故造成的人员伤亡或者直接经济损失分类

依据2007年6月1日起实施的《生产安全事故报告和调查处理条例》规定，按生产安全事故（以下简称"事故"）造成的人员伤亡或者直接经济损失，事故分为（注意，下面所称的"以上"包括本数，所称的"以下"不包括本数）：

① 特别重大事故，是指造成30人以上死亡，或者100人以上重伤（包括急性工业中毒，下同），或者1亿元以上直接经济损失的事故；

② 重大事故，是指造成10人以上30人以下死亡，或者50人以上100人以下重伤，或者5000万元以上1亿元以下直接经济损失的事故；

③ 较大事故，是指造成3人以上10人以下死亡，或者10人以上50人以下重伤，或者1000万元以上5000万元以下直接经济损失的事故；

④ 一般事故，是指造成3人以下死亡，或者10人以下重伤，或者1000万元以下直接经济损失的事故。

目前，在建设工程领域中，判别事故等级较多采用的是《生产安全事故报告和调查处理条例》。

6.3.2.2 建设工程安全事故的处理

一旦事故发生，通过应急预案的实施，尽可能防止事态的扩大和减少事故的损失。通过事故处理程序，查明原因，制定相应的纠正和预防措施，避免类似事故的再次发生。

（1）事故处理的原则（"四不放过"原则）

国家对发生事故后的"四不放过"处理原则，其具体内容如下：

① 事故原因未查清不放过。要求在调查处理伤亡事故时，首先要把事故原因分析清楚，找出导致事故发生的真正原因，未找到真正原因决不轻易放过。直到找到真正原因并搞清各因素之间的因果关系，才算达到事故原因分析的目的。

② 事故责任人未受到处理不放过。这是安全事故责任追究制的具体体现，对事故责任者要严格按照安全事故责任追究的法律法规的规定进行严肃处理；不仅要追究事故直接责任人的责任，同时要追究有关负责人的领导责任。当然，处理事故责任者必须谨慎，避免事故责任追究的扩大化。

③ 事故责任人和周围群众没有受到教育不放过。使事故责任者和周围群众了解事故发生的原因及所造成的危害，并深刻认识到搞好安全生产的重要性，从事故中吸取教训，提高安全意识，改进安全管理工作。

④ 事故没有制定切实可行的整改措施不放过。必须针对事故发生的原因，提出防止相同或类似事故发生的切实可行的预防措施，并督促事故发生单位加以实施。只有这样，才算

达到了事故调查和处理的最终目的。

（2）建设工程安全事故处理措施

① 按规定向有关部门报告事故情况。事故发生后，事故现场有关人员应当立即向本单位负责人报告；单位负责人接到报告后，应当于1小时内向事故发生地县级以上人民政府安全生产监督管理部门和负有安全生产监督管理职责的有关部门报告，并有组织、有指挥地抢救伤员、排除险情；应当防止人为或自然因素的破坏，便于事故原因的调查。

由于建设行政主管部门是建设安全生产的监督管理部门，对建设安全生产实行的是统一的监督管理，因此，各个行业在建设施工中出现了安全事故，都应当向建设行政主管部门报告。对于专业工程的施工中出现生产安全事故的，由于有关的专业主管部门也承担着对建设安全生产的监督管理职能，因此，专业工程出现安全事故，还需要向有关行业主管部门报告。

情况紧急时，事故现场有关人员可以直接向事故发生地县级以上人民政府安全生产监督管理部门和负有安全生产监督管理职责的有关部门报告。

安全生产监督管理部门和负有安全生产监督管理职责的有关部门接到事故报告后，应当依照下列规定上报事故情况，并通知公安机关、劳动保障行政部门、工会和人民检察院：特别重大事故、重大事故逐级上报至国务院安全生产监督管理部门和负有安全生产监督管理职责的有关部门；较大事故逐级上报至省、自治区、直辖市人民政府安全生产监督管理部门和负有安全生产监督管理职责的有关部门；一般事故上报至设区的市级人民政府安全生产监督管理部门和负有安全生产监督管理职责的有关部门。

安全生产监督管理部门和负有安全生产监督管理职责的有关部门依照规定上报事故情况，应当同时报告本级人民政府。国务院安全生产监督管理部门和负有安全生产监督管理职责的有关部门以及省级人民政府接到发生特别重大事故、重大事故的报告后，应当立即报告国务院。必要时，安全生产监督管理部门和负有安全生产监督管理职责的有关部门可以越级上报事故情况。

安全生产监督管理部门和负有安全生产监督管理职责的有关部门逐级上报事故情况，每级上报的时间不得超过2小时。事故报告后出现新情况的，应当及时补报。

② 组织调查组，开展事故调查。特别重大事故由国务院或者国务院授权有关部门组织事故调查组进行调查。重大事故、较大事故、一般事故分别由事故发生地省级人民政府、设区的市级人民政府、县级人民政府负责调查。省级人民政府、设区的市级人民政府、县级人民政府可以直接组织事故调查组进行调查，也可以授权或者委托有关部门组织事故调查组进行调查。未造成人员伤亡的一般事故，县级人民政府也可以委托事故发生单位组织事故调查组进行调查。

事故调查组有权向有关单位和个人了解与事故有关的情况，并要求其提供相关文件、资料，有关单位和个人不得拒绝。事故发生单位的负责人和有关人员在事故调查期间不得擅离职守，并应当随时接受事故调查组的询问，如实提供有关情况。事故调查中发现涉嫌犯罪的，事故调查组应当及时将有关材料或者其复印件移交司法机关处理。

③ 现场勘查。事故发生后，调查组应迅速到现场进行及时、全面、准确和客观的勘查，包括现场笔录、现场拍照和现场绘图。

④ 分析事故原因。通过调查分析，查明事故经过，按受伤部位、受伤性质、起因物、

致害物、伤害方法、不安全状态、不安全行为等，查清事故原因，包括人、物、生产管理和技术管理等方面的原因。通过直接和间接地分析，确定事故的直接责任者、间接责任者和主要责任者。

⑤ 制定预防措施。根据事故原因分析，制定防止类似事故再次发生的预防措施。根据事故后果和事故责任者应负的责任提出处理意见。

⑥ 提交事故调查报告。事故调查组应当自事故发生之日起 60 日内提交事故调查报告；特殊情况下，经负责事故调查的人民政府批准，提交事故调查报告的期限可以适当延长，但延长的期限最长不超过 60 日。事故调查报告应当包括下列内容：

a. 事故发生单位概况；
b. 事故发生经过和事故救援情况；
c. 事故造成的人员伤亡和直接经济损失；
d. 事故发生的原因和事故性质；
e. 事故责任的认定以及对事故责任者的处理建议；
f. 事故防范和整改措施。

⑦ 事故的审理和结案。对于重大事故、较大事故、一般事故，负责事故调查的人民政府应当自收到事故调查报告之日起 15 日内作出批复；特别重大事故，30 日内作出批复；特殊情况下，批复时间可以适当延长，但延长的时间最长不超过 30 日。

有关机关应当按照人民政府的批复，依照法律、行政法规规定的权限和程序，对事故发生单位和有关人员进行行政处罚，对负有事故责任的国家工作人员进行处分。事故发生单位应当按照负责事故调查的人民政府的批复，对本单位负有事故责任的人员进行处理。负有事故责任的人员涉嫌犯罪的，依法追究刑事责任。

事故处理的情况由负责事故调查的人民政府或者其授权的有关部门、机构向社会公布，依法应当保密的除外。事故调查处理的文件记录应长期完整地保存。

6.4 施工现场职业健康安全管理的要求

6.4.1 施工现场文明施工的要求

文明施工是指保持施工现场良好的作业环境、卫生环境和工作秩序。因此，文明施工也是保护环境的一项重要措施。文明施工主要包括：规范施工现场的场容，保持作业环境的整洁卫生；科学组织施工，使生产有序进行；减少施工对周围居民和环境的影响；遵守施工现场文明施工的规定和要求，保证职工的安全和身体健康。

文明施工可以适应现代化施工的客观要求，有利于员工的身心健康，有利于培养和提高施工队伍的整体素质，促进企业综合管理水平的提高，提高企业的知名度和市场竞争力。

依据我国相关标准，文明施工的要求主要包括现场围挡、封闭管理、施工场地、材料堆放、现场住宿、现场防火、治安综合治理、施工现场标牌、生活设施、保健急救、社区服务11 项内容。总体上应符合以下要求：

① 有整套的施工组织设计或施工方案，施工总平面布置紧凑，施工场地规划合理，符合环保、市容、卫生的要求；

② 有健全的施工组织管理机构和指挥系统，岗位分工明确，工序交叉合理，交接责任明确；

③ 有严格的成品保护措施和制度，大小临时设施和各种材料构件、半成品按平面布置堆放整齐；

④ 施工场地平整，道路畅通，排水设施得当，水电线路整齐，机具设备状况良好，使用合理，施工作业符合消防和安全要求；

⑤ 搞好环境卫生管理，包括施工区、生活区环境卫生和食堂卫生管理；

⑥ 文明施工应贯穿施工结束后的清场。

实现文明施工，不仅要抓好现场的场容管理，而且还要做好现场材料、机械、安全、技术、保卫、消防和生活卫生等方面的工作。

6.4.2 施工现场文明施工的措施

6.4.2.1 加强现场文明施工的组织措施

（1）建立文明施工的管理组织

应确立项目经理为现场文明施工的第一责任人，以各专业工程师、施工质量、安全、材料、保卫、后勤等现场项目经理部人员为成员的施工现场文明管理组织，共同负责本工程现场文明施工工作。

（2）健全文明施工的管理制度

包括建立各级文明施工岗位责任制、将文明施工工作考核列入经济责任制，建立定期的检查制度，实行自检、互检、交接检制度，建立奖惩制度，开展文明施工立功竞赛，加强文明施工教育培训等。

6.4.2.2 落实现场文明施工的各项管理措施

针对现场文明施工的各项要求，落实相应的各项管理措施。

（1）施工平面布置

施工总平面图是现场管理、实现文明施工的依据。施工总平面图应对施工机械设备设施、材料和构配件的堆场、现场加工场地，以及现场临时运输道路、临时供水供电线路和其他临时设施进行合理布置，并随工程实施的不同阶段进行场地布置和调整。

（2）现场围挡、标牌

① 施工现场必须实行封闭管理，设置进出口大门，制定门卫制度，严格执行外来人员进场登记制度。沿工地四周连续设置围挡，市区主要路段和其他涉及市容景观路段的工地设置围挡的高度不低于2.5m，其他工地的围挡高度不低于1.8m，围挡材料要求坚固、稳定、统一、整洁、美观。

② 施工现场必须设有"五牌一图",即工程概况牌、管理人员名单及监督电话牌、消防保卫(防火责任)牌、安全生产牌、文明施工牌和施工现场平面图。

③ 施工现场应合理悬挂安全生产宣传和警示牌,标牌悬挂牢固可靠,特别是主要施工部位、作业点和危险区域以及主要通道口都必须有针对性地悬挂醒目的安全警示牌。

（3）施工场地

① 施工现场应积极推行硬地坪施工,作业区、生活区主干地道面必须用一定厚度的混凝土硬化,场内其他次道路地面也应硬化处理。

② 施工现场道路畅通、平坦、整洁,无散落物。

③ 施工现场设置排水系统,排水畅通,不积水。

④ 严禁泥浆、污水、废水外流或堵塞下水道和排水河道。

⑤ 施工现场适当地方设置吸烟处,作业区内禁止随意吸烟。

⑥ 积极美化施工现场环境,根据季节变化,适当进行绿化布置。

（4）材料堆放、周转设备管理

① 建筑材料、构配件、料具,必须按施工现场总平面布置图堆放,布置合理。

② 建筑材料、构配件及其他料具等必须做到安全、整齐堆放、存放,不得超高;堆料分门别类,悬挂标牌,标牌应统一制作,标明名称、品种、规格数等。

③ 建立材料收发管理制度,仓库、工具间材料堆放整齐,易燃易爆物品分类堆放,专人负责,确保安全。

④ 施工现场建立清扫制度,落实到人,做到工完料尽场地清,车辆进出场应有防泥带出措施。建筑垃圾及时清运,临时存放现场的也应集中堆放整齐、悬挂标牌。不用的施工机具和设备应及时出场。

⑤ 施工设施、大模板、砖夹等,集中堆放整齐,大模板成对放稳,角度正确。钢模及零配件、脚手扣件分类分规格集中存放。竹木杂料,分类堆放、规则成方,不散不乱,不作它用。

（5）现场生活设施

① 施工现场作业区与办公、生活区必须明显划分,确因场地狭窄不能划分的,要有可靠的隔离栏防护措施。

② 宿舍内应确保主体结构安全,设施完好。宿舍周围环境应保持整洁、安全。

③ 宿舍内应有保暖、消暑、防煤气中毒、防蚊虫叮咬等措施。严禁使用煤气灶、煤油炉、电饭煲、电炒锅、电炉等器具。

④ 食堂应有良好的通风和洁卫措施,保持卫生整洁,炊事员持健康证上岗。

⑤ 建立现场卫生责任制,设卫生保洁员。

⑥ 施工现场应设固定的男、女简易淋浴室和厕所,并要保证结构稳定、牢固和防风雨。实行专人管理、及时清扫,保持整洁,要有防蚊蝇滋生措施。

（6）现场消防、防火管理

① 现场建立消防管理制度。建立消防领导小组,落实消防责任制和责任人员,做到思想重视、措施跟上、管理到位。

② 定期对有关人员进行消防教育,落实消防措施。

③ 现场必须有消防平面布置图,临时设施按消防条例有关规定搭设,做到标准规范。

④ 易燃易爆物品堆放间、油漆间、木工间、总配电室等消防防火重点部位要按规定设置灭火器和消防沙盒，并有专人负责，对违反消防条例的有关人员进行严肃处理。

⑤ 施工现场用明火做到严格按动用明火规定执行，审批手续齐全。

（7）医疗急救的管理

展开卫生防病教育，准备必要的医疗设施，配备经过培训的急救人员，有急救措施、急救器材和保健医药箱。在现场办公室的显著位置张贴急救车和有关医院的电话号码等。

（8）社区服务的管理

建立施工不扰民的措施。现场不得焚烧有毒、有害物质等。

（9）治安管理

① 建立现场治安保卫领导小组，有专人管理。
② 新入场的人员做到及时登记，做到合法用工。
③ 按照治安管理条例和施工现场的治安管理规定搞好各项管理工作。
④ 建立门卫值班管理制度，严禁无证人员和其他闲杂人员进入施工现场。

6.4.2.3 建立检查考核制度

对于建设工程文明施工，国家和各地大多制定了标准或规定，也有比较成熟的经验。在实际工作中，项目应结合相关标准和规定建立文明施工考核制度，推进各项文明施工措施的落实。

6.4.2.4 抓好文明施工建设工作

① 建立宣传教育制度。现场宣传安全生产、文明施工、国家大事、社会形势、企业精神、好人好事等。
② 坚持以人为本，加强管理人员和班组文明建设。教育职工遵纪守法，提高企业整体管理水平和文明素质。
③ 主动与有关单位配合，积极开展共建文明活动，树立企业良好的社会形象。

能力训练

一、单项选择题

1. 关于施工总承包单位安全责任的说法，正确的是（   ）。
   A. 总承包单位的项目经理是施工企业第一负责人
   B. 业主指定的分包单位可以不服从总承包单位的安全生产管理
   C. 分包单位不服从管理导致安全生产事故的，总承包单位不承担责任
   D. 总承包单位对施工现场的安全生产负总责

2. 根据《建筑施工企业安全生产管理机构设置及专职安全生产管理人员配备办法》，某

3万平方米的建筑工程项目部应配备专职安全管理人员的最少人数是（　　）名。
A. 1　　　　　　　B. 3　　　　　　　C. 4　　　　　　　D. 2

3. 关于建设工程安全生产管理预警级别的说法，正确的是（　　）。
   A. Ⅳ级预警一般用蓝色表示
   B. Ⅰ级预警表示生产活动处于正常状态
   C. Ⅱ级预警表示处于事故的上升阶段
   D. Ⅲ级预警表示受到事故的严重威胁

4. 关于施工安全技术措施要求和内容的说法，正确的是（　　）。
   A. 可随工程进展需要实时编制
   B. 应在安全技术措施中抄录制度性规定
   C. 结构复杂的重点工程应编制专项工程施工安全技术措施
   D. 小规模工程的安全技术措施中可不包含施工总平面图

5. 施工安全控制程序包括：①安全技术措施计划的落实和实施；②编制建设工程项目安全技术措施计划；③安全技术措施计划的验证；④确定每项具体建设工程项目的安全目标；⑤持续改进。其正确顺序是（　　）。
   A. ②—④—①—③—⑤　　　　B. ④—②—①—③—⑤
   C. ④—②—③—①—⑤　　　　D. ②—③—④—①—⑤

6. 为确保安全，对设备的运转和状况定时进行检查，发现损伤立刻更换，绝不能"带病"作业，此项工作属于（　　）。
   A. 全面安全检查　　　　　　　B. 要害部门重点安全检查
   C. 经常性安全检查　　　　　　D. 专项安全检查

7. 某工程施工期间，安全人员发现作业区内有一处电缆井盖遗失，随即在现场设置防护安全网及警示牌，并设照明及夜间警示红灯，这是建设安全事故隐患处理中（　　）的具体体现。
   A. 动态治理　　　　　　　　　B. 单项隐患综合治理
   C. 冗余安全度治理　　　　　　D. 直接隐患与间接隐患并治

8. 针对经常发生的安全隐患，应采取的措施是（　　）。
   A. 当场指正，限期纠正，预防隐患发生
   B. 做好记录，及时整改，消除安全隐患
   C. 分析统计，查找原因，制定预防措施
   D. 跟踪验证

9. 建设工程生产安全事故应急预案中，针对深基坑开挖可能发生的事故、相关危险源和应急保障而制定的计划属于（　　）。
   A. 综合应急预案　　　　　　　B. 现场处置方案
   C. 专项应急预案　　　　　　　D. 现场应急预案

10. 根据《生产安全事故报告和调查处理条例》，下列安全事故中，属于重大事故的是（　　）。
    A. 3人死亡，10人重伤，直接经济损失2000万元

B. 12人死亡，直接经济损失960万元
C. 36人死亡，50人重伤，直接经济损失6000万元
D. 2人死亡，100人重伤，直接经济损失1.2亿元

二、多项选择题

1. 根据《建设工程安全生产管理条例》，下列专项施工方案中，应当组织专家论证的有（   ）。
   A. 深基坑工程
   B. 地下暗挖工程
   C. 脚手架工程
   D. 爆破工程
   E. 高大模板工程

2. 关于安全生产管理制度的说法，正确的有（   ）。
   A. 企业取得安全生产许可证，应当具备的条件之一是依法参加工伤保险
   B. 新员工上岗前的三级安全教育，对建设工程来说，具体指进企业、进项目、进班组三级
   C. 根据《建设工程安全生产管理条例》，对高大模板工程的专项施工方案，施工单位应当组织专家进行论证、审查
   D. 按照"三同时"制度要求，安全设施投资应当纳入建设工程概算
   E. 特种作业人员离开特种作业岗位1年后，应当重新进行培训，经培训合格后方可上岗作业

3. 关于生产安全事故应急预案的说法，正确的有（   ）。
   A. 应急预案的编制应结合本地区、本部门、本单位的危险性分析情况
   B. 应急组织和人员的职责分工明确，并有具体的落实措施
   C. 应急预案的管理不包括应急预案的奖惩
   D. 应急预案基本要素齐全、完整，预案附件提供的信息准确
   E. 生产经营单位应每年组织一次现场处置方案演练

4. 关于生产安全事故报告和调查处理原则的说法，正确的有（   ）。
   A. 事故未整改到位不放过
   B. 事故未及时报告不放过
   C. 事故原因未查清不放过
   D. 事故责任人和周围群众未受到教育不放过
   E. 事故责任人未受到处理不放过

5. 关于建设工程现场文明施工管理措施的说法，正确的有（   ）。
   A. 项目安全负责人是施工现场文明施工的第一负责人
   B. 沿工地四周连续设置围挡，市区主要路段的围挡高度不低于1.8m
   C. 施工现场设置排水系统，泥浆、污水、废水有组织地排入下水道
   D. 施工现场必须实行封闭管理，严格执行外来人员进场登记制度
   E. 现场必须有消防平面布置图，临时设施按消防条例有关规定布置

三、简答题

1. 职业健康安全管理体系标准包括哪些？什么是职业健康安全？
2. 职业健康安全管理体系包括哪些基本要素？
3. 建设工程职业健康安全管理的特点有哪些？
4. 安全控制的目标有哪些？
5. 施工安全技术措施的一般要求有哪些？
6. 何谓安全技术交底？其主要内容有哪些？
7. 安全生产检查监督的主要类型有哪些？
8. 安全生产检查监督的主要内容有哪些？
9. 建设工程安全隐患的不安全因素有哪些？
10. 安全事故隐患治理原则有哪些？

四、案例分析题

某工程项目施工地点位于市中心地区。施工过程中出现了如下事件：

事件1： 两名焊工焊接顶层上的钢板制成的水箱，当天下午即在箱内外刷上了防锈漆。第二天油漆未干，为了加快工期，工长要求两名焊工进水箱内部焊接水管。焊接时焊渣引燃未干的防锈漆使二人烧伤。

事件2： 一名来自农村的民工（培训合格，未取得特种作业证）从事楼外避雷金属线焊接作业，完成第8层作业后，应从楼内到第9层继续作业。该民工从楼外脚手架攀登，攀登时身体探出脚手架外部，拉动电焊线用力过猛，摔落至地面，当场致死。

事件3： 施工期间为赶工期采取24小时连续作业，7月6日夜（高考前夕）12时周围居民因施工噪声影响学生复习为由冲进现场阻止施工，现场工人以领导要求为由不停止施工，造成冲突被迫停工。

事件4： 该项工程基坑开挖粉尘量大，施工现场临时道路没有硬化处理，现场出口下水管道被运土车辆碾坏，污水横流，进出场车辆考虑卸土地点较近，没有采取封盖措施。现场附近居民向环境管理机构举报，有关部门对项目经理部罚款，责令批改。

问题：

1. 分析事件1、2造成伤亡事故的原因，说明项目经理部应采取的措施。
2. 结合事件4说明建筑企业施工经常出现的环境因素和控制污染的措施。
3. 结合事件3、4，说明文明施工主要包括哪些内容？文明施工现场周围环境有什么要求？

单元 7

建设工程项目环境与绿色施工管理

知识目标

1. 掌握建设工程施工现场环境管理;
2. 掌握绿色施工技术措施;
3. 熟悉绿色施工的原则和基本要求;
4. 了解建设工程项目绿色施工的概念。

技能目标

1. 能够正确进行施工现场环境保护;
2. 能够熟知绿色施工的理念。

素质目标

绿色施工作为建筑全寿命周期中的一个重要阶段,是实现建筑领域资源节约和节能减排的关键环节。绿色施工是指工程建设中,在保证质量、安全等基本要求的前提下,通过科学管理和技术进步,最大限度地节约资源并减少对环境负面影响的施工活动,实现节能、节地、节水、节材和环境保护("四节一环保")。实施绿色施工,应依据因地制宜的原则,贯彻执行国家、行业和地方相关的技术经济政策,应具有环保和绿色发展意识。

"被动房"是一种高度节能、高舒适的建筑,是通过自然采光、太阳能辐射等被动式节能措施与建筑外围护结构保温隔热节能技术相结合建成的建筑。其在显著提高室内环境舒适度的同时,大幅度降低建筑能耗,实现真正的健康、舒适、节能。"汉堡之家"是中国境内首座获得认证的"被动房",是上海世博会德国汉堡市城市最佳实践区案例馆。"汉堡之家"每平方米一年消耗相当于 50 千瓦时电的能量,仅相当于普通办公楼的 1/4。它在屋顶上安装的光能利用设备可以提供建筑所需电能的 90%,而地源热泵装置则为整个建筑的制冷和供暖供给能量。另外,其消耗的外部能源一般只有普通房屋的 10%。汉堡之家是一座体现了高环保技术水平的创新建筑,同时也为生态建筑树立了新的标准。

7.1 建设工程施工现场环境管理

7.1.1 施工现场环境保护的要求

建设工程项目必须满足有关环境保护法律法规的要求,在施工过程中注意环境保护,对企业发展、员工健康和社会文明有重要意义。

环境保护是按照法律法规、各级主管部门和企业的要求，保护和改善作业现场的环境，控制现场的各种粉尘、废水、废气、固体废弃物、噪声、振动等对环境的污染和危害。环境保护也是文明施工的重要内容之一。

7.1.1.1 建设工程施工现场环境保护的要求

根据《中华人民共和国环境保护法》和《中华人民共和国环境影响评价法》的有关规定，建设工程项目对环境保护的基本要求如下：

① 涉及依法划定的自然保护区、风景名胜区、生活饮用水水源保护区及其他需要特别保护的区域时，应当符合国家有关法律法规及该区域内建设工程项目环境管理的规定，不得建设污染环境的工业生产设施；建设的工程项目设施的污染物排放不得超过规定的排放标准。已经建成的设施，其污染物排放超过排放标准的，限期整改。

② 开发利用自然资源的项目，必须采取措施保护生态环境。

③ 建设工程项目选址、选线、布局应当符合区域、流域规划和城市总体规划。

④ 应满足项目所在区域环境质量、相应环境功能区划和生态功能区划标准或要求。

⑤ 拟采取的污染防治措施应确保污染物排放达到国家和地方规定的排放标准，满足污染物总量控制要求；涉及可能产生放射性污染的，应采取有效预防和控制放射性污染措施。

⑥ 建设工程应当采用节能、节水等有利于环境与资源保护的建筑设计方案、建筑材料、装修材料、建筑构配件及设备。建筑材料和装修材料必须符合国家标准。禁止生产、销售和使用有毒、有害物质超过国家标准的建筑材料和装修材料。

⑦ 尽量减少建设工程施工中所产生的干扰周围生活环境的噪声。

⑧ 应采取生态保护措施，有效预防和控制生态破坏。

⑨ 对环境可能造成重大影响、应当编制环境影响报告书的建设工程项目，可能严重影响项目所在地居民生活环境质量的建设工程项目，以及存在重大意见分歧的建设工程项目，环保部门可以举行听证会，听取有关单位、专家和公众的意见，并公开听证结果，说明对有关意见采纳或不采纳的理由。

⑩ 建设工程项目中防治污染的设施，必须与主体工程同时设计、同时施工、同时投产使用。防治污染的设施必须经原审批环境影响报告书的环境保护行政主管部门验收合格后，方可在该建设工程项目投入生产或者使用。防治污染的设施不得擅自拆除或者闲置，确有必要拆除或者闲置的，必须征得所在地的环境保护行政主管部门同意。

⑪ 新建工业企业和现有工业企业的技术改造，应当采取资源利用率高、污染物排放量少的设备和工艺，采用经济合理的废弃物综合利用技术和污染物处理技术。

⑫ 排放污染物的单位，必须依照国务院环境保护行政主管部门的规定申报登记。

⑬ 禁止引进不符合我国环境保护规定要求的技术和设备。

⑭ 任何单位不得将产生严重污染的生产设备转移给没有污染防治能力的单位使用。

另外，根据《中华人民共和国海洋环境保护法》的规定，在进行海岸工程建设和海洋石油勘探开发时，必须依照法律的规定，防止对海洋环境造成污染。

7.1.1.2 建设工程施工现场环境保护的措施

工程建设过程中的污染主要包括对施工场界内的污染和对周围环境的污染。对施工场界内的污染防治属于职业健康安全问题，而对周围环境的污染防治是环境保护的问题。

建设工程环境保护措施主要包括大气污染的防治、水污染的防治、噪声污染的防治、固体废物的处理以及文明施工措施等。

（1）大气污染的防治

① 大气污染物的分类。大气污染物的种类有数千种，已发现有危害作用的有100多种，其中大部分是有机物。大气污染物通常以气体状态和颗粒状态存在于空气中。

② 施工现场空气污染的防治措施。

a. 施工现场垃圾渣土要及时清理出现场。

b. 高大建筑物清理施工垃圾时，要使用封闭式的容器或者采取其他措施处理高空废弃物，严禁凌空随意抛撒。

c. 施工现场道路应指定专人定期洒水清扫，形成制度，防止道路扬尘。

d. 对于细颗粒散体材料（如水泥、粉煤灰、白灰等）的运输、储存要注意遮盖、密封，防止和减少扬尘。

e. 车辆开出工地要做到不带泥沙，基本做到不洒土、不扬尘，减少对周围环境污染。

f. 除设有符合规定的装置外，禁止在施工现场焚烧油毡、橡胶、塑料、皮革、树叶、枯草、各种包装物等废弃物品以及其他会产生有毒、有害烟尘和恶臭气体的物质。

g. 机动车都要安装减少尾气排放的装置，确保符合国家标准。

h. 工地茶炉应尽量采用电热水器。若只能使用烧煤茶炉和锅炉时，应选用消烟除尘型茶炉和锅炉，大灶应选用消烟节能回风炉灶，使烟尘降至允许排放范围为止。

i. 大城市市区的建设工程已不容许搅拌混凝土。在容许设置搅拌站的工地，应将搅拌站封闭严密，并在进料仓上方安装除尘装置，采用可靠措施控制工地粉尘污染。

j. 拆除旧建筑物时，应适当洒水，防止扬尘。

（2）水污染的防治

① 水污染物主要来源。水污染的主要来源有：

工业污染源：指各种工业废水向自然水体的排放。

生活污染源：主要有食物废渣、食用油、粪便、合成洗涤剂、杀虫剂、病原微生物等。

农业污染源：主要有化肥、农药等。

施工现场废水和固体废物随水流流入水体部分包括：泥浆、水泥、油漆、各种油类、混凝土添加剂、重金属、酸碱盐、非金属无机毒物等。

② 施工过程水污染的防治措施。施工过程水污染的防治措施有：

a. 禁止将有毒有害废弃物作土方回填。

b. 施工现场搅拌站废水、现制水磨石的污水、电石（碳化钙）的污水必须经沉淀池沉淀合格后再排放，最好将沉淀水用于工地洒水降尘或采取措施回收利用。

c. 如需现场存放油料，必须对库房地面进行防渗处理，如采用防渗混凝土地面、铺油毡等措施。使用时，要采取防止油料跑、冒、滴、漏的措施，以免污染水体。

d. 施工现场100人以上的临时食堂，污水排放时可设置简易有效的隔油池，定期清理，防止污染。

e. 工地临时厕所、化粪池应采取防渗漏措施。中心城市施工现场的临时厕所可采用水冲式厕所，并有防蝇灭蛆措施，防止污染水体和环境。

f.化学用品、外加剂等要妥善保管，库内存放，防止污染环境。

（3）噪声污染的防治

① 噪声的分类。按噪声来源可分为交通噪声（如汽车、火车、飞机等发出的声音）、工业噪声（如鼓风机、汽轮机、冲压设备等发出的声音）、建筑施工的噪声（如打桩机、推土机、混凝土搅拌机等发出的声音）、社会生活噪声（如高音喇叭、收音机等发出的声音）。噪声妨碍人们正常休息、学习和工作，为防止噪声扰民，应人为控制强噪声。

根据国家标准《建筑施工场界环境噪声排放标准》（GB 12523—2011）的要求，建筑施工过程中场界环境噪声排放限值见表7-1。

表7-1 建筑施工场界噪声排放限值

昼间/dB（A）	夜间/dB（A）
70	55

② 施工现场噪声的控制措施。噪声控制技术可从声源、传播途径、接收者防护等方面来考虑。

a.声源控制。声源上降低噪声，这是防止噪声污染的最根本的措施。尽量采用低噪声设备和加工工艺代替高噪声设备与加工工艺，如低噪声振捣器、风机、电动空压机、电锯等。还可在声源处安装消声器消声，即在通风机、鼓风机、压缩机、燃气机、内燃机及各类排气放空装置等进出风管的适当位置设置消声器。

b.传播途径的控制。

（a）吸声：利用吸声材料（大多由多孔材料制成）或由吸声结构形成的共振结构（金属或木质薄板钻孔制成的空腔体）吸收声能，降低噪声。

（b）隔声：应用隔声结构，阻碍噪声向空间传播，将接收者与噪声声源分隔。隔声结构包括隔声室、隔声罩、隔声屏障、隔声墙等。

（c）消声：利用消声器阻止传播。允许气流通过的消声降噪是防治空气动力性噪声的主要装置，如对空气压缩机、内燃机产生的噪声使用消声器等。

（d）减振降噪：对来自振动引起的噪声，通过降低机械振动减小噪声，如将阻尼材料涂在振动源上，或改变振动源与其他刚性结构的连接方式等。

c.接收者防护。让处于噪声环境下的人员使用耳塞、耳罩等防护用品，减少相关人员在噪声环境中的暴露时间，以减轻噪声对人体的危害。

（4）固体废物的处理

① 建设工程施工工地上常见的固体废物。建设工程施工工地上常见的固体废物主要有：建筑渣土，包括砖瓦、碎石、渣土、混凝土碎块、废钢铁、碎玻璃、废屑、废弃装饰材料等；废弃的散装大宗建筑材料，包括水泥、石灰等；生活垃圾，包括炊厨废物、丢弃食品、废纸、生活用具、废电池、废日用品、玻璃、陶瓷碎片、废塑料制品、煤灰渣、废交通工具等；设备、材料等的包装材料；粪便等。

② 固体废物的处理和处置。固体废物处理的基本思想是：采取资源化、减量化和无害化的处理，对固体废物产生的全过程进行控制。固体废物的主要处理方法如下：

a.回收利用。回收利用是对固体废物进行资源化的重要手段之一。粉煤灰在建设工程领域的广泛应用就是对固体废弃物进行资源化利用的典型范例。又如发达国家炼钢原料中有70%是利用回收的废钢铁，所以钢材可以看成是可再生利用的建筑材料。

b. 减量化处理。减量化是对已经产生的固体废物进行分选、破碎、压实浓缩、脱水等，减少其最终处置量，降低处理成本，减少对环境的污染。在减量化处理的过程中，也包括和其他处理技术相关的工艺方法，如焚烧、热解、堆肥等。

c. 焚烧。焚烧用于不适合再利用且不宜直接予以填埋处置的废物，除有符合规定的装置外，不得在施工现场熔化沥青和焚烧油毡、油漆，亦不得焚烧其他可产生有毒、有害和恶臭气体的废弃物。垃圾焚烧处理应使用符合环境要求的处理装置，避免对大气的二次污染。

d. 稳定和固化。稳定和固化处理是利用水泥、沥青等胶结材料，将松散的废物胶结包裹起来，减少有害物质从废物中向外迁移、扩散，使得废物对环境的污染减少。

e. 填埋。填埋是固体废物经过无害化、减量化处理的废物残渣集中到填埋场进行处置。禁止将有毒有害废弃物现场填埋，填埋场应利用天然或人工屏障。尽量使需处置的废物与环境隔离，并注意废物的稳定性和长期安全性。

7.1.2 施工现场职业健康安全卫生的要求

为保障作业人员的身体健康和生命安全，改善作业人员的工作环境与生活环境，防止施工过程中各类疾病的发生，建设工程施工现场应加强卫生与防疫工作。

7.1.2.1 建设工程现场职业健康安全卫生的要求

根据我国相关标准，施工现场职业健康安全卫生主要包括现场宿舍、现场食堂、现场厕所、其他卫生管理等内容。基本要符合以下要求：

① 施工现场应设置办公室、宿舍、食堂、厕所、淋浴间、开水房、文体活动室、密闭式垃圾站（或容器）及盥洗设施等临时设施。临时设施所用建筑材料应符合环保、消防要求。
② 办公区和生活区应设密闭式垃圾容器。
③ 办公室内布局合理，文件资料宜归类存放，并应保持室内清洁卫生。
④ 施工企业应根据法律、法规的规定，制定施工现场的公共卫生突发事件应急预案。
⑤ 施工现场应配备常用药品及绷带、止血带、颈托、担架等急救器材。
⑥ 施工现场应设专职或兼职保洁员，负责卫生清扫和保洁。
⑦ 办公区和生活区应采取灭鼠、蚊、蝇、蟑螂等措施，并应定期投放和喷洒药物。
⑧ 施工企业应结合季节特点，做好作业人员的饮食卫生和防暑降温、防寒保暖、防煤气中毒、防疫等工作。
⑨ 施工现场必须建立环境卫生管理和检查制度，并应做好检查记录。

7.1.2.2 建设工程现场职业健康安全卫生的措施

施工现场的卫生与防疫应由专人负责，全面管理施工现场的卫生工作，监督和执行卫生法规规章、管理办法，落实各项卫生措施。

（1）现场宿舍的管理

① 宿舍内应保证有必要的生活空间，室内净高不得小于2.4m，通道宽度不得小于0.9m，每间宿舍居住人员不得超过16人。

② 施工现场宿舍必须设置可开启式窗户，宿舍内的床铺不得超过2层，严禁使用通铺。

③ 宿舍内应设置生活用品专柜，有条件的宿舍宜设置生活用品储藏室。

④ 宿舍内应设置垃圾桶，宿舍外宜设置鞋柜或鞋架，生活区内应提供为作业人员晾晒衣服的场地。

（2）现场食堂的管理

① 食堂必须有卫生许可证，炊事人员必须持身体健康证上岗。

② 炊事人员上岗应穿戴洁净的工作服、工作帽和口罩，并应保持个人卫生。不得穿工作服出食堂，非炊事人员不得随意进入制作间。

③ 食堂炊具、餐具和公用饮水器具必须清洗消毒。

④ 施工现场应加强食品、原料的进货管理，食堂严禁出售变质食品。

⑤ 食堂应设置在远离厕所、垃圾站、有毒有害场所等污染源的地方。

⑥ 食堂应设置独立的制作间、储藏间，门扇下方应设不低于0.2m的防鼠挡板。制作间灶台及其周边应贴瓷砖，所贴瓷砖高度不宜小于1.5m，地面应做硬化和防滑处理。粮食存放台距墙和地面应大于0.2m。

⑦ 食堂应配备必要的排风设施和冷藏设施。

⑧ 食堂的燃气罐应单独设置存放间，存放间应通风良好并严禁存放其他物品。

⑨ 食堂制作间的炊具宜存放在封闭的橱柜内，刀、盆、案板等炊具应生熟分开。食品应有遮盖，遮盖物品应用正反面标识。各种作料和副食应存放在密闭器皿内，并应有标识。

⑩ 食堂外应设置密闭式泔水桶，并应及时清运。

（3）现场厕所的管理

① 施工现场应设置水冲式或移动式厕所，厕所地面应硬化，门窗应齐全。蹲位之间宜设置隔板，隔板高度不宜低于0.9m。

② 厕所大小应根据作业人员的数量设置。高层建筑施工超过8层以后，每隔四层宜设置临时厕所。厕所应设专人负责清扫、消毒，化粪池应及时清掏。

（4）其他临时设施的管理

① 淋浴间应设置满足需要的淋浴喷头，可设置储衣柜或挂衣架。

② 盥洗设施应设置满足作业人员使用的盥洗池，并应使用节水龙头。

③ 生活区应设置开水炉、电热水器或饮用水保温桶，施工区应配备流动保温水桶。

④ 文体活动室应配备电视机、书报、杂志等文体活动设施、用品。

⑤ 施工现场作业人员发生法定传染病、食物中毒或急性职业中毒时，必须在2小时内向施工现场所在地建设行政主管部门和有关部门报告，并应积极配合调查处理。

⑥ 现场施工人员患有法定传染病时，应及时进行隔离，并由卫生防疫部门进行处置。

7.2 建筑工程绿色施工管理

7.2.1 绿色施工概述

7.2.1.1 绿色施工的基本概念

绿色施工是指工程建设中，通过施工策划、材料采购，在保证质量、安全等基本要求的前提下，通过科学管理和技术进步，最大限度地节约资源与减少对环境负面影响的施工活动。其强调的是从施工到工程竣工验收全过程的节能、节地、节水、节材和环境保护（"四节一环保"）的绿色建筑核心理念。

实施绿色施工，应依据因地制宜的原则，贯彻执行国家、行业和地方相关的技术经济政策。绿色施工应是可持续发展理念在工程施工中全面应用的体现，绿色施工并不仅仅是指在工程施工中实施封闭施工，没有尘土飞扬，没有噪声扰民，在工地四周栽花、种草，实施定时洒水等这些内容，它涉及可持续发展的各个方面，如生态与环境保护、资源与能源利用、社会与经济的发展等内容。

7.2.1.2 绿色施工基本要求

① 我国尚处于经济快速发展阶段，作为大量消耗资源、影响环境的建筑业，应全面实施绿色施工，承担起可持续发展的社会责任。

② 绿色施工导则用于指导绿色施工，在建筑工程的绿色施工中应贯彻执行。

③ 绿色施工是指工程建设中，在保证质量、安全等基本要求的前提下，通过科学管理和技术进步，最大限度地节约资源与减少对环境负面影响的施工活动，实现四节一环保（节能、节地、节水、节材和环境保护）。

④ 绿色施工应符合国家的法律、法规及相关的标准规范，实现经济效益、社会效益和环境效益的统一。

⑤ 实施绿色施工，应依据因地制宜的原则，贯彻执行国家、行业和地方相关的技术经济政策。

⑥ 运用 ISO 14000 和 ISO 18000 管理体系，将绿色施工有关内容分解到管理体系目标中去，使绿色施工规范化、标准化。

⑦ 鼓励各地区开展绿色施工的政策与技术研究，发展绿色施工的新技术、新设备、新材料与新工艺，推行应用示范工程。

7.2.1.3 绿色施工总体框架

《绿色施工导则》中，绿色施工总体框架由施工管理、环境保护、节材与材料资源利用、节水与水资源利用、节能与能源利用、节地与施工用地保护六个方面组成，如图 7-1 所示。这六个方面涵盖了绿色施工的基本指标，同时包含了施工策划、材料采购、现场施工、工程验收等各阶段指标的子集。

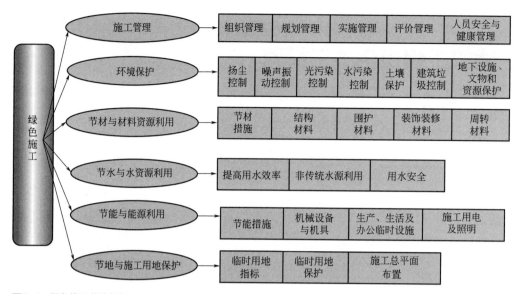

图7-1 绿色施工总体框架

《绿色施工导则》作为绿色施工的指导性原则，共有六大块内容：①总则；②绿色施工原则；③绿色施工总体框架；④绿色施工要点；⑤发展绿色施工的新技术、新设备、新材料、新工艺；⑥绿色施工应用示范工程。

在这六大块内容中，总则主要是考虑设计、施工一体化问题。绿色施工原则强调的是对整个施工过程的控制。

紧扣"四节一环保"内涵，根据绿色施工原则，结合工程施工实际情况，《绿色施工导则》提出了绿色施工的主要内容，根据其重要性，依次列为施工管理、环境保护、节材与材料资源利用、节水与水资源利用、节能与能源利用、节地与施工用地保护六个方面。这六个方面构成了绿色施工总体框架，涵盖了绿色施工的基本指标，同时包含了施工策划、材料采购、现场施工、工程验收等各阶段的指标的子集。绿色施工总体框架与绿色建筑评价标准结构相同，明确这样的指标体系，是为将来制定"绿色建筑施工评价标准"打基础。

在绿色施工总体框架中，将施工管理放在第一位是有其深层次考虑的。我国工程建设发展的情况是体量越做越大，基础越做越深，所以施工方案是绿色施工中的重大问题。如地下工程的施工，是采用明挖法、盖挖法、暗挖法、沉管法还是冷冻法，会涉及到工期、质量、安全、资金投入、装备配置、施工力量等一系列问题，是一个举足轻重的问题，对此《绿色施工导则》在施工管理中，对施工方案均有具体规定。

7.2.2 绿色施工技术措施

绿色施工技术要点包括绿色施工管理、环境保护技术要点、节材与材料资源利用技术要点、节水与水资源利用技术要点、节能与能源利用技术要点、节地与施工用地保护技术要点六方面内容，每项内容又有若干项要求。

7.2.2.1 绿色施工管理

绿色施工管理主要包括组织管理、规划管理、实施管理、评价管理和人员安全与健康管理五个方面。

（1）组织管理

① 建立绿色施工管理体系，并制定相应的管理制度与目标。

② 项目经理为绿色施工第一责任人，负责绿色施工的组织实施及目标实现，并指定绿色施工管理人员和监督人员。

（2）规划管理

编制绿色施工方案，该方案应在施工组织设计中独立成章，并按有关规定进行审批。绿色施工方案应包括以下内容：

① 环境保护措施。制定环境管理计划及应急救援预案，采取有效措施，降低环境负荷，保护地下设施和文物等资源。

② 节材措施。在保证工程安全与质量的前提下，制定节材措施。如进行施工方案的节材优化，建筑垃圾减量化，尽量利用可循环材料等。

③ 节水措施。根据工程所在地的水资源状况，制定节水措施。

④ 节能措施。进行施工节能策划，确定目标，制定节能措施。

⑤ 节地与施工用地保护措施。制定临时用地指标、施工总平面布置规划及临时用地节地措施等。

（3）实施管理

① 绿色施工应对整个施工过程实施动态管理，加强对施工策划、施工准备、材料采购、现场施工、工程验收等各阶段的管理和监督。

② 应结合工程项目的特点，有针对性地对绿色施工作相应的宣传，通过宣传营造绿色施工的氛围。

③ 定期对职工进行绿色施工知识培训，增强职工绿色施工意识。

（4）评价管理

① 对照《绿色施工导则》的指标体系，结合工程特点，对绿色施工的效果及采用的新技术、新设备、新材料与新工艺，进行自评估。

② 成立专家评估小组，对绿色施工方案、实施过程，进行综合评估。

（5）人员安全与健康管理

① 制定施工防尘、防毒、防辐射等职业危害的措施，保障施工人员的长期职业健康。

② 合理布置施工场地，保护生活及办公区不受施工活动的有害影响。施工现场建立卫生急救、保健防疫制度，在安全事故和疾病疫情出现时提供及时救助。

③ 提供卫生、健康的工作与生活环境，加强对施工人员的住宿、膳食、饮用水等生活与环境卫生的管理，明显改善施工人员的生活条件。

绿色施工管理主要包括组织管理、规划管理、实施管理、评价管理和人员安全与健康管理五个方面。如组织管理要建立绿色施工管理体系，并制定相应的管理制度与目标；规划管理要编制绿色施工方案，该方案应在施工组织设计中独立成章，并按有关规定进行审批。

绿色施工应对整个施工过程实施动态管理，加强对施工策划、施工准备、材料采购、现场施工、工程验收等各阶段的管理和监督。

7.2.2.2 环境保护技术要点

绿色施工环境保护是个很重要的问题。工程施工对环境的影响很大，大气环境污染的主要来源之一是大气中的总悬浮颗粒，粒径小于 $10\mu m$ 的颗粒可以被人类吸入肺部，对健康十分不利。悬浮颗粒包括了道路尘、土壤尘、建筑材料尘等。《绿色施工导则》（环境保护技术要点）对土方作业阶段、结构安装装饰阶段作业区目测扬尘高度明确提出了量化指标；对噪声与振动控制、光污染控制、水污染控制、土壤保护、建筑垃圾控制、地下设施、文物和资源保护等也提出了定性或定量要求。

（1）扬尘控制

① 运送土方、垃圾、设备及建筑材料等，不污损场外道路。运输容易散落、飞扬、流漏物料的车辆，必须采取措施封闭严密，保证车辆清洁。施工现场出口应设置洗车槽。

② 土方作业阶段，采取洒水、覆盖等措施，达到作业区目测扬尘高度小于 1.5m，不扩散到场区外。

③ 结构施工、安装装饰装修阶段，作业区目测扬尘高度小于 0.5m。对易产生扬尘的堆放材料应采取覆盖措施；对粉末状材料应封闭存放；场区内可能引起扬尘的材料及建筑垃圾搬运应有降尘措施，如覆盖、洒水等；浇筑混凝土前清理灰尘和垃圾时尽量使用吸尘器，避免使用吹风器等易产生扬尘的设备；机械剔凿作业时可用局部遮挡、掩盖、水淋等防护措施；高层或多层建筑清理垃圾应搭设封闭性临时专用道或采用容器吊运。

④ 施工现场非作业区达到目测无扬尘的要求。对现场易飞扬物质采取有效措施，如洒水、地面硬化、围挡、密网覆盖、封闭等，防止扬尘产生。

⑤ 构筑物机械拆除前，做好扬尘控制计划。可采取清理积尘、拆除体洒水、设置隔挡等措施。

⑥ 构筑物爆破拆除前，做好扬尘控制计划。可采用清理积尘、淋湿地面、预湿墙体、屋面敷水袋、楼面蓄水、建筑外设高压喷雾状水系统、搭设防尘排栅和直升机投水弹等综合降尘。选择风力小的天气进行爆破作业。

⑦ 在场界四周隔挡高度位置测得的大气总悬浮颗粒物（TSP）月平均浓度与城市背景值的差值不大于 $0.08mg/m^3$。

（2）噪声与振动控制

① 现场噪声排放不得超过国家标准《建筑施工场界环境噪声排放标准》（GB 12523—2011）的规定。

② 在施工场界对噪声进行实时监测与控制。监测方法执行国家标准《建筑施工场界噪声排放标准》。

③ 使用低噪声、低振动的机具，采取隔声与隔振措施，避免或减少施工噪声和振动。施工车辆进入现场，严禁鸣笛。

（3）光污染控制

① 尽量避免或减少施工过程中的光污染。夜间室外照明灯加设灯罩，透光方向集中在

施工范围。

② 电焊作业采取遮挡措施,避免电焊弧光外泄。

(4)水污染控制

① 施工现场污水排放应达到国家标准《污水综合排放标准》(GB 8978—1996)的要求。

② 在施工现场应针对不同的污水,设置相应的处理设施,如沉淀池、隔油池、化粪池等。

③ 污水排放应委托有资质的单位进行废水水质检测,提供相应的污水检测报告。

④ 保护地下水环境。采用隔水性能好的边坡支护技术。在缺水地区或地下水位持续下降的地区,基坑降水尽可能少地抽取地下水;当基坑开挖抽水量大于50万立方米时,应进行地下水回灌,并避免地下水被污染。

⑤ 对于化学品等有毒材料、油料的储存地,应有严格的隔水层设计,做好渗漏液收集和处理。

⑥ 非传统水源和现场循环再利用水在使用过程中,应对水质进行检测。

⑦ 砂浆、混凝土搅拌用水应达到《混凝土用水标准》(JGJ 63—2006)的有关要求,并制定卫生保障措施,避免对人体健康、工程质量以及周围环境产生不良影响。

⑧ 施工现场存放的油料和化学溶剂等物品应设有专门的库房,地面应做防渗漏处理。废弃的油料和化学溶剂应集中处理,不得随意倾倒。

⑨ 施工机械设备检修及使用中产生的油污,应集中汇入接油盘中并定期清理。

⑩ 食堂、盥洗室、淋浴间的下水管线应设置过滤网,并应与市政污水管线连接,保证排水畅通。食堂应设隔油池,并应及时清理。施工现场宜采用移动式厕所,委托环卫单位定期清理。

(5)土壤保护

① 保护地表环境,防止土壤侵蚀、流失。因施工造成的裸土,及时覆盖砂石或种植速生草,以减少土壤侵蚀;因施工造成容易发生地表径流土壤流失的情况,应采取设置地表排水系统、稳定斜坡、植被覆盖等措施,减少土壤流失。

② 沉淀池、隔油池、化粪池等不发生堵塞、渗漏、溢出等现象。及时清掏各类池内沉淀物,并委托有资质的单位清运。

③ 对于有毒有害废弃物如电池、墨盒、油漆、涂料等,应回收后交有资质的单位处理,不能作为建筑垃圾外运,避免污染土壤和地下水。

④ 施工后应恢复施工活动破坏的植被(一般指临时占地内)。与当地园林、环保部门或当地植物研究机构进行合作,在先前开发地区种植当地或其他合适的植物,以恢复剩余空地地貌或科学绿化,补救施工活动中人为破坏植被和地貌造成的土壤侵蚀。

(6)建筑垃圾控制

① 制定建筑垃圾减量化计划,如住宅建筑每一万平方米的建筑垃圾不宜超过400吨。

② 加强建筑垃圾的回收再利用,力争建筑垃圾的再利用和回收率达到30%,建筑物拆除产生的废弃物的再利用和回收率大于40%。对于碎石类、土石方类建筑垃圾,可采用地基填埋、铺路等方式提高再利用率,力争再利用率大于50%。

③ 施工现场应设置封闭式垃圾站(或容器),施工垃圾、生活垃圾应分类存放,并按规

定及时清运消纳。对有毒有害废弃物的分类率应达到100%；对有可能造成二次污染的废弃物必须单独贮存、设置安全防范措施和醒目标识。

（7）地下设施、文物和资源保护

① 施工前应调查清楚地下各种设施，做好保护计划，保证施工场地周边的各类管道、管线、建筑物、构筑物的安全运行。

② 施工过程中一旦发现文物，立即停止施工，保护现场并通报文物部门，协助做好工作。

③ 避让、保护施工场区及周边的古树名木。

④ 逐步开展统计分析施工项目的CO_2排放量，以及各种不同植被和树种的CO_2固定量的工作。

7.2.2.3 节材与材料资源利用技术要点

（1）节材措施

① 图纸会审时，应审核节材与材料资源利用的相关内容，达到材料损耗率比定额损耗率降低30%的目标。

② 根据施工进度、库存情况等合理安排材料的采购、进场时间和批次，减少库存。

③ 现场材料堆放有序。储存环境适宜，措施得当。保管制度健全，责任落实。

④ 材料运输工具适宜，装卸方法得当，防止损坏和遗洒。根据现场平面布置情况就近卸载，避免和减少二次搬运。

⑤ 采取技术和管理措施提高模板、脚手架等的周转次数。

⑥ 优化安装工程的预留、预埋、管线路径等方案。

⑦ 应就地取材，施工现场300km以内生产的建筑材料用量占建筑材料总重量的70%以上。

（2）结构材料

① 推广使用预拌混凝土和商品砂浆。准确计算采购数量、供应频率、施工速度等，在施工过程中动态控制。结构工程使用散装水泥。

② 推广使用高强钢筋和高性能混凝土，减少资源消耗。

③ 推广钢筋专业化加工和配送。

④ 优化钢筋配料和钢构件下料方案。钢筋及钢结构制作前应对下料单及样品进行复核，无误后方可批量下料。

⑤ 优化钢结构制作和安装方法。大型钢结构宜采用工厂制作，现场拼装；宜采用分段吊装、整体提升、滑移、顶升等安装方法，减少方案的措施用材量。

⑥ 采取数字化技术，对大体积混凝土、大跨度结构等专项施工方案进行优化。

（3）围护材料

① 门窗、屋面、外墙等围护结构选用耐候性及耐久性良好的材料，施工确保密封性、防水性和保温隔热性。

② 门窗采用密封性、保温隔热性、隔声性良好的型材和玻璃等材料。

③ 屋面材料、外墙材料具有良好的防水性能和保温隔热性能。

④ 当屋面或墙体等部位采用基层加设保温隔热系统的方式施工时，应选择高效节能、

耐久性好的保温隔热材料，以减小保温隔热层的厚度及材料用量。

⑤ 屋面或墙体等部位的保温隔热系统采用专用的配套材料，以加强各层次之间的粘接或连接强度，确保系统的安全性和耐久性。

⑥ 根据建筑物的实际特点，优选屋面或外墙的保温隔热材料系统和施工方式，例如保温板粘贴、保温板干挂、聚氨酯硬泡喷涂、保温浆料涂抹等，以保证保温隔热效果，并减少材料浪费。

⑦ 加强保温隔热系统与围护结构的节点处理，尽量降低热桥效应。针对建筑物的不同部位保温隔热特点，选用不同的保温隔热材料及系统，以做到经济适用。

（4）装饰装修材料

① 贴面类材料在施工前，应进行总体排版策划，减少非整块材的数量。

② 采用非木质的新材料或人造板材代替木质板材。

③ 防水卷材、壁纸、油漆及各类涂料基层必须符合要求，避免起皮、脱落。各类油漆及黏结剂应随用随开启，不用时及时封闭。

④ 幕墙及各类预留预埋应与结构施工同步。

⑤ 木制品及木装饰用料、玻璃等各类板材宜在工厂采购或定制。

⑥ 采用自粘类片材，减少现场液态黏结剂的使用量。

（5）周转材料

① 应选用耐用、维护与拆卸方便的周转材料和机具。

② 优先选用制作、安装、拆除一体化的专业队伍进行模板工程施工。

③ 模板应以节约自然资源为原则，推广使用定型钢模、钢框竹模、竹胶板。

④ 施工前应对模板工程的方案进行优化。多层、高层建筑使用可重复利用的模板体系，模板支撑宜采用工具式支撑。

⑤ 优化高层建筑的外脚手架方案，采用整体提升、分段悬挑等方案。

⑥ 推广采用外墙保温板替代混凝土施工模板的技术。

⑦ 现场办公和生活用房采用周转式活动房。现场围挡应最大限度地利用已有围墙，或采用装配式可重复使用围挡封闭。力争工地临时用房、临时围挡材料的可重复使用率达到 70%。

绿色施工要点中关于节材与材料资源利用部分，是《绿色施工导则》中很重要的内容，也是《绿色施工导则》的特色之一。此部分从节材措施、结构材料、围护材料、装饰装修材料到周转材料，都提出了明确要求，如模板与脚手架问题。当前，我国工程建设中木模板的周转次数较低，有的仅用一次。绿色施工规定要优化模板及支撑体系方案，可采用工具式模板、钢制大模板和早拆支撑体系，使用定型钢模、钢框竹模、竹胶板代替木模板。

钢筋专业化加工与配送要求。钢筋加工配送可以大量消化通尺钢材（非标准长度钢筋，价格比定尺原料钢筋低 200～300 元/吨），降低原料浪费。

结构材料要求推广使用预拌混凝土和预拌砂浆。准确计算采购数量、供应频率、施工速度等，在施工过程中动态控制，结构工程使用散装水泥。当前，建筑工程所用水泥 30% 用在砌筑和抹灰。若现场配制，易出现质量不稳定，浪费材料，破坏环境，开裂、渗漏、空鼓、脱落等一系列问题。若采用预拌砂浆，可使工业废弃物的利用成为可能。

如果预拌砂浆在国内工程建设中全面实施，将带动我国水泥散装率提高 8～10 个百分点,并能有效地带动固体废物的综合利用,经济社会效益显著,有助于落实循环经济、建设节约型社会、促进节能减排。

7.2.2.4 节水与水资源利用技术要点

(1)提高用水效率

① 施工中采用先进的节水施工工艺。

② 施工现场喷洒路面、绿化浇灌不宜使用市政自来水。现场搅拌用水、养护用水应采取有效的节水措施,严禁无措施浇水养护混凝土。

③ 施工现场供水管网应根据用水量设计布置,管径合理、管路简捷,采取有效措施减少管网和用水器具的漏损。

④ 现场机具、设备、车辆冲洗用水必须设立循环用水装置。施工现场办公区、生活区的生活用水采用节水系统和节水器具,提高节水器具配置比例。项目临时用水应使用节水型产品,安装计量装置,采取针对性的节水措施。

⑤ 施工现场建立可再利用水的收集处理系统,使水资源得到梯级循环利用。

⑥ 施工现场分别对生活用水与工程用水确定用水定额指标,并分别计量管理。

⑦ 大型工程的不同单项工程、不同标段、不同分包生活区,凡具备条件的应分别计量用水量。在签订不同标段分包或劳务合同时,将节水定额指标纳入合同条款,进行计量考核。

⑧ 对混凝土搅拌站点等用水集中的区域和工艺点进行专项计量考核。施工现场建立雨水、中水或可再利用水的搜集利用系统。

(2)非传统水源利用

① 优先采用中水搅拌、中水养护,有条件的地区和工程应收集雨水养护。

② 处于基坑降水阶段的工地,宜优先采用地下水作为混凝土搅拌用水、养护用水、冲洗用水和部分生活用水。

③ 现场机具、设备、车辆冲洗、喷洒路面、绿化浇灌等用水,优先采用非传统水源,尽量不使用市政自来水。

④ 大型施工现场,尤其是雨量充沛地区的大型施工现场建立雨水收集利用系统,充分收集自然降水用于施工和生活中适宜的部位。

⑤ 力争施工中非传统水源和循环水的再利用量大于30%。

(3)用水安全

在非传统水源和现场循环再利用水的使用过程中,应制定有效的水质检测与卫生保障措施,确保避免对人体健康、工程质量以及周围环境产生不良影响。

7.2.2.5 节能与能源利用技术要点

(1)节能措施

① 制订合理施工能耗指标,提高施工能源利用率。

② 优先使用国家、行业推荐的节能、高效、环保的施工设备和机具,如选用变频技术的节能施工设备等。

③ 施工现场分别设定生产、生活、办公和施工设备的用电控制指标，定期进行计量、核算、对比分析，并有预防与纠正措施。

④ 在施工组织设计中，合理安排施工顺序、工作面，以减少作业区域的机具数量，相邻作业区充分利用共有的机具资源。安排施工工艺时，应优先考虑耗用电能或其他能耗较少的施工工艺。避免设备额定功率远大于使用功率或超负荷使用设备的现象。

⑤ 根据当地气候和自然资源条件，充分利用太阳能、地热等可再生能源。

（2）机械设备与机具

① 建立施工机械设备管理制度，开展用电、用油计量，完善设备档案，及时做好维修保养工作，使机械设备保持低耗、高效的状态。

② 选择功率与负载相匹配的施工机械设备，避免大功率施工机械设备低负载长时间运行。机电安装可采用节电型机械设备，如逆变式电焊机和能耗低、效率高的手持电动工具等，以利节电。机械设备宜使用节能型油料添加剂，在可能的情况下，考虑回收利用，节约油量。

③ 合理安排工序，提高各种机械的使用率和满载率，降低各种设备的单位能耗。

（3）生产、生活及办公临时设施

① 利用场地自然条件，合理设计生产、生活及办公临时设施的体形、朝向、间距和窗墙面积比，使其获得良好的日照、通风和采光。南方地区可根据需要在其外墙窗设遮阳设施。

② 临时设施宜采用节能材料，墙体、屋面使用隔热性能好的材料，减少夏天空调、冬天取暖设备的使用时间及耗能量。

③ 合理配置采暖、空调、风扇数量，规定使用时间，实行分段分时使用，节约用电。

（4）施工用电及照明

① 临时用电优先选用节能电线和节能灯具，临电线路合理设计、布置，临电设备宜采用自动控制装置，如采用声控、光控等节能照明灯具。

② 照明设计以满足最低照度为原则，照度不应超过最低照度的20%。

7.2.2.6 节地与施工用地保护技术要点

（1）临时用地指标

① 根据施工规模及现场条件等因素合理确定临时设施，如临时加工厂、现场作业棚及材料堆场、办公生活设施等的占地指标。临时设施的占地面积应按用地指标所需的最低面积设计。

② 要求平面布置合理、紧凑，在满足环境、职业健康与安全及文明施工要求的前提下尽可能减少废弃地和死角，临时设施占地面积有效利用率大于90%。

（2）临时用地保护

① 应对深基坑施工方案进行优化，减少土方开挖和回填量，最大限度地减少对土地的扰动，保护周边自然生态环境。

② 红线外临时占地应尽量使用荒地、废地，少占用农田和耕地。工程完工后，及时对红线外占地恢复原地形、地貌，使施工活动对周边环境的影响降至最低。

③ 利用和保护施工用地范围内原有绿色植被。对于施工周期较长的现场，可按建筑永

久绿化的要求，安排场地新建绿化。

（3）施工总平面布置

① 施工总平面布置应做到科学、合理，充分利用原有建筑物、构筑物、道路、管线为施工服务。

② 施工现场搅拌站、仓库、加工厂、作业棚、材料堆场等布置，应尽量靠近已有交通线路或即将修建的正式或临时交通线路，缩短运输距离。

③ 临时办公和生活用房应采用经济、美观、占地面积小、对周边地貌环境影响较小，且适合于施工平面布置动态调整的多层轻钢活动板房、钢骨架水泥活动板房等标准化装配式结构。生活区与生产区应分开布置，并设置标准的分隔设施。

④ 施工现场围墙可采用连续封闭的轻钢结构预制装配式活动围挡，减少建筑垃圾，保护土地。

⑤ 施工现场道路按照永久道路和临时道路相结合的原则布置。施工现场内形成环形通路，减少道路占用土地。

⑥ 临时设施布置应注意远近（本期工程与下期工程）结合，努力减少和避免大量临时建筑拆迁和场地搬迁。

我国绿色施工尚处于起步阶段，应通过试点和示范工程，总结经验，引导绿色施工的健康发展。各地应根据具体情况，制订有针对性的考核指标和统计制度，制订引导施工企业实施绿色施工的激励政策，促进绿色施工的发展。

7.2.3 绿色施工组织管理

建设工程绿色施工应实施目标管理，参建各方的责任包括：

7.2.3.1 建设单位

① 向施工单位提供建设工程绿色施工的相关资料，保证资料的真实性和完整性。

② 在编制工程概算和招标文件时，建设单位应明确建设工程绿色施工的要求，并提供包括场地、环境、工期、资金等方面的保障。

③ 建设单位应会同工程参建各方，接受工程建设主管部门对建设工程实施绿色施工的监督、检查工作。

④ 建设单位应组织协调工程参建各方的绿色施工管理工作。

7.2.3.2 监理单位

① 监理单位应对建设工程的绿色施工承担监理责任。

② 监理单位应审查施工组织设计中的绿色施工技术措施或专项绿色施工方案，并在实施过程中做好监督检查工作。

7.2.3.3 施工单位

① 施工单位是建设工程绿色施工的责任主体，全面负责绿色施工的实施。

② 实行施工总承包管理的建设工程，总承包单位对绿色施工过程负总责，专业承包单位应服从总承包单位的管理，并对所承包工程的绿色施工负责。

③ 施工项目部应建立以项目经理为第一责任人的绿色施工管理体系，负责绿色施工的组织实施及目标实现，制定绿色施工管理责任制度，组织绿色施工教育培训。定期开展自检、考核和评比工作，并指定绿色施工管理人员和监督人员。

④ 在施工现场的办公区和生活区应设置明显的有节水、节能、节约材料等具体内容的警示标识。

⑤ 施工现场的生产、生活、办公和主要耗能施工设备应有节能的控制措施和管理办法。对主要耗能施工设备应定期进行耗能计量检查和核算。

⑥ 施工现场应建立可回收再利用物资清单，制定并实施可回收废料的管理办法，提高废料利用率。

⑦ 应建立机械保养、限额领料、废弃物再生利用等管理与检查制度。

⑧ 施工单位及项目部应建立施工技术、设备、材料、工艺的推广、限制以及淘汰公布的制度和管理方法。

⑨ 施工项目部应定期对施工现场绿色施工实施情况进行检查，做好检查记录，并根据绿色施工情况实施改进措施。

⑩ 施工项目部应按照国家法律、法规的有关要求，做好职工的劳动保护工作。

7.2.4 绿色施工规范要求

为了在建设工程中实施绿色施工，达到节约资源、保护环境和施工人员健康的目的，国家制定了国家标准《建筑工程绿色施工规范》（GB/T 50905—2014），对绿色施工提出具体要求。

7.2.4.1 施工准备

① 建设工程施工项目应建立绿色施工管理体系和管理制度，实施目标管理。

② 施工单位应按照建设单位提供的施工周边建设规划和设计资料，施工前做好绿色施工的统筹规划和策划工作，充分考虑绿色施工的总体要求，为绿色施工提供基础条件，并合理组织一体化施工。

③ 建设工程施工前，应根据国家和地方法律、法规的规定，制定施工现场环境保护和人员安全与健康等突发事件的应急预案。

④ 编制施工组织设计和施工方案时，要明确绿色施工的内容、指标和方法。分部分项工程专项施工方案，应涵盖"四节一环保"要求。

⑤ 施工单位应积极推广应用"建筑业十项新技术"。

⑥ 施工现场宜推行电子资料管理档案，减少纸质资料。

7.2.4.2 土石方与地基工程

（1）一般规定

① 通过有计划的采购、合理的现场保管、减少材料的搬运次数、减少包装、完善操作

工艺、增加摊销材料的周转次数等措施降低材料在使用中的消耗，提高材料的使用效率。

② 灰土、灰石、混凝土、砂浆宜采用预拌技术，减少现场施工扬尘，采用电子计量，节约建筑材料。

③ 施工组织设计应结合桩基施工特点，有针对性地制定相应绿色施工措施，主要内容应包括：组织管理措施、资源节约措施、环境保护措施、职业健康与安全措施等。

④ 桩基施工现场应优先选用低噪、环保、节能、高效的机械设备和工艺。

⑤ 土石方工程施工应加强场地保护，施工中减少场地干扰、保护基地环境。施工时应当识别场地内现有的自然、文化和构筑物特征，并通过合理的措施将这些特征保存。

⑥ 土石方工程在选择施工方法及施工机械、安排施工顺序、布置施工场地时，应结合气候特征，减少因为气候原因而带来施工措施和资源消耗的增加，同时还应满足以下要求：

a. 合理地安排施工顺序，易受不利气候影响的施工工序应在不利气候到来前完成。

b. 安排好全场性排水、防洪，减少对现场及周边环境的影响。

⑦ 土石方工程施工应符合以下要求：

a. 应选用高性能、低噪声、少污染的设备，采用机械化程度高的施工方式，减少使用污染排放高的各类车辆。

b. 施工区域与非施工区域间设置标准的分隔设施，做到连续、稳固、整洁、美观。

c. 易产生泥浆的施工，应实行硬地坪施工；所有土堆、料堆须采取加盖防止粉尘污染的遮盖物或喷洒覆盖剂等措施。

d. 土石方施工现场大门位置应设置限高栏杆、冲洗车装置；渣土运输车应有防止遗洒和扬尘的措施。

e. 土石方类建筑废料、渣土的综合利用，可采用地基填埋、铺路等方式提高再利用率，再利用率应大于50%。

f. 搬迁树木应手续齐全；在绿化施工中应科学、合理地使用处置农药，尽量减少对环境的污染。

⑧ 土石方工程开挖过程应详细勘察，逐层开挖，弃土应合理分类堆放、运输，遇到有腐蚀性的渣土应进行深埋处理，回填土质应满足设计要求。

⑨ 基坑支护结构中有侵入占地红线外的预应力锚杆时，宜采用可拆式锚杆。

（2）土石方工程

① 土石方工程在开挖前应进行挖、填方的平衡计算，综合考虑土石方最短运距和各个项目施工的工序衔接，减少重复挖填，并与城市规划和农田水利相结合，保护环境，减少资源浪费。

② 粉尘控制应符合下列规定：

a. 土石方挖掘施工中，表层土和砂卵石覆盖层可以用一般常用的挖掘机械直接挖装，对岩石层的开挖宜采用凿裂法施工，或者采用凿裂法适当辅以钻爆法施工；凿裂和钻孔施工宜采用湿法作业。

b. 爆破施工前，做好扬尘控制计划。应采用清理积尘、淋湿地面、外设高压喷雾状水系统、搭设防尘排栅和直升机投水弹等综合降尘。同时应选择风力小的天气进行爆破作业。

c. 土石方爆破要对爆破方案进行设计，对用药量进行准确计算，注意控制噪声和粉尘扩散。

d. 土石方作业采取洒水、覆盖等措施，使作业区目测扬尘高度小于 1.5m，不扩散到场区外。

e. 四级以上大风天气，不应进行土石方工程的施工作业。

③ 土方作业对施工区域的所有障碍物，包括地下文物、树木、地上高压电线、电杆、塔架和地下管线、电缆、坟墓、沟渠以及原有旧房屋等应按照以下要求采取保护措施：

a. 在文物保护区内进行土方作业时，应采用人工挖土，禁止机械作业。

b. 施工区域内有地下管线或电缆时，禁止用机械挖土，应采用人工挖土，并按施工方案对地下管线、电缆采取保护或加固措施。

c. 高压线塔 10m 范围内，禁止机械土方作业。

d. 发现有土洞、地道（地窖）、废井时，要探明情况，制定专项措施方可施工。

④ 喷射混凝土施工防尘应遵照以下规定：

喷射混凝土施工应采用湿喷或水泥裹砂喷射工艺。采用干法喷射混凝土施工时，宜采用下列综合防尘措施：

a. 在保证顺利喷射的条件下，增加骨料含水率。

b. 在距喷头 3～4m 处增加一个水环，用双水环加水。

c. 在喷射机或混合料搅拌处，设置集尘器或除尘器。

d. 在粉尘浓度较高地段，设置除尘水幕。

e. 加强作业区的局部通风。

f. 采用增黏剂等外加剂。

（3）桩基工程

① 工程施工中成桩工艺应根据工程设计，结合当地实际情况，并参照相关控制指标进行优选。常用桩基成桩工艺对绿色施工的控制指标见表 7-2。

表 7-2 常用桩基成桩工艺对绿色施工的控制指标

桩基类型		绿色施工控制指标				
		环境保护	节材与材料资源利用	节水与水资源利用	节能与能源资源利用	节土与土地资源利用
混凝土灌注桩	人工挖孔	√	√	√	√	√
	干作业成孔	√	√	√	√	√
	泥浆护壁钻孔	√	√	√	√	√
	长螺旋或旋挖钻孔	√	√	√	√	√
	沉管和内夯沉管	√	√	√	√	○
混凝土预制桩与钢桩	锤击沉桩	√	○	√	√	○
	静压沉桩	○	○	√	√	○

注："√"表明该类型桩基对对应绿色施工指标有重要影响；"○"表明该类型桩基对对应绿色施工指标有一定影响。

② 混凝土预制桩和钢桩施工时，施工方案应充分考虑施工中的噪声、振动、地层扰动、废气、废油、烟火等对周边环境的影响，制定针对性措施。

③ 混凝土灌注桩施工。

a. 施工现场应设置专用泥浆池，用于存储沉淀施工中产生的泥浆，泥浆池应可以有效防止污水渗入土壤，污染土壤和地下水源；当泥浆池沉积泥浆厚度超过容量的1/3时，应及时清理。

b. 钻孔、冲孔、清孔时清出的残渣和泥浆，应及时装车运至泥浆池内处置。

c. 泥浆护壁正反循环成孔工艺施工现场，应设置泥浆分离净化处理循环系统。循环系统由泥浆池、沉淀池、循环槽、废浆池、泥浆泵、泥浆搅拌设备、钻渣分离装置，并配有排水、清渣、排废浆设施和钻渣运转通道等。施工时泥浆应集中搅拌，集中向钻孔输送。清出的钻渣应及时采用封闭容器运出。

d. 桩身钢筋笼进行焊接作业时，应采取遮挡措施，避免电焊弧光外泄；同时焊渣应随清理随装袋，待焊接完成后，及时将收集的焊渣运至指定地点处置。

e. 市区范围内严禁敲打导管和钻杆。

④ 人工挖孔灌注桩施工。人工挖孔灌注桩施工时，开挖出的土方不得长时间在桩边堆放，应及时运至现场集中堆土处集中处置，并采取覆盖等防尘措施。

⑤ 混凝土预制桩。

a. 混凝土预制桩的预制场地必须平整、坚实，并设沉淀池、排水沟渠等设施。混凝土预制桩制作完成后，作为隔离桩使用的塑料薄膜、油毡等，不得随意丢弃，应收集并集中进行处理。

b. 现场制作预制桩用水泥、砂、石等物料存放应满足混凝土工程中的材料储存要求。水泥应入库存放，成垛码放；砂石应表面覆盖，减少扬尘。

c. 沉淀池、排水沟渠应能防止污水溢出；当污水沉淀物超过容量1/3时，应进行清掏；沉淀池中污水无悬浮物后方可排入市政污水管道或进行绿化降尘等循环利用。

⑥ 振动冲击沉管灌注桩施工：控制振动箱振动频率，防止产生较大噪声，同时应避免对桩身造成破坏，浪费资源。

⑦ 采用射水法沉桩工艺施工时，应为射水装置配备专用供水管道，同时布置好排水沟渠、沉淀池，有组织地将射水产生的多余水或泥浆排入沉淀池沉淀，循环利用，并减少污水排放。

⑧ 钢桩。

a. 现场制作钢桩应有平整坚实的场地、挡风防雨设施及排水设施。

b. 钢桩切割下来的剩余部分，应运至专门位置存放，并尽可能再利用，不得随意废弃，浪费资源。

⑨ 地下连续墙。

a. 泥浆制作前应先通过试验确定施工配合比。

b. 施工时应随时测定泥浆性能并及时予以调整，以满足循环使用的要求。

c. 施工中产生的建筑垃圾应及时清理干净，使用后的旧泥浆应该在成槽之前进行回收处理和利用。

（4）地基处理工程

① 污染土地基处理应遵照以下规定：

a. 进行污染土地基勘察、监测、地基处理施工和检验时，应采取必要的防护措施，以防止污染土、地下水等对人体造成伤害或对勘察机具、监测仪器与施工设备造成有腐蚀。

b. 处理方法应能够防止污染土对周边地质和地下水环境的二次污染。

c. 污染土地基处理后，必须防止污染土地基与地表水、周边地下水或其他污染物的物质交换，防止污染土地基因化学物质的变化而引起工程性质及周边环境的恶化。

② 换垫法施工。

a. 在回填施工前，填料应采取防止扬尘的措施，避免在大风天气作业。不能及时回填土方应及时覆盖，控制回填土含水率。

b. 冲洗回填砂石应采用循环水，减少水资源浪费。需要混合和过筛的砂石应保持一定湿润。

c. 机械碾压优先选择静作用压路机。

③ 强夯法施工。

a. 强夯施工前应平整场地，周围做好排水沟渠。同时，应挖设应力释放沟（宽1m、深2m）。

b. 施工前须进行试夯，确定有关技术参数，如夯锤重量、底面直径及落距、下沉量及相应的夯击遍数和总下沉量。在达到夯实效果前提下，应减少夯实次数。

c. 单点夯击能不宜超过3000kN·m。

④ 高压喷射注浆法施工。

a. 浆液拌制应在浆液搅拌机中进行，不得超过设备设计允许容量。同时搅拌机应尽量靠近灌浆孔和灌浆泵布置。

b. 在灌浆过程中，压浆泵压力数值应控制在设计范围内，不得超压，避免对设备造成损害，浪费资源。压浆泵与注浆管间各部件应密封严密，防止发生泄漏。

c. 灌浆完成后，应及时对设备四周遗洒的垃圾及浆液进行清理收集，并集中运至指定地点处置。

d. 现场应设置适用、可靠的储浆池和排浆沟渠，防止泥浆污染周边土壤及地下水源。

⑤ 挤密桩法施工。

a. 采用灰土回填时，应对灰土提前进行拌和。采用砂石回填时，砂石应过筛，并冲洗干净，冲洗砂石应采用循环水，减少水资源浪费；砂石应保持一定湿润，避免在过筛和混合过程中产生较大扬尘。

b. 桩位填孔完成后，应及时将桩四周洒落的灰土、砂石等收集清扫干净。

（5）地下水控制

① 在缺水地区或地下水位持续下降的地区，基坑施工应选择抽取地下水量较少的施工方案，达到节水的目的。宜选择止水帷幕、封闭降水等隔水性能好的边坡支护技术进行施工。

② 地下水控制、降排水系统应满足以下要求：

a. 降水系统的平面布置图，应根据现场条件合理设计场地，布置应紧凑，并应尽量减少占地。

b. 降水系统中埋设的排水沟管及选择的排水地点，要采用防止地面水、雨水流入基坑（槽）的措施。

c. 降水再利用的水收集处理后，应就近用于施工中车辆冲洗、降尘、绿化、生活用水等。

d. 降水系统使用的临时用电设施应设置合理，采用能源利用率高、节能环保型的施工机械设备。

e. 应考虑水位降低区域内地表及建筑物可能产生的沉降和水平位移，并制定相应的预防措施。

③ 井点降水。

a. 根据水文地质、井点设备等因素计算井点管数量、井点管埋入深度,保持井点管连续工作且地下水抽排量适当,避免过度抽水对地质、周围建筑物产生影响。

b. 排水总管铺设时,避免直接敲击总管。总管应进行防锈处理,防止锈蚀污染地面。

c. 采用冲孔时应避免孔径过大产生过多泥浆,产生的泥浆排入现场泥浆池沉淀处置。

d. 钻井成孔时,采用泥浆护壁,成孔完成并用水冲洗干净后才准使用;钻井产生的泥浆,应排入泥浆池循环使用。

e. 抽水设备设置专用机房,并有隔声防噪功能,机房内设置接油盘防止油污染。

④ 采用集水明排降水时,应符合下列规定:

a. 基坑降水应储存使用,并应设立循环用水装置。

b. 降水设备应采用能源利用效率高的施工机械设备,同时建立设备技术档案,并应定期进行设备维护、保养。

⑤ 地下水回灌。

a. 施工现场基坑开挖抽水量大于50万立方米时,应采取地下水回灌,以保证地下水资源平衡。

b. 回灌时,水质应符合《地下水质量标准》(GB/T 14848—2017)要求,并按《中华人民共和国水污染防治法》和《中华人民共和国水法》有关规定执行。

7.2.4.3 基础及主体结构工程

(1)一般规定

① 在图纸会审时,应增加高强高效钢筋(钢材)、高性能混凝土的使用,利用大体积混凝土后期强度等绿色施工的相关内容。

② 钢、木、装配式结构等构件,应采取工厂化加工、现场安装的生产方式;构件的加工和进场顺序应与现场安装顺序一致;构件的运输和存放应采取防止变形和损坏的可靠措施。

③ 钢结构、钢混组合结构、预制装配式结构等大型结构件安装所需的主要垂直运输机械,应与基础和主体结构施工阶段的其他工程垂直运输统一安排,减少大型机械的投入。

④ 应选用能耗低、自动化程度高的施工机械设备,并由专人使用,避免空转。

⑤ 施工现场应采用预拌混凝土和预拌砂浆,未经批准不得采用现场拌制。

⑥ 应制定垃圾减量化计划,每一万平方米的建筑垃圾不宜超过200吨,并分类收集、集中堆放、定期处理、合理利用,回收利用率须达到30%以上;钢材、板材等下脚料和撒落混凝土及砂浆回收利用率达到70%以上。

⑦ 施工使用的乙炔、氧气、油漆、防腐剂等危险品、化学品的运输、贮存、使用及污物排放应采取隔离措施。

⑧ 夜间焊接作业和大型照明灯具工作时,应采取挡光措施,防止强光线外泄。

⑨ 基础与主体结构施工阶段,作业区目测扬尘高度小于0.5m。对易产生扬尘的堆放材料应采取覆盖措施。

(2)混凝土结构工程

① 钢筋宜采用专用软件优化配料,根据优化配料结果合理确定进场钢筋的定尺长度;在满足相关规范要求的前提下,合理利用短筋。

② 积极推广钢筋加工工厂化与配送方式、应用钢筋网片或成型钢筋骨架；现场加工时，宜采取集中加工方式。

③ 钢筋连接优先采用直螺纹套筒、电渣压力焊等接头方式。

④ 进场钢筋原材料和加工半成品应存放有序、标识清晰、储存环境适宜，采取防潮、防污染等措施，保管制度健全。

⑤ 钢筋除锈时应采取可靠措施，避免扬尘和土壤污染。

⑥ 钢筋加工中使用的冷却水，应过滤后循环使用。排放时，应按照方案要求处理后排放。

⑦ 钢筋加工产生的粉末状废料，应按建筑垃圾进行处理，不得随地掩埋或丢弃。

⑧ 钢筋安装时，绑扎丝、焊剂等材料应妥善保管和使用，散落的应及时收集利用，防止浪费。

⑨ 模板及其支架应优先选用周转次数多、能回收再利用的材料，减少木材的使用。

⑩ 积极推广使用大模板、滑动模板、爬升模板和早拆模板等工业化模板体系。

⑪ 采用木或竹制模板时，应采取工厂化定型加工、现场安装方式，不得在工作面上直接加工拼装；在现场加工时，应设封闭场所集中加工，采取有效的隔声和防粉尘污染措施。

⑫ 提高模板加工、安装精度，达到混凝土表面免抹灰或减少抹灰厚度。

⑬ 脚手架和模板支架宜优先选用碗扣式架、门式架等管件合一的脚手架材料搭设。

⑭ 高层建筑结构施工，应采用整体提升、分段悬挑等工具式脚手架。

⑮ 模板及脚手架施工应及时回收散落的铁钉、铁丝、扣件、螺栓等材料。

⑯ 短木方应叉接接长后使用，木、竹胶合板的边角余料应拼接使用。

⑰ 模板脱模剂应专人保管和涂刷，剩余部分应及时回收，防止污染环境。

⑱ 模板拆除，应采取可靠措施，防止损坏，及时检修维护、妥善保管，提高模板周转率。

⑲ 合理确定混凝土配合比，混凝土中宜添加粉煤灰、磨细矿渣粉等工业废料和高效减水剂。

⑳ 现场搅拌混凝土时，应使用散装水泥；搅拌机棚应有封闭降噪和防尘措施；现场存放的砂、石料应采取有效的遮盖或洒水防尘措施。

㉑ 混凝土应优先采用泵送、布料机布料浇筑，地下大体积混凝土可采用溜槽或串筒浇筑。

㉒ 混凝土振捣应采用低噪声振捣设备或围挡降噪措施。

㉓ 混凝土应采用塑料薄膜和塑料薄膜加保温材料覆盖保湿、保温养护；当采用洒水或喷雾养护时，养护用水宜使用回收的基坑降水或雨水。

㉔ 混凝土结构冬季施工优先采用综合蓄热法养护，减少热源消耗。

㉕ 浇筑剩余的少量混凝土，应制成小型预制件，严禁随意倾倒或作为建筑垃圾处理。

㉖ 清洗泵送设备和管道的水应经沉淀后回收利用，浆料分离后可作室外道路、地面、散水等垫层的回填材料。

（3）砌体结构工程

① 砌筑砂浆使用干粉砂浆时，应采取防尘措施。

② 采取现场搅拌砂浆时，应使用散装水泥。

③ 砌块运输应采用托板整体包装，减少破损。

④ 块体湿润和砌体养护宜使用经检验合格的非传统水源。

⑤ 混合砂浆掺合料可使用电石膏、粉煤灰等工业废料。

⑥ 砌筑施工时，落地灰应及时清理收集再利用。

⑦ 砌块砌筑时应按照排块图进行；非标准砌块应在工厂加工按比例进场，现场切割时应集中加工，并采取防尘降噪措施。

⑧ 毛石砌体砌筑时产生的碎石块，应用于填充毛石块间空隙，不得随意丢弃。

（4）钢结构工程

① 钢结构深化设计时，应结合加工、安装方案和焊接工艺要求，合理确定分段、分节数量和位置，优化节点构造，尽量减少钢材用量。

② 合理选择钢结构安装方案，大跨度钢结构优先采用整体提升、顶升和滑移（分段累积滑移）等安装方法。

③ 钢结构加工应制定废料减量化计划，优化下料，综合利用下脚料，废料分类收集、集中堆放、定期回收处理。

④ 钢材、零（部）件、成品件、半成品件和标准件等产品应堆放在平整、干燥场地或仓库内，防止在制作、安装和防锈处理前发生锈蚀及构件变形。

⑤ 大跨度复杂钢结构在制作和安装前，应采用建筑信息三维技术模拟施工过程，以避免或减少错误或误差。

⑥ 钢结构现场涂装应采取适当措施，减少涂料浪费和对环境的污染。

（5）其他

① 装配式构件应按安装顺序进场，存放应支、垫可靠或设置专用支架，防止变形或损伤。

② 装配式混凝土结构安装所需的埋件和连接件、与室内外装饰装修所需的连接件，应在工厂制作时准确预留、预埋。

③ 钢混组合结构中的钢结构件，应结合配筋情况，在深化设计时确定与钢筋的连接方式，钢筋连接套筒焊接及预留孔应在工厂加工时完成，严禁安装时随意割孔或后焊接。

④ 木结构件连接用铆榫、螺栓孔应在工厂加工时完成，不得在现场制榫和钻孔。

⑤ 建筑工程在升级或改造时，可采用碳纤维等新颖结构加固材料进行加固处理。

⑥ 索膜结构施工时，索、膜应工厂化制作和完成裁减，现场安装。

 能力训练

一、单项选择题

1. 建设工程项目环境管理的目的是通过保护生态环境，使（　　）。
   A. 环境能够服务于人类经济社会的发展
   B. 工程项目施工场界内的污染得到有效防治
   C. 环境污染不至于造成人类生存基本条件的破坏
   D. 社会经济的发展与人类的生存环境相协调

2. 职业健康安全管理体系与环境管理体系的管理评审，应由施工企业的（　　）进行。
   A. 最高管理者　　　　　　　　B. 项目经理
   C. 技术负责人　　　　　　　　D. 专职安全员

3. 下列施工现场作业行为中，符合环境保护技术措施的是（　　）。
   A. 将未经处理的泥浆水直接排入城市排水设施
   B. 在大门口铺设一定距离的石子路
   C. 在施工现场露天熔融沥青或者焚烧油毡
   D. 将有害废弃物用作深层土回填

4. 根据《建筑施工场界环境噪声排放标准》（GB 12523—2011），打桩机械在昼间施工噪声排放限值是（　　）dB。
   A. 55　　　　　　B. 60　　　　　　C. 65　　　　　　D. 70

5. 工程建设过程中，对施工场界范围内的污染防治属于（　　）。
   A. 现场文明施工问题　　　　　　B. 环境保护问题
   C. 职业健康安全问题　　　　　　D. 安全生产问题

6. 建设工程施工工地上，对于不适合再利用且不宜直接予以填埋处置的废物，可采取（　　）的处理方法。
   A. 减量化处置　　　　　　　　B. 焚烧
   C. 稳定固化　　　　　　　　　D. 消纳分解

7. 关于建设工程现场宿舍管理的说法，正确的是（　　）。
   A. 每间宿舍居住人员不得超过16人　　B. 室内净高不得小于2.2m
   C. 通道宽度不得小于0.8m　　　　　　D. 不宜使用通铺

二、多项选择题

1. 在建设工程项目决策阶段，建设单位职业健康安全与环境管理的任务包括（　　）。
   A. 提出生产安全事故防范的指导意见
   B. 办理有关安全的各种审批手续
   C. 提出保障施工作业人员安全和预防生产安全事故的措施建议
   D. 办理有关环境保护的各种审批手续
   E. 将保证安全施工的措施报有关管理部门备案

2. 关于施工过程水污染预防措施的说法，正确的有（　　）。
   A. 禁止将有毒有害废弃物作土方回填
   B. 施工现场搅拌站废水经沉淀池沉淀合格后也不能用于工地洒水降尘
   C. 现制水磨石的污水必须经沉淀池沉淀合格后再排放
   D. 现场存放油料，必须对库房地面进行防渗处理
   E. 采用密闭式容器清理施工垃圾

3. 关于建设工程现场职业健康安全卫生措施的说法，正确的有（　　）。
   A. 每间宿舍居住人员不得超过16人

B. 施工现场宿舍必须设置可开启式窗户
C. 现场食堂炊事人员必须持身体健康证上岗
D. 厕所应设专人负责清扫、消毒
E. 施工区必须配备开水炉

三、简答题

1. 什么是绿色施工?
2. 建设工程项目对环境保护的基本要求有哪些?
3. 建设工程环境保护措施有哪些?
4. 施工现场噪声来源有哪些?
5. 施工现场噪声的控制措施有哪些?
6. 固体废物的主要处理方法有哪些?
7. 施工现场职业健康安全卫生的要求有哪些?
8. 绿色施工环境保护技术要点有哪些?
9. 绿色施工节材与材料资源利用技术要点有哪些?
10. 绿色施工节水与水资源利用技术要点有哪些?
11. 绿色施工节能与能源利用技术要点有哪些?
12. 绿色施工节地与施工用地保护技术要点有哪些?
13. 土石方与地基工程绿色施工有何要求?
14. 基础及主体结构工程绿色施工有何要求?
15. 装饰工程绿色施工有何要求?
16. 建筑保温工程绿色施工有何要求?

单元8
建设工程项目合同与合同管理

知识目标

1. 掌握施工招标与投标的内容；
2. 掌握建设工程索赔的内容；
3. 熟悉合同计价的三种方式；
4. 熟悉施工合同变更的管理。

 技能目标

1. 能够熟悉投标的过程；
2. 能够进行合同变更的处理；
3. 能够处理工程索赔。

 素质目标

合同管理是建设工程项目管理的重要内容之一。在建设工程项目的实施过程中，往往会涉及许多合同，比如设计合同、咨询合同、施工承包合同、供货合同、总承包合同、分包合同等等。大型建设项目的合同数量可能会达数百上千，很容易出现合同纠纷。同时当前建筑市场存在建设项目招投标活动中串通招投标、违法发包、转包、出借资质等违法违规行为。各个招标代理机构要严格遵守法律法规，不得与投标人串通，暗箱操作，干扰评标程序正常进行，不得泄露招标投标活动中的相关信息。投标企业要严格按照法律法规和相关规定开展工程招投标活动，树立规则意识、诚信意识和法治意识，规范经营，积极维护建筑市场良好秩序。

8.1　建设工程施工招标与投标

建设工程招标一般是建设单位（或业主）就拟建的工程发布通告，用法定方式吸引建设项目的承包单位参加竞争，进而通过法定程序从中选择条件优越者来完成工程建设任务的法律行为。建设工程投标一般是经过特定审查而获得投标资格的建设项目承包单位，按照招标文件的要求，在规定的时间内向招标单位填报投标书，并争取中标的法律行为。

二维码 12
施工招标

8.1.1 施工招标的内容

8.1.1.1 施工招标的条件

建设工程施工招标应该具备的条件包括以下几项：招标人已经依法成立；初步设计及概算应当履行审批手续的，已经批准；招标范围、招标方式和招标组织形式等应当履行核准手续的，已经核准；有相应资金或资金来源已经落实；有招标所需的设计图纸及技术资料。这些条件和要求，一方面是从法律上保证了项目和项目法人的合法化，另一方面也从技术和经济上为项目的顺利实施提供了支持和保障。

8.1.1.2 施工招标的范围

我国《招标投标法》指出，凡在中华人民共和国境内进行下列工程建设项目，包括项目的勘察、设计、施工、监理以及与工程建设有关的重要设备、材料等的采购，必须进行招标。一般包括：

① 大型基础设施、公用事业等关系社会公共利益、公共安全的项目；
② 全部或者部分使用国有资金投资或国家融资的项目；
③ 使用国际组织或者外国政府贷款、援助资金的项目。

8.1.1.3 施工招标的方式

我国《招标投标法》规定，招标分公开招标和邀请招标两种方式。

（1）公开招标

公开招标亦称无限竞争性招标，是由招标单位通过报刊、广播、电视等方式发布招标广告，有投标意向的承包商均可参加投标资格审查，审查合格的承包商可购买或领取招标文件，参加投标的招标方式。按规定应该招标的建设工程项目，一般应采用公开招标方式。

公开招标方式的优点是：投标的承包商多、竞争范围大，业主有较大的选择余地，有利于降低工程造价，提高工程质量和缩短工期。其缺点是：由于投标的承包商多，招标工作量大，组织工作复杂，需投入较多的人力、物力，招标过程所需时间较长，因而此类招标方式主要适用于投资额度大，工艺、结构复杂的较大型工程建设项目。

如果采用公开招标方式，招标人就不得以不合理的条件限制或排斥潜在的投标人。例如不得限制本地区以外或本系统以外的法人或组织参加投标等。

（2）邀请招标

邀请招标又称为有限竞争性招标。这种方式不发布广告，业主根据自己的经验和所掌握的各种信息资料，向有承担该项工程施工能力的三个以上（含三个）承包商发出投标邀请书，收到邀请书的单位有权利选择是否参加投标。邀请招标与公开招标一样都必须按规定的招标程序进行，要制订统一的招标文件，投标人都必须按招标文件的规定进行投标。

为了保护公共利益，避免邀请招标方式被滥用，各个国家和世界银行等金融组织都有相关规定：按规定应该招标的建设工程项目，一般应采用公开招标，如果要采用邀请招标，需经过批准。

对于有些特殊项目，采用邀请招标方式确实更加有利。根据我国的有关规定，有下列情形之一的，经批准可以进行邀请招标：

① 技术复杂、有特殊要求或者受自然环境限制，只有少量潜在投标人可供选择；

② 采用公开招标方式的费用占项目合同金额的比例过大。

招标人采用邀请招标方式，应当向三个以上具备承担招标项目的能力、资信良好的特定的法人或者其他组织发出投标邀请书。一般情况，被邀请的承包商数目在 3～10 个，不能少于 3 个，也不宜多于 10 个。

8.1.1.4　自行招标与委托招标

招标人可自行办理招标事宜，也可以委托招标代理机构代为办理招标事宜。招标人自行办理招标事宜，应当具有编制招标文件和组织评标的能力。招标人不具备自行招标能力的，必须委托具备相应资质的招标代理机构代为办理招标事宜。

工程招标代理机构资格分为甲、乙两级。其中乙级工程招标代理机构只能承担工程投资额（不含征地费、大市政配套费与拆迁补偿费）1 亿元以下的工程招标代理业务。工程招标代理机构可以跨省、自治区、直辖市承担工程招标代理业务。

8.1.1.5　招标信息的发布

工程招标是一种公开的经济活动，因此要采用公开的方式发布信息。资格预审公告和招标公告应在国务院发展改革部门依法指定的媒介发布。在不同媒介发布的同一招标项目的资格预审公告或者招标公告的内容应当一致。指定媒介发布依法必须进行招标的项目的境内资格预审公告、招标公告，不得收取费用。

招标公告应当载明招标人的名称和地址，招标项目的性质、数量、实施地点和时间，投标截止日期以及获取招标文件的办法等事项。招标人或其委托的招标代理机构应当保证招标公告内容的真实、准确和完整。

招标人应当按招标公告或者投标邀请书规定的时间、地点出售招标文件或资格预审文件。自招标文件或者资格预审文件出售之日起至停止出售之日止，最短不得少于 5 个工作日。

投标人必须自费购买相关招标或资格预审文件。招标人发售资格预审文件、招标文件收取的费用应当限于补偿印刷、邮寄的成本支出，不得以营利为目的。对于所附的设计文件，招标人可以向投标人酌收押金；对于开标后投标人退还设计文件的，招标人应当向投标人退还押金。招标文件或者资格预审文件售出后，不予退还。招标人在发布招标公告、发出投标邀请书后或者售出招标文件或资格预审文件后不得擅自终止招标。

如果招标人在招标文件已经发布之后，发现有问题需要进一步地澄清或修改，必须依据以下原则进行：

① 时限：招标人对已发出的招标文件进行必要的澄清或者修改，应当在招标文件要求提交投标文件截止时间至少 15 日前发出；

② 形式：所有澄清文件必须以书面形式进行；

③ 全面：所有澄清文件必须直接通知所有招标文件收受人。

由于修正与澄清文件是对于原招标文件的进一步的补充或说明，因此该澄清或者修改的内容应为招标文件的有效组成部分。

8.1.1.6 资格预审

在国际上，对公开招标发布招标公告有两种做法：

一是实行资格预审（即在投标前进行资格审查）的，用资格预审通告代替招标公告，即只发布资格预审通告即可。通过发布资格预审通告，招请一切愿意参加工程投标的承包商申请投标资格审查。

二是实行资格后审（即在开标后进行资格审查）的，不发资格审查通告，而只发招标公告。通过发布招标公告，招请一切愿意参加工程投标的承包商申请投标。

我国各地的做法，习惯上都是在投标前对投标人进行资格审查，这应属于资格预审。

公开招标资格预审和资格后审的主要内容是一样的，都是审查投标人的下列情况：

① 投标人组织与机构，资质等级证书，独立订立合同的权利；
② 近三年来的工程的情况；
③ 目前正在履行合同情况；
④ 履行合同的能力，包括专业、技术资格和能力，资金、财务、设备和其他物质状况，管理能力、经验、信誉和相应的工作人员、劳动力等情况；
⑤ 受奖、罚的情况和其他有关资料，没有处于被责令停业及财产被接管或查封、扣押、冻结、破产状态，在近3年没有与骗取合同有关的犯罪或严重违法行为（包括其董事或主要职员）。投标人应向招标人提交能证明上述条件的法定证明文件和相关资料。

8.1.1.7 投标预备会

投标预备会也称答疑会、标前会议，是指招标人为澄清或解答招标文件或现场踏勘中的问题，以便投标人更好地编制投标文件而组织召开的会议。投标预备会一般安排在招标文件发出后的7～28天内举行。参加会议的人员包括招标人、投标人、代理人、招标文件编制单位的人员、招标投标管理机构的人员等。会议由招标人主持。

无论是会议纪要还是对个别投标人问题的解答，都应以书面形式发给每一个获得投标文件的投标人，以保证招标的公平和公正。但对问题的答复不需要说明问题来源。会议纪要和答复函件形成招标文件的补充文件，都是招标文件的有效组成部分，与招标文件具有同等法律效力。当补充文件与招标文件内容不一致时，应以补充文件为准。

为了使投标单位在编写投标文件时有充分的时间考虑招标人对招标文件的补充或修改内容，招标人可以根据实际情况在标前会议上确定延长投标截止时间。

8.1.1.8 评标

评标必须在招标投标管理机构的监督下，由招标人依法组建的评标委员会进行。依法必须进行施工招标的工程，其评标委员会由招标人的代表和有关技术、经济等方面的专家组成，成员人数为5人以上单数，其中招标人、招标代理机构以外的技术、经济等方面专家不得少于成员总数的三分之二。

评标分为评标的准备、初步评审、详细评审、编写评标报告等过程。

初步评审主要是进行符合性审查，即重点审查投标书是否实质上响应了招标文件的要求。审查内容包括：投标资格审查、投标文件完整性审查、投标担保的有效性、与招标文件是否有显著的差异和保留等。如果投标文件实质上不响应招标文件的要求，将作无效标处理，不必进行下一阶段的评审。另外还要对报价计算的正确性进行审查，如果计算有误，通常的处理方法是：大小写不一致的以大写为准；单价与数量的乘积之和与所报的总价不一致的应以单价为准；标书正本和副本不一致的，则以正本为准。这些修改一般应由投标人代表签字确认。

详细评审是评标的核心，它是对标书进行实质性审查，包括技术评审和商务评审。技术评审主要是对投标书的技术方案、技术措施、技术手段、技术装备、人员配备、组织结构、进度计划等的先进性、合理性、可靠性、安全性、经济性等进行分析评价。商务评审主要是对投标书的报价高低、报价构成、计价方式、计算方法、支付条件、取费标准、价格调整、税费、保险及优惠条件等进行评审。

评标结束应该推荐中标候选人。评标委员会推荐的中标候选人应当限定在 1 至 3 人，并标明排列顺序。

8.1.2 施工投标的内容

8.1.2.1 研究招标文件

投标单位取得投标资格，获得招标文件之后的首要工作就是认真仔细地研究招标文件，充分了解其内容和要求，以便有针对性地安排投标工作。重点应放在投标者须知、合同条款、设计图纸、工程范围及工程量表上，还要研究技术规范要求，看是否有特殊的要求。识别和评价投标过程风险，并采取相关措施以确保实现投标目标要求。投标人应该重点注意招标文件中的以下几个方面：

（1）投标人须知

"投标人须知"是招标人向投标人传递基础信息的文件，包括工程概况、招标内容、招标文件的组成、投标文件的组成、报价的原则、招标投标时间安排等关键的信息。

首先，投标人需要注意招标工程的详细内容和范围，避免遗漏或多报。

其次，还要特别注意投标文件的组成，避免因提供的资料不全而被作为废标处理。例如，曾经有一资信良好的著名企业在投标时因为遗漏资产负债表而失去了本来非常有希望的中标机会。在工程实践中，这方面的例子不在少数。

还要注意招标答疑时间、投标截止时间等重要时间安排，避免因遗忘或迟到等原因而失去竞争机会。

（2）投标书附录与合同条件

这是招标文件的重要组成部分，其中可能标明了招标人的特殊要求，即投标人在中标后应享受的权利、所要承担的义务和责任等，投标人在报价时需要考虑这些因素。

（3）技术说明

要研究招标文件中的施工技术说明，熟悉所采用的技术规范，了解技术说明中有无特殊施工技术要求和有无特殊材料设备要求，以及有关选择代用材料、设备的规定，以便根据相应的定额和市场确定价格，计算有特殊要求项目的报价。

（4）永久性工程之外的报价补充文件

永久性工程是指合同的标的物——建设工程项目及其附属设施，但是为了保证工程建设的顺利进行，不同的业主还会对承包商提出额外的要求。这些可能包括：对旧有建筑物和设施的拆除，工程师的现场办公室及其各项开支、模型、广告、工程照片和会议费用等。如果有的话，则需要将其列入工程总价中去，弄清一切费用纳入工程总报价的方式，以免产生遗漏从而导致损失。

8.1.2.2 进行各项调查研究

在研究招标文件的同时，投标人需要开展详细的调查研究，即对招标工程的自然、经济和社会条件进行调查，这些都是工程施工的制约因素，必然会影响到工程成本，是投标报价所必须考虑的，所以在报价前必须了解清楚。

（1）市场宏观经济环境调查

应调查工程所在地的经济形势和经济状况，包括与投标工程实施有关的法律法规、劳动力与材料的供应状况、设备市场的租赁状况、专业施工公司的经营状况与价格水平等。

（2）工程现场考察和工程所在地区的环境考察

要认真地考察施工现场，认真调查具体工程所在地区的环境，包括一般自然条件、施工条件及环境，如地质地貌、气候、交通、水电等的供应和其他资源情况等。

（3）工程业主方和竞争对手公司的调查

包括业主、咨询工程师的情况，尤其是业主的项目资金落实情况、参加竞争的其他公司与工程所在地的工程公司的情况，与其他承包商或分包商的关系。参加现场踏勘与标前会议，可以获得更充分的信息。

8.1.2.3 复核工程量

有的招标文件中提供了工程量清单，尽管如此，投标者还是需要进行复核，因为这直接影响到投标报价以及中标的机会。例如，当投标人大体上确定了工程总报价以后，可适当采用报价技巧如不平衡报价法，对某些工程量可能增加的项目提高报价，而对某些可能减少的工程量可以降低报价。

对于单价合同，尽管是以实测工程量结算工程款，但投标人仍应根据图纸仔细核算工程量，当发现相差较大时，投标人应向招标人要求澄清。

对于总价固定合同，更要特别引起重视，工程量估算的错误可能会带来无法弥补的经济损失，因为总价合同是以总报价为基础进行结算的，如果工程量出现差异，可能对施工方极为不利。对于总价合同，如果业主在投标前对争议工程量不予更正，而且是对投标者不利的情况，投标者在投标时要附上声明：工程量表中某项工程量有错误，施工结算应按实际完成量计算。

承包商在核算工程量时，还要结合招标文件中的技术规范弄清工程量中每一细目的具体内容，避免出现在计算单位、工程量或价格方面的错误与遗漏。

8.1.2.4 选择施工方案

施工方案是报价的基础和前提,也是招标人评标时要考虑的重要因素之一。有什么样的方案,就有什么样的人工、机械与材料消耗,就会有相应的报价。因此,必须弄清分项工程的内容、工程量、所包含的相关工作、工程进度计划的各项要求、机械设备状态、劳动与组织状况等关键环节,据此制定施工方案。

施工方案应由投标单位的技术负责人主持制定,主要应考虑施工方法、主要施工机具的配置、各工种劳动力的安排及现场施工人员的平衡、施工进度及分批竣工的安排、安全措施等。施工方案的制定应在技术、工期和质量保证等方面对招标人有吸引力,同时又有利于降低施工成本。

① 要根据分类汇总的工程数量和工程进度计划中该类工程的施工周期、合同技术规范要求以及施工条件和其他情况选择和确定每项工程的施工方法,应根据实际情况和自身的施工能力来确定各类工程的施工方法。对各种不同施工方法应当从保证完成计划目标、保证工程质量、节约设备费用、降低劳务成本等多方面综合比较,选定最适用的、经济的施工方案。

② 要根据上述各类工程的施工方法选择相应的机具设备并计算所需数量和使用周期,研究确定采购新设备、租赁当地设备或调动企业现有设备。

③ 要研究确定工程分包计划。根据概略指标估算劳务数量,考虑其来源及进场时间安排。注意当地是否有限制外籍劳务的规定。另外,从所需劳务的数量,估算所需管理人员和生活性临时设施的数量及标准等。

④ 要用概略指标估算主要的和大宗的建筑材料的需用量,考虑其来源和分批进场的时间安排,从而可以估算现场用于存储、加工的临时设施,例如仓库、露天堆放场、加工场地或工棚等。

⑤ 根据现场设备、高峰人数和一切生产及生活方面的需要,估算现场用水、用电量,确定临时供电和排水设施;考虑外部和内部材料供应的运输方式,估计运输和交通车辆的需要和来源;考虑其他临时工程的需要和建设方案;提出某些特殊条件下保证正常施工的措施,例如排除或降低地下水以保证地面以下工程施工的措施;冬期、雨期施工措施以及其他必需的临时设施安排,例如现场安全保卫设施,包括临时围墙、警卫设施、夜间照明等。

8.1.2.5 投标计算

投标计算是投标人对招标工程施工所要发生的各种费用的计算。在进行投标计算时,必须首先根据招标文件复核或计算工程量。作为投标计算的必要条件,应预先确定施工方案和施工进度。此外,投标计算还必须与采用的合同计价形式相协调。

8.1.2.6 确定投标策略

正确的投标策略对提高中标率并获得较高的利润有重要作用。常用的投标策略又以信誉取胜、以低价取胜、以缩短工期取胜、以改进设计取胜或者以现金或特殊的施工方案取胜等。不同的投标策略要在不同投标阶段的工作(如制定施工方案、投标计算等)

体现和贯彻。

8.1.2.7 正式投标

投标人按照招标人的要求完成标书的准备与填报之后，就可以向招标人正式提交投标文件。

投标人应根据招标和竞争需求编制响应招标要求的各项商务规定、有竞争力的技术措施及管理方案和有竞争力报价的投标文件，应保证投标文件符合发包方及相关要求，经过评审后投标，并保存投标文件评审的相关记录。评审应包括下列内容：

① 商务标满足招标要求的程度；
② 技术标和实施方案的竞争力；
③ 投标报价的经济合理性；
④ 投标风险的分析与应对。

在投标时需要注意以下几方面：

(1) 注意投标的截止日期

招标人所规定的投标截止日就是提交标书最后的期限。投标人在投标截止日之前所提交的投标是有效的，超过该日期之后就会被视为无效投标。在招标文件要求提交投标文件的截止时间后送达的投标文件，招标人可以拒收。

(2) 投标文件的完备性

投标人应当按照招标文件的要求编制投标文件。投标文件应当对招标文件提出的实质性要求和条件作出响应。投标文件不完备或投标没有达到招标人的要求、在招标范围以外提出新的要求，均被视为对于招标文件的否定，不会被招标人所接受。投标人必须为自己所投出的标书负责，如果中标，必须按照投标文件中所阐述的方案来完成工程，其中包括质量标准、工期与进度计划、报价限额等基本指标以及招标人所提出的其他要求。

(3) 注意标书的标准

标书的提交要有固定标准的要求，基本内容是：签章、密封。如果不密封或密封不满足要求，投标是无效的。投标书还需要按照要求签章，投标书需要盖有投标企业公章以及企业法定代表人的名章（或签字）。如果项目所在地与企业距离较远，由当地项目经理部组织投标，需要提交企业法人对于投标项目经理的授权委托书。

(4) 注意投标的担保

投标担保是指投标人向招标人提供的担保，保证投标人一旦中标即按中标通知书、投标文件和招标文件等有关规定与业主签订承包合同。投标担保可以采用银行投标保函、担保公司担保书、同业担保书和投标保证金担保方式，多数采用银行投标保函和投标保证金担保方式，具体方式由招标人在招标文件中规定。未能按照招标文件要求提供投标担保的投标，可被视为不响应招标而被拒绝。

根据《工程建设项目施工招标投标办法》规定，施工投标保证金的数额一般不得超过投标总价的 2%，但最高不得超过 80 万元人民币。投标保证金有效期应当超出投标有效期三十天。投标保证金有效期应当与投标有效期一致。

8.1.3 合同谈判与签约

8.1.3.1 合同订立的程序

与其他合同的订立程序相同，建设工程合同的订立也要采取要约和承诺方式。根据《招标投标法》对招标、投标的规定，招标、投标、中标的过程实质就是要约、承诺的一种具体方式。招标人通过媒体发布招标公告，或向符合条件的投标人发出招标邀请，为要约邀请；投标人根据招标文件内容在约定的期限内向招标人提交投标文件，为要约；招标人通过评标确定中标人，发出中标通知书，为承诺；招标人和中标人按照中标通知书、招标文件和中标人的投标文件等订立书面合同时，合同成立并生效。

建设工程施工合同的订立往往要经历一个较长的过程。在明确中标人并发出中标通知书后，双方即可就建设工程施工合同的具体内容和有关条款展开谈判，直到最终签订合同。

8.1.3.2 建设工程施工承包合同谈判的主要内容

① 关于工程内容和范围的确认：招标人和中标人可就招标文件中的某些具体工作内容进行讨论、修改、明确或细化，从而确定工程承包的具体内容和范围。在谈判中双方达成一致的内容，包括在谈判讨论中经双方确认的工程内容和范围方面的修改或调整，应以文字方式确定下来，并以"合同补遗"或"会议纪要"方式作为合同附件，并明确它是构成合同的一部分。

对于为监理工程师提供的建筑物、家具、车辆以及各项服务，也应逐项详细地予以明确。

② 关于技术要求、技术规范和施工技术方案，双方尚可对技术要求、技术规范和施工技术方案等进行进一步讨论和确认，必要的情况下甚至可以变更技术要求和施工方案。

③ 关于合同价格条款：依据计价方式的不同，建设工程施工合同可以分为总价合同、单价合同和成本加酬金合同。一般在招标文件中就会明确规定合同将采用什么计价方式，在合同谈判阶段往往没有讨论的余地。但在可能的情况下，中标人在谈判过程中仍然可以提出降低风险的改进方案。

④ 关于价格调整条款：对于工期较长的建设工程，容易遭受货币贬值或通货膨胀等因素的影响，可能给承包人造成较大损失。价格调整条款可以比较公正地解决这一承包人无法控制的风险损失。

无论是单价合同还是总价合同，都可以确定价格调整条款，即是否调整以及如何调整等。可以说，合同计价方式以及价格调整方式共同确定了工程承包合同的实际价格，直接影响着承包人的经济利益。在建设工程实践中，由于各种原因导致费用增加的概率远远大于费用减少的概率，有时最终的合同价格调整金额会很大，远远超过原定的合同总价，因此承包人在投标过程中，尤其是在合同谈判阶段务必对合同的价格调整条款予以充分的重视。

⑤ 关于合同款支付方式的条款：建设工程施工合同的付款分四个阶段进行，即预付款、工程进度款、最终付款和退还保留金。关于支付时间、支付方式、支付条件和支付审批程序

等有很多种可能的选择，并且可能对承包人的成本、进度等产生比较大的影响，因此，合同支付方式的有关条款是谈判的重要方面。

⑥ 关于工期和维修期：中标人与招标人可根据招标文件中要求的工期，或者根据投标人在投标文件中承诺的工期，并考虑工程范围和工程量的变动而产生的影响来商定一个确定的工期。同时，还要明确开工日期、竣工日期等。双方可根据各自的项目准备情况、季节和施工环境因素等条件洽商适当的开工时间。

对于具有较多的单项工程的建设工程项目，可在合同中明确允许分部位或分批提交业主验收（例如成批的房屋建筑工程应允许分栋验收，分多段的公路维修工程应允许分段验收，分多片的大型灌溉工程应允许分片验收等），并从该批验收时起开始计算该部分的维修期，以缩短承包人的责任期限，最大限度保障自己的利益。

双方应通过谈判明确，由于工程变更（业主在工程实施中增减工程或改变设计等）、恶劣的气候影响，以及种种"作为一个有经验的承包人无法预料的工程施工条件的变化"等原因对工期产生不利影响时的解决办法，通常在上述情况下应该给予承包人要求合理延长工期的权利。

合同文本中应当对维修工程的范围、维修责任及维修期的开始和结束时间有明确的规定，承包人应该只承担由于材料和施工方法及操作工艺等不符合合同规定而产生的缺陷。

承包人应力争以维修保函来代替业主扣留的保留金。与保留金相比，维修保函对承包人有利，主要是因为可提前取回被扣留的现金，而且保函是有时效的，期满将自动作废。同时，它对业主并无风险，真正产生维修费用时，业主可凭保函向银行索回款项。因此，这一做法是比较公平的。维修期满后，承包人应及时从业主处撤回保函。

⑦ 合同条件中其他特殊条款的完善。主要包括：关于合同、图纸；关于违约罚金和工期提前奖金；工程量验收以及衔接工序和隐蔽工程施工的验收程序；关于施工占地；关于向承包人移交施工现场和基础资料；关于工程交付；预付款保函的自动减额条款等。

8.1.3.3 建设工程施工承包合同最后文本的确定和合同签订

① 合同风险评估。在签订合同之前，承包人应对合同的合法性、完备性、合同双方的责任、权益以及合同风险进行评审、认定和评价。

② 合同文件内容。建设工程施工承包合同文件包括：合同协议书；工程量及价格；合同条件，包括合同一般条件和合同特殊条件；投标文件；合同技术条件（含图纸）；中标通知书；双方代表共同签署的合同补遗（有时也以合同谈判会议纪要形式）；招标文件；其他双方认为应该作为合同组成部分的文件，如投标阶段业主要求投标人澄清问题的函件和承包人所做的文字答复、双方往来函件等。

对所有在招标投标及谈判前后各方发出的文件、文字说明、解释性资料进行清理。对凡是与上述合同构成内容有矛盾的文件，应宣布作废。可以在双方签署的"合同补遗"中，对此作出排除性质的声明。

③ 关于合同协议的补遗。在合同谈判阶段双方谈判的结果一般以"合同补遗"的形式，有时也可以以"合同谈判纪要"形式，形成书面文件。同时应该注意的是，建设工程施工承包合同必须遵守法律。对于违反法律的条款，即使由合同双方达成协议并签了字，也不受法律保障。

④ 签订合同。双方在合同谈判结束后，应按上述内容和形式形成一个完整的合同文本草案，经双方代表认可后形成正式文件。双方核对无误后，由双方代表草签，至此合同谈判阶段即告结束。此时，承包人应及时准备和递交履约保函，准备正式签署施工承包合同。

8.2 合同计价方式

建设工程施工承包合同的计价方式主要有三种，即单价合同、总价合同和成本加酬金合同。

8.2.1 单价合同

当施工发包的工程内容和工程量一时尚不能十分明确、具体地予以规定时，则可以采用单价合同形式，即根据计划工程内容和估算工程量，在合同中明确每项工程内容的单位价格（如每米、每平方米或者每立方米的价格），实际支付时则根据每一个子项的实际完成工程量乘以该子项的合同单价计算该项工作的应付工程款。

单价合同的特点是单价优先，例如 FIDIC 土木工程施工合同中，业主给出的工程量清单表中的数字是参考数字，而实际工程款则按实际完成的工程量和合同中确定的单价计算。虽然在投标报价、评标以及签订合同中，人们常常注重总价格，但在工程款结算中单价优先，对于投标书中明显的数字计算错误，业主有权力先作修改再评标，当总价和单价的计算结果不一致时，以单价为准调整总价。例如，某单价合同的投标报价单中，投标人报价如表 8-1 所示。

表 8-1 投标人报价表

序号	工程分项	数量	单价/元	合价/元
1				
2				
...				
x	钢筋混凝土	1000 m^3	500	50000
...				
总报价				5100000

根据投标人的投标单价，钢筋混凝土的合价应该是 500000 元，而实际只写了 50000 元，在评标时应根据单价优先原则对总报价进行修正，所以正确的报价应该是 5100000+（500000−50000）=5550000 元。

在实际施工时，如果实际工程量是 1200m^3，则钢筋混凝土工程的价款金额应该是 500×1200=600000 元。

由于单价合同允许随工程量变化而调整工程总价，业主和承包商都不存在工程量方面的风险，因此对合同双方都比较公平。另外，在招标前，发包单位无需对工程范围作出完整的、详尽的规定，从而可以缩短招标准备时间，投标人也只需对所列工程内容报出自己的单价，从而缩短投标时间。

对业主而言，采用单价合同的不足之处是，业主需要安排专门力量来核实已经完成的工程量，需要在施工过程中花费不少精力，协调工作量大。另外，用于计算应付工程款的实际工程量可能超过预测的工程量，即实际投资容易超过计划投资，对投资控制不利。

单价合同又分为固定单价合同和变动单价合同。

固定单价合同适用于工期较短、工程量变化幅度不会太大的项目。固定单价合同条件下，无论发生哪些影响价格的因素都不对单价进行调整，因而对承包商而言就存在一定的风险。当采用变动单价合同时，合同双方可以约定一个估计的工程量，当实际工程量发生较大变化时可以对单价进行调整，同时还应该约定如何对单价进行调整；当然也可以约定，当通货膨胀达到一定水平或者国家政策发生变化时，可以对哪些工程内容的单价进行调整以及如何调整等。因此，承包商的风险就相对较小。

在工程实践中，采用单价合同有时也会根据估算的工程量计算一个初步的合同总价，作为投标报价和签订合同之用。但是，当上述初步的合同总价与各项单价乘以实际完成的工程量之和发生矛盾时，则以后者为准，即单价优先。实际工程款的支付也将以实际完成工程量乘以合同单价进行计算。

8.2.2 总价合同

总价合同是指根据合同规定的工程施工内容和有关条件，业主应付给承包商的款额是一个规定的金额，即明确的总价。总价合同也称作总价包干合同，即根据施工招标时的要求和条件，当施工内容和有关条件不发生变化时，业主付给承包商的价款总额就不发生变化。

总价合同又分固定总价合同和变动总价合同两种。

8.2.2.1 固定总价合同

固定总价合同的价格计算是以图纸、规定、规范为基础，工程任务和内容明确，业主的要求和条件清楚，合同总价一次包死、固定不变，即不再因为环境的变化和工程量的增减而变化。在这类合同中，承包商承担了全部的工作量和价格的风险。因此，承包商在报价时应对一切费用的价格变动因素以及不可预见因素都做充分的估计，并将其包含在合同价格之中。

在国际上，这种合同被广泛接受和采用，因为已有比较成熟的法规和先例的经验；对业主而言，在合同签订时就可以基本确定项目的总投资额，对投资控制有利；在双方都无法预测的风险条件下和可能有工程变更的情况下，承包商承担了较大的风险，业主的风险较小。但是，工程变更和不可预见的困难也常常引起合同双方的纠纷或者诉讼，最终导致其他费用的增加。

当然，在固定总价合同中还可以约定，在发生重大工程变更、累计工程变更超过一定幅度或者其他特殊条件下可以对合同价格进行调整。因此，需要定义重大工程变更的含义、累计工程变更的幅度以及什么样的特殊条件才能调整合同价格，以及如何调整合同价格等。

采用固定总价合同，双方结算比较简单，但是由于承包商承担了较大的风险，因此报价中不可避免地要增加一笔较高的不可预见风险费。承包商的风险主要有两个方面：一是价格风险，二是工作量风险。价格风险有报价计算错误、漏报项目、物价和人工费上涨等；工作量风险有工程量计算错误、工程范围不确定、工程变更或者由于设计深度不够所造成的误差等。

固定总价合同适用于以下情况：

① 工程量小、工期短，估计在施工过程中环境因素变化小，工程条件稳定并合理；
② 工程设计详细，图纸完整、清楚，工程任务和范围明确；
③ 工程结构和技术简单，风险小；
④ 投标期相对宽裕，承包商可以有充足的时间详细考察现场、复核工程量，分析招标文件，拟订施工计划。

8.2.2.2 变动总价合同

变动总价合同又称为可调总价合同，合同价格是以图纸、规定、规范为基础，按照时价进行计算，得到包括全部工程任务和内容的暂定合同价格。它是一种相对固定的价格，在合同执行过程中，由于通货膨胀等原因而使所使用的工、料成本增加时，可以按照合同约定对合同总价进行相应的调整。当然，一般由于设计变更、工程量变化和其他工程条件变化所引起的费用变化也可以进行调整。因此，通货膨胀等不可预见因素的风险由业主承担，对承包商而言，其风险相对较小；但对业主而言，不利于其进行投资控制，突破投资的风险就增大了。

根据《建设工程施工合同（示范文本）》（GF-2017-0201），合同双方可约定，在以下条件下可对合同价款进行调整：

① 法律、行政法规和国家有关政策变化影响合同价款；
② 工程造价管理部门公布的价格调整；
③ 一周内非承包人原因停水、停电、停气造成的停工累计超过8小时；
④ 双方约定的其他因素。

在工程施工承包招标时，施工期限一年左右的项目一般实行固定总价合同，通常不考虑价格调整问题，以签订合同时的单价和总价为准，物价上涨的风险全部由承包商承担。但是对建设周期一年半以上的工程项目，则应考虑下列因素引起的价格变化问题：

① 劳务工资以及材料费用的上涨；
② 其他影响工程造价的因素，如运输费、燃料费、电力等价格的变化；
③ 外汇汇率的不稳定；
④ 国家或者省、市立法的改变引起的工程费用的上涨。

8.2.2.3 总价合同的特点和应用

显然，采用总价合同时，对发承包工程的内容及其各种条件都应基本清楚、明确，否则，发承包双方都有蒙受损失的风险。因此，一般是在施工图设计完成，施工任务和范围比较明确，业主的目标、要求和条件都清楚的情况下才采用总价合同。对业主来说，由于设计花费时间长，因而开工时间较晚，开工后的变更容易带来索赔，而且在设计过程中也难以吸收承包商的建议。

总价合同的特点是：
① 发包单位可以在报价竞争状态下确定项目的总造价，可以较早确定或者预测工程成本；
② 业主的风险较小，承包人将承担较多的风险；
③ 评标时易于迅速确定最低报价的投标人；
④ 在施工进度上能极大地调动承包人的积极性；
⑤ 发包单位能更容易、更有把握地对项目进行控制；
⑥ 必须完整而明确地规定承包人的工作；
⑦ 必须将设计和施工方面的变化控制在最小限度内。

总价合同和单价合同有时在形式上很相似。例如，在有的总价合同的招标文件中也有工程量表，也要求承包商提出各分项工程的报价，与单价合同在形式上很相似，但两者在性质上是完全不同的。总价合同是总价优先，承包商报总价，双方商讨并确定合同总价，最终也按总价结算。

8.2.3 成本加酬金合同

成本加酬金合同也称为成本补偿合同，这是与固定总价合同正好相反的合同，工程施工的最终合同价格将按照工程的实际成本再加上一定的酬金进行计算。在合同签订时，工程实际成本往往不能确定，只能确定酬金的取值比例或者计算原则。

二维码 13
成本加酬金合同

采用这种合同，承包商不承担任何价格变化或工程量变化的风险，这些风险主要由业主承担，对业主的投资控制很不利。而承包商则往往缺乏控制成本的积极性，常常不仅不愿意控制成本，甚至还会期望提高成本以提高自己的经济效益，因此这种合同容易被那些不道德或不称职的承包商滥用，从而损害工程的整体效益。所以，应该尽量避免采用这种合同。

成本补偿合同通常用于如下情况：
① 工程特别复杂，工程技术、结构方案不能预先确定，或者尽管可以确定工程技术和结构方案，但是不可能进行竞争性的招标活动并以总价合同或单价合同的形式确定承包商，如研究开发性质的工程项目。
② 时间特别紧迫，如抢险、救灾工程，来不及进行详细的计划和商谈。

对承包商来说，这种合同比固定总价的风险低，利润比较有保证，因而比较有积极性。其缺点是合同的不确定性，由于设计未完成，无法准确确定合同的工程内容、工程量以及合同的终止时间，有时难以对工程计划进行合理安排。

成本补偿合同的形式包括成本加固定费用合同、成本加固定比例费用合同、成本加奖金合同和最大成本加费用合同。

① 成本加固定费用合同。根据双方讨论同意的工程规模、估计工期、技术要求、工作性质及复杂性、所涉及的风险等来考虑确定一笔固定数目的报酬金额作为管理费及利润，对人工、

材料、机械台班等直接成本则实报实销。如果设计变更或增加新项目，当直接费超过原估算成本的一定比例（如 10%）时，固定的报酬也要增加。在工程总成本一开始估计不准、可能变化不大的情况下，可采用此合同形式，有时可分几个阶段谈判付给固定报酬。这种方式虽然不能鼓励承包商降低成本，但为了尽快得到酬金，承包商会尽力缩短工期。有时也可在固定费用之外根据工程质量、工期和节约成本等因素，给承包商另加奖金，以鼓励承包商积极工作。

② 成本加固定比例费用合同。工程成本中直接费加一定比例的报酬费，报酬部分的比例在签订合同时由双方确定。这种方式的报酬费用总额随成本加大而增加，不利于缩短工期和降低成本。一般在工程初期很难描述工作范围和性质，或工期紧迫，无法按常规编制招标文件招标时采用。

③ 成本加奖金合同。奖金是根据报价书中的成本估算指标制定的，在合同中对这个估算指标规定一个底点和顶点，分别为工程成本估算的 60%～75% 和 110%～135%。承包商在估算指标的顶点以下完成工程则可得到奖金，超过顶点则要对超出部分支付罚款。如果成本在低点之下，则可加大酬金值或酬金百分比。采用这种方式通常规定，当实际成本超过顶点对承包商罚款时，最大罚款限额不超过原先商定的最高酬金值。

在招标时，当图纸、规范等准备不充分，不能据以确定合同价格，而仅能制定一个估算指标时可采用这种形式。

④ 最大成本加费用合同。在工程成本总价合同基础上加固定酬金费用的方式，即当设计深度达到可以报总价的深度，投标人报一个工程成本总价和一个固定的酬金（包括各项管理费、风险费和利润）。如果实际成本超过合同中规定的工程成本总价，由承包商承担所有的额外费用；若实施过程中节约了成本，节约的部分归业主，或者由业主与承包商分享，在合同中要确定节约分成比例。在非代理型（风险型）CM 模式的合同中就采用这种方式。

当实行施工总承包管理模式或 CM 模式时，业主与施工总承包管理单位或 CM 单位的合同一般采用成本补偿合同。在国际上，许多项目管理合同、咨询服务合同等也多采用成本补偿合同方式。在施工承包合同中采用成本加酬金计价方式时，业主与承包商应该注意以下问题：

① 必须有一个明确的如何向承包商支付酬金的条款，包括支付时间和金额百分比。例如如果发生变更和其他变化，酬金支付如何调整。

② 应该列出工程费用清单，要规定一套详细的工程现场有关的数据记录、信息存储甚至记账的格式和方法，以便对工地实际发生的人工、机械和材料消耗等数据认真而及时地记录。应该保留有关工程实际成本的发票或付款的账单、表明款额已经支付的记录或证明等，以便业主进行审核和结算。

不同的合同计价方式具有不同的特点、应用范围，对设计深度的要求也是不同的。三种不同的合同计价方式比较如表 8-2 所示。

表8-2 合同计价方式比较表

项目	总价合同	单价合同	成本补偿合同
应用范围	广泛	工程量暂不确定的工程	紧急工程、保密工程
业主的投资控制工作	容易	工作量较大	难度大
业主的风险	较小	较大	很大
承包商的风险	大	较小	无
设计深度要求	施工图设计	初步设计或施工图设计	各设计阶段

8.3 建设工程施工合同实施

在工程实施的过程中要对合同的履行情况进行跟踪与控制，并加强工程变更管理，保证合同的顺利履行。

8.3.1 施工合同分析

合同分析是从合同执行的角度去分析、补充和解释合同的具体内容和要求，将合同目标和合同规定落实到合同实施的具体问题和具体时间上，用以指导具体工作，使合同能符合日常工程管理的需要，使工程按合同要求实施，为合同执行和控制确定依据。合同分析不同于招标投标过程中对招标文件的分析，其目的和侧重点都不同。合同分析往往由企业的合同管理部门或项目中的合同管理人员负责。

由于以下诸多因素的存在，承包人在签订合同后、履行和实施合同前有必要进行合同分析：

① 许多合同条文采用法律用语，往往不够直观明了，不容易理解，通过补充和解释，可以使之简单、明确、清晰；

② 同一个工程中的不同合同形成一个复杂的体系，十几份、几十份甚至上百份合同之间有十分复杂的关系；

③ 合同事件和工程活动的具体要求（如工期、质量、费用等），合同各方的责任关系，事件和活动之间的逻辑关系等极为复杂；

④ 许多工程小组，项目管理职能人员所涉及的活动和问题不是合同文件的全部，而仅为合同的部分内容，全面理解合同对合同的实施将会产生重大影响；

⑤ 在合同中依然存在问题和风险，包括合同审查时已经发现的风险和还可能隐藏着的尚未发现的风险；

⑥ 合同中的任务需要分解和落实；

⑦ 在合同实施过程中，合同双方会有许多争执，在分析时就可以预测预防。

合同分析的目的和作用体现在以下几个方面：

① 分析合同中的漏洞，解释有争议的内容。在合同起草和谈判过程中，双方都会力争完善，但仍然难免会有所疏漏；通过合同分析，找出漏洞，可以作为履行合同的依据。在合同执行过程中，合同双方有时也会发生争议，往往是由于对合同条款的理解不一致所造成的，通过分析，就合同条文达成一致理解，从而解决争议。在遇到索赔事件后，合同分析也可以为索赔提供理由和根据。

② 分析合同风险，制定风险对策。不同的工程合同，其风险的来源和风险量的大小都不同，要根据合同进行分析，并采取相应的对策。

③ 合同任务分解、落实。在实际工程中，合同任务需要分解落实到具体的工程小组或

部门、人员，要将合同中的任务进行分解，将合同中与各部分任务相对应的具体要求明确，然后落实到具体的工程小组或部门、人员身上，以便于实施与检查。

在不同的时期，为了不同的目的，合同分析有不同的内容，通常有以下几个方面。

（1）合同的法律基础

即合同签订和实施的法律背景。通过分析，承包人了解适用于合同的法律的基本情况（范围、特点等），用以指导整个合同实施和索赔工作。对合同中明示的法律应重点分析。

（2）承包人的主要任务

① 承包人的总任务，即合同标的。包括：承包人在设计、采购、制作、试验、运输、土建施工、安装、验收、试生产、缺陷责任期维修等方面的主要责任，施工现场的管理，给业主的管理人员提供生活和工作条件等责任。

② 工作范围。它通常由合同中的工程量清单、图纸、工程说明、技术规范所定义。工程范围的界限应很清楚，否则会影响工程变更和索赔，特别对固定总价合同。在合同实施中，如果工程师指令的工程变更属于合同规定的工程范围，则承包人必须无条件执行；如果工程变更超过承包人应承担的风险范围，则可向业主提出工程变更的补偿要求。

③ 关于工程变更的规定。在合同实施过程中，变更程序非常重要，通常要做工程变更工作流程图，并交付相关的职能人员。工程变更的补偿范围，通常以合同金额一定的百分比表示。通常这个百分比越大，承包人的风险越大。工程变更的索赔有效期，由合同具体规定，一般为28天，也有14天的。一般这个时间越短，对承包人管理水平的要求越高，对承包人越不利。

（3）发包人的责任

这里主要分析发包人（业主）的合作责任。其责任通常有如下几方面：

① 业主雇用工程师并委托其在授权范围内履行业主的部分合同责任；

② 业主和工程师有责任对平行的各承包人和供应商之间的责任界限作出划分，对这方面的争执作出裁决，对他们的工作进行协调，并承担管理和协调失误造成的损失；

③ 及时作出承包人履行合同所必需的决策，如下达指令、履行各种批准手续、作出认可、答复请示、完成各种检查和验收手续等；

④ 提供施工条件，如及时提供设计资料、图纸、施工场地、道路等；

⑤ 按合同规定及时支付工程款，及时接收已完工程等。

（4）合同价格

对合同的价格，应重点分析以下几个方面：

① 合同所采用的计价方法及合同价格所包括的范围；

② 工程量计量程序，工程款结算（包括进度付款、竣工结算、最终结算）方法和程序；

③ 合同价格的调整，即费用索赔的条件、价格调整方法、计价依据、索赔有效期规定；

④ 拖欠工程款的合同责任。

（5）施工工期

在实际工程中，工期拖延极为常见和频繁，而且对合同实施和索赔的影响很大，所以要特别重视。

（6）违约责任

如果合同一方未遵守合同规定，造成对方损失，应受到相应的合同处罚。通常包括：

① 承包人不能按合同规定工期完成工程的违约金或承担业主损失的条款；

② 由于管理上的疏忽造成对方人员和财产损失的赔偿条款；

③ 由于预谋或故意行为造成对方损失的处罚和赔偿条款等；

④ 由于承包人不履行或不能正确地履行合同责任，或出现严重违约时的处理规定；

⑤ 由于业主不履行或不能正确地履行合同责任，或出现严重违约时的处理规定，特别是对业主不及时支付工程款的处理规定。

（7）验收、移交和保修

验收包括许多内容，如材料和机械设备的现场验收、隐蔽工程验收、单项工程验收、全部工程竣工验收等。在合同分析中，应对重要的验收要求、时间、程序以及验收所带来的法律后果作说明。

竣工验收合格即办理移交。移交作为一个重要的合同事件，同时又是一个重要的法律概念。它表示：

① 业主认可并接收工程，承包人工程施工任务的完结；

② 工程所有权的转让；

③ 承包人工程照管责任的结束和业主工程照管责任的开始；

④ 保修责任的开始；

⑤ 合同规定的工程款支付条款有效。

（8）索赔程序和争执的解决

它决定着索赔的解决方法，包括：

① 索赔的程序；

② 争议的解决方式和程序；

③ 仲裁条款，包括仲裁所依据的法律、仲裁地点、方式和程序、仲裁结果的约束力等。

8.3.2　施工合同交底

合同和合同分析的资料是工程实施管理的依据。合同分析后，应向各层次管理者作"合同交底"，即由合同管理人员在对合同的主要内容进行分析、解释和说明的基础上，通过组织项目管理人员和各个工程小组学习合同条文和合同总体分析结果，使大家熟悉合同中的主要内容、规定、管理程序，了解合同双方的合同责任和工作范围、各种行为的法律后果等，使大家都树立全局观念，使各项工作协调一致，避免执行中的违约行为。

在传统的施工项目管理系统中，人们十分重视图纸交底工作，却不重视合同分析和合同交底工作，导致各个项目组和各个工程小组对项目的合同体系、合同基本内容不甚了解，影响了合同的履行。

项目经理或合同管理人员应将各种任务或事件的责任分解，落实到具体的工作小组、人员或分包单位。合同交底的目的和任务如下：

① 对合同的主要内容达成一致理解；
② 将各种合同事件的责任分解落实到各工程小组或分包人；
③ 将工程项目和任务分解，明确其质量和技术要求以及实施的注意要点等；
④ 明确各项工作或各个工程的工期要求；
⑤ 明确成本目标和消耗标准；
⑥ 明确相关事件之间的逻辑关系；
⑦ 明确各个工程小组（分包人）之间的责任界限；
⑧ 明确完不成任务的影响和法律后果；
⑨ 明确合同有关各方（如业主、监理工程师）的责任和义务。

8.3.3 施工合同实施的控制

在工程实施的过程中要对合同的履行情况进行跟踪与控制，并加强工程变更管理，保证合同的顺利履行。

8.3.3.1 施工合同跟踪

合同签订以后，合同中各项任务的执行要落实到具体的项目经理部或具体的项目参与人员身上，承包单位作为履行合同义务的主体，必须对合同执行者（项目经理部或项目参与人）的履行情况进行跟踪、监督和控制，确保合同义务的完全履行。

施工合同跟踪有两个方面的含义。一是承包单位的合同管理职能部门对合同执行者（项目经理部或项目参与人）的履行情况进行的跟踪、监督和检查，二是合同执行者（项目经理部或项目参与人）本身对合同计划的执行情况进行的跟踪、检查与对比。在合同实施过程中二者缺一不可。

合同跟踪的重要依据是合同以及依据合同而编制的各种计划文件；其次还要依据各种实际工程文件，如原始记录、报表、验收报告等；另外，还要依据管理人员对现场情况的直观了解，如现场巡视、交谈、会议、质量检查等。

合同跟踪的对象如下：

（1）承包的任务

① 工程施工的质量，包括材料、构件、制品和设备等的质量，以及施工或安装质量是否符合合同要求等；
② 工程进度，是否在预定期限内施工，工期有无延长，延长的原因是什么等；
③ 工程数量，是否按合同要求完成全部施工任务，有无合同规定以外的施工任务等；
④ 成本的增加和减少。

（2）工程小组或分包人的工程和工作

可以将工程施工任务分解，交由不同的工程小组或发包给专业分包完成，工程承包人必须对这些工程小组或分包人及其所负责的工程进行跟踪检查、协调关系，提出意见、建议或警告，保证工程总体质量和进度。

对专业分包人的工作和负责的工程，总承包商负有协调和管理的责任，并承担由此造成的损失，所以专业分包人的工作和负责的工程必须纳入总承包工程的计划和控制中，防止因分包人工程管理失误而影响全局。

（3）业主和其委托的工程师的工作

① 业主是否及时、完整地提供了工程施工的实施条件，如场地、图纸、资料等；

② 业主和工程师是否及时给予了指令、答复和确认等；

③ 业主是否及时并足额地支付了应付的工程款项。

8.3.3.2　合同实施的偏差分析及处理

通过合同跟踪，可能会发现合同实施中存在着偏差，即工程实施实际情况偏离了工程计划和工程目标，应该及时分析原因，采取措施，纠正偏差，避免损失。

合同实施偏差分析的内容包括以下几个方面。

（1）产生偏差的原因分析

通过对合同执行实际情况与实施计划的对比分析，不仅可以发现合同实施的偏差，而且可以探索引起差异的原因。原因分析可以采用鱼骨图、因果关系分析图（表）、成本量差、价差、效率差分析等方法定性或定量地进行。

（2）合同实施偏差的责任分析

即分析产生合同偏差的原因是由谁引起的，应该由谁承担责任。责任分析必须以合同为依据，按合同规定落实双方的责任。

（3）合同实施趋势分析

针对合同实施偏差情况，可以采取不同的措施，应分析在不同措施下合同执行的结果与趋势，包括：

① 最终的工程状况，包括总工期的延误、总成本的超支、质量标准、所能达到的生产能力（或功能要求）等；

② 承包商将承担什么样的后果，如被罚款、被清算，甚至被起诉，对承包商资信、企业形象、经营战略的影响等；

③ 最终工程经济效益（利润）水平。

根据合同实施偏差分析的结果，承包商应该采取相应的调整措施，调整措施可以分为：

① 组织措施，如增加人员投入、调整人员安排、调整工作流程和工作计划等；

② 技术措施，如变更技术方案、采用新的高效率的施工方案等；

③ 经济措施，如增加投入、采取经济激励措施等；

④ 合同措施，如进行合同变更、签订附加协议、采取索赔手段等。

8.3.3.3　工程变更管理

工程变更一般是指在工程施工过程中，根据合同约定，对施工的程序、工程的内容、数量、质量要求及标准等作出的变更。

工程变更一般主要有以下几个方面的原因：

① 业主新的变更指令，对建筑的新要求，如业主有新的意图、修改项目计划、削减项目预算等；

② 由于设计人员、监理方人员、承包商事先没有很好地理解业主的意图，或设计的错误，导致图纸修改；

③ 工程环境的变化，预定的工程条件不准确，要求实施方案或实施计划变更；

④ 由于产生新技术和知识，有必要改变原设计、原实施方案或实施计划，或由于业主指令及业主责任的原因造成承包商施工方案的改变；

⑤ 政府部门对工程新的要求，如国家计划变化、环境保护要求、城市规划变动等；

⑥ 由于合同实施出现问题，必须调整合同目标或修改合同条款。

根据国家发展和改革委员会等九部委颁布的《标准施工招标文件》第 15.1 款变更的范围和内容：除专用合同条款另有约定外，在履行合同中发生以下情形之一，应按照本条规定进行变更。

① 取消合同中任何一项工作，但被取消的工作不能转由发包人或其他人实施；

② 改变合同中任何一项工作的质量或其他特性；

③ 改变合同工程的基线、标高、位置或尺寸；

④ 改变合同中任何一项工作的施工时间或改变已批准的施工工艺或顺序；

⑤ 为完成工程需要追加的额外工作。

在履行合同过程中，承包人可以对发包人提供的图纸、技术要求以及其他方面提出合理化建议。

根据《标准施工招标文件》中通用合同条款的规定，变更的程序如下。

（1）变更的提出

① 在合同履行过程中，可能发生第 15.1 款约定情形的，监理人可向承包人发出变更意向书。变更意向书应说明变更的具体内容和发包人对变更的时间要求，并附必要的图纸和相关资料。变更意向书应要求承包人提交包括拟实施变更工作的计划、措施和竣工时间等内容的实施方案。发包人同意承包人根据变更意向书要求提交的变更实施方案的，由监理人按第 15.3.3 项约定发出变更指示。

② 在合同履行过程中，发生第 15.1 款约定情形的，监理人应按照第 15.3.3 项约定向承包人发出变更指示。

③ 承包人收到监理人按合同约定发出的图纸和文件，经检查认为其中存在第 15.1 款约定情形的，可向监理人提出书面变更建议。变更建议应阐明要求变更的依据，并附必要的图纸和说明。监理人收到承包人书面建议后，应与发包人共同研究，确认存在变更的，应在收到承包人书面建议后的 14 天内作出变更指示。经研究后不同意作为变更的，应由监理人书面答复承包人。

④ 若承包人收到监理人的变更意向书后认为难以实施此项变更，应立即通知监理人，说明原因并附详细依据。监理人与承包人和发包人协商后确定撤销、改变或不改变原变更意向书。

（2）变更指示

① 变更指示只能由监理人发出。

② 变更指示应说明变更的目的、范围、变更内容以及变更的工程量及其进度和技术要求，并附有关图纸和文件。承包人收到变更指示后，应按变更指示进行变更工作。

除专用合同条款另有约定外，因变更引起的价格调整按照以下约定处理。

① 已标价工程量清单中有适用于变更工作的子目的，采用该子目的单价。

② 已标价工程量清单中无适用于变更工作的子目，但有类似子目的，可在合理范围内参照类似子目的单价，由监理人与合同当事人商定或确定变更工作的单价。

③ 已标价工程量清单中无适用或类似子目的单价，可按照成本加利润的原则，由监理人与合同当事人商定或确定变更工作的单价。

根据《标准施工招标文件》中通用合同条款的规定：

（1）除专用合同条款对期限另有约定外，承包人应在收到变更指示或变更意向书后的14天内，向监理人提交变更报价书，报价内容应根据估价原则，详细开列变更工作的价格组成及其依据，并附必要的施工方法说明和有关图纸。

（2）变更工作影响工期的，承包人应提出调整工期的具体细节。监理人认为有必要时，可要求承包人提交要求提前或延长工期的施工进度计划及相应施工措施等详细资料。

（3）除专用合同条款对期限另有约定外，监理人收到承包人变更报价书后的14天内，根据估价原则，由监理人与合同当事人商定或确定变更价格。

8.4 建设工程索赔

在国际工程承包市场上，工程索赔是承包人和发包人保护自身正当权益、弥补工程损失的重要而有效的手段。建设工程索赔通常是指在工程合同履行过程中，合同当事人一方因对方不履行或未能正确履行合同或者由于其他非自身因素而受到经济损失或权利损害，通过合同规定的程序向对方提出经济或时间补偿要求的行为。索赔是一种正当的权利要求，它是合同当事人之间一项正常的而且普遍存在的合同管理业务，是一种以法律和合同为依据的合情合理的行为。

在建设工程施工承包合同执行过程中，承包商可以向业主提出索赔要求，业主也可以向承包商提出索赔要求，即合同的双方都可以向对方提出索赔要求。当一方向另一方提出索赔要求，被索赔方应采取适当的反驳、应对和防范措施，这称为反索赔。

8.4.1 索赔的依据、证据及成立条件

索赔事件，又称为干扰事件，是指那些使实际情况与合同规定不符合，最终引起工期和费用变化的各类事件。在工程实施过程中，要不断地跟踪、监督索赔事件，就可以不断地发现索赔机会。通常，承包商可以提起索赔的事件有：

① 发包人违反合同，给承包人造成时间、费用的损失；

② 因工程变更（含设计变更、发包人提出的工程变更、监理工程师提出的工程变更，

以及承包人提出并经监理工程师批准的变更)造成的时间、费用损失;

③ 由于监理工程师对合同文件的歧义解释、技术资料不确切,或由于不可抗力导致施工条件的改变,造成了时间、费用的增加;

④ 发包人提出提前完成项目或缩短工期而造成承包人的费用增加;

⑤ 发包人延误支付期限造成承包人的损失;

⑥ 对合同规定以外的项目进行检验,且检验合格,或非承包人的原因导致项目缺陷的修复所发生的损失或费用;

⑦ 非承包人的原因导致工程暂时停工;

⑧ 物价上涨,法规变化及其他。

索赔的成立,应该同时具备以下三个前提条件:

① 与合同对照,事件已造成了承包人工程项目成本的额外支出,或直接工期损失;

② 造成费用增加或工期损失的原因,按合同约定不属于承包人的行为责任或风险责任;

③ 承包人按合同规定的程序和时间提交索赔意向通知及索赔报告。

以上三个条件必须同时具备,缺一不可。

索赔的依据主要是三个方面:合同文件;法律、法规;工程建设惯例。针对具体的索赔要求(工期或费用),索赔的具体依据也不相同,例如有关工期的索赔就要依据有关的进度计划、变更指令等。

索赔证据是当事人用来支持其索赔成立或索赔有关的证明文件和资料。索赔证据作为索赔文件的组成部分,在很大程度上关系到索赔的成功与否。证据不全、不足或没有证据,索赔是很难获得成功的。

在工程项目实施过程中,会产生大量的工程信息和资料,这些信息和资料是开展索赔的重要证据。因此,在施工过程中应该自始至终做好资料积累工作,建立完善的资料记录和科学管理制度,认真系统地积累和管理合同、质量、进度以及财务收支等方面的资料。

可以作为证据使用的材料有以下7种:

① 书证。是指以其文字或数字记载的内容,起证明作用的书面文书和其他载体。如合同文本、财务账册、欠据、收据、往来信函以及确定有关权利的判决书、法律文件等。

② 物证。是指以其存在、存放的地点外部特征及物质特性来证明案件事实真相的证据。如购销过程中封存的样品,被损坏的机械、设备,有质量问题的产品等。

③ 证人证言。是指知道、了解事实真相的人所提供的证词,或向司法机关所作的陈述。

④ 视听材料。是指能够证明案件真实情况的音像资料,如录音带、录像带等。

⑤ 被告人供述和有关当事人陈述。它包括:犯罪嫌疑人、被告人向司法机关所作的承认犯罪并交代犯罪事实的陈述或否认犯罪或具有从轻、减轻、免除处罚的辩解、申诉;被害人、当事人就案件事实向司法机关所作的陈述。

⑥ 鉴定结论。是指专业人员就案件有关情况向司法机关提供的专门性的书面鉴定意见,如损伤鉴定、痕迹鉴定、质量责任鉴定等。

⑦ 勘验、检验笔录。是指司法人员或行政执法人员对与案件有关的现场物品、人身等进行勘察、试验、实验或检查的文字记载。这项证据也具有专门性。

常见的工程索赔证据有以下几种类型:

① 各种合同文件,包括施工合同协议书及其附件、中标通知书、投标书、标准和技术

规范、图纸、工程量清单、工程报价单或者预算书、有关技术资料和要求、施工过程中的补充协议等；

② 工程各种往来函件、通知、答复等；

③ 各种会谈纪要；

④ 经过发包人或者工程师批准的承包人的施工进度计划、施工方案、施工组织设计和现场实施情况记录；

⑤ 工程各项会议纪要；

⑥ 气象报告和资料，如有关温度、风力、雨雪的资料；

⑦ 施工现场记录，包括有关设计交底、设计变更、施工变更指令，工程材料和机械设备的采购、验收与使用等方面的凭证及材料供应清单、合格证书，工程现场水、电、道路等开通、封闭的记录，停水、停电等各种干扰事件的时间和影响记录等；

⑧ 工程有关照片和录像等；

⑨ 施工日记、备忘录等；

⑩ 发包人或者工程师签认的签证；

⑪ 发包人或者工程师发布的各种书面指令和确认书，以及承包人的要求、请求、通知书等；

⑫ 工程中的各种检查验收报告和各种技术鉴定报告；

⑬ 工地的交接记录（应注明交接日期，场地平整情况，水、电、路情况等），图纸和各种资料交接记录；

⑭ 建筑材料和设备的采购、订货、运输、进场、使用方面的记录、凭证和报表等；

⑮ 市场行情资料，包括市场价格、官方的物价指数、工资指数、中央银行的外汇比率等公布材料；

⑯ 投标前发包人提供的参考资料和现场资料；

⑰ 工程结算资料、财务报告、财务凭证等；

⑱ 各种会计核算资料；

⑲ 国家法律、法令、政策文件。

索赔证据应该具有真实性、及时性、全面性、关联性、有效性。

8.4.2 索赔的方法

工程施工中承包人向发包人索赔、发包人向承包人索赔以及分包人向承包人索赔的情况都有可能发生，承包人向发包人索赔的一般程序和方法如下。

（1）索赔意向通知

在工程实施过程中发生索赔事件以后，或者承包人发现索赔机会，首先要提出索赔意向，即在合同规定时间内将索赔意向用书面形式及时通知发包人或者工程师，向对方表明索赔愿望、要求或者声明保留索赔权利，这是索赔工作程序的第一步。

索赔意向通知要简明扼要地说明索赔事由发生的时间、地点、简单事实情况描述和发展动态、索赔依据和理由、索赔事件的不利影响等。

（2）索赔资料的准备

在索赔资料准备阶段，主要工作有：

① 跟踪和调查干扰事件，掌握事件产生的详细经过；
② 分析干扰事件产生的原因，划清各方责任，确定索赔根据；
③ 损失或损害调查分析与计算，确定工期索赔和费用索赔值；
④ 搜集证据，获得充分而有效的各种证据；
⑤ 起草索赔文件。

（3）索赔文件的提交

提出索赔的一方应该在合同规定的时限内向对方提交正式的书面索赔文件。例如，FIDIC 合同条件和我国《建设工程施工合同（示范文本）》（GF-2017-0201）都规定，承包人必须在发出索赔意向通知后的 28 天内或经过工程师同意的其他合理时间内向工程师提交一份详细的索赔文件和有关资料。如果干扰事件对工程的影响持续时间长，承包人则应按工程师要求的合理间隔（一般为 28 天），提交中间索赔报告，并在干扰事件影响结束后的 28 天内提交一份最终索赔报告。否则将失去就该事件请求补偿的索赔权利。

索赔文件的主要内容包括以下几个方面：

① 总述部分。概要论述索赔事项发生的日期和过程；承包人为该索赔事项付出的努力和附加开支；承包人的具体索赔要求。
② 论证部分。论证部分是索赔报告的关键部分，其目的是说明自己有索赔权，是索赔能否成立的关键。
③ 索赔款项（和／或工期）计算部分。如果说索赔报告论证部分的任务是解决索赔权能否成立，则款项计算是为解决能得多少款项。前者定性，后者定量。
④ 证据部分。要注意引用的每个证据的效力或可信程度，对重要的证据资料最好附以文字说明，或附以确认件。

（4）索赔文件的审核

对于承包人向发包人的索赔请求，索赔文件首先应该交由工程师审核。工程师根据发包人的委托或授权，对承包人索赔的审核工作主要分为判定索赔事件是否成立和核查承包人的索赔计算是否正确、合理两个方面，并可在授权范围内作出判断，初步确定补偿额度，或者要求补充证据，或者要求修改索赔报告等。对索赔的初步处理意见要提交发包人。

（5）发包人审查

对于工程师的初步处理意见，发包人需要进行审查和批准，然后工程师才可以签发有关证书。如果索赔额度超过了工程师权限范围时，应由工程师将审查的索赔报告报请发包人审批，并与承包人谈判解决。

（6）协商

对于工程师的初步处理意见，发包人和承包人可能都不接受或者其中的一方不接受，三方可就索赔的解决进行协商，达成一致，其中可能包括复杂的谈判过程，经过多次协商才能达成。如果经过努力无法就索赔事宜达成一致意见，则发包人和承包人可根据合同约定选择采用仲裁或者诉讼方式解决。

（7）反索赔的基本内容

反索赔的工作内容可以包括两个方面：一是防止对方提出索赔；二是反击或反驳对方的索赔要求。

要成功地防止对方提出索赔，应采取积极防御的策略。首先是自己严格履行合同规定的各项义务，防止自己违约，并通过加强合同管理，使对方找不到索赔的理由和根据，使自己处于不能被索赔的地位。其次，如果在工程实施过程中发生了干扰事件，则应立即着手研究和分析合同依据，搜集证据，为提出索赔和反索赔做好两手准备。

如果对方提出了索赔要求，则自己一方应采取各种措施来反击或反驳对方的索赔要求。常用的措施有：

① 抓对方的失误，直接向对方提出索赔，以对抗或平衡对方的索赔要求，以求在最终解决索赔时互相让步或者互不支付；

② 索赔要求或索赔报告如果有不符合实际情况和合同规定、没有合同依据或事实证据、索赔值计算不合理或不准确等问题，可反击对方的不合理索赔要求，推卸或减轻自己的责任，使自己不受或少受损失。

（8）对索赔报告的反击或反驳要点

对对方索赔报告的反击或反驳，一般可以从以下几个方面进行：

① 索赔要求或报告的时限性。审查对方是否在干扰事件发生后的索赔时限内及时提出索赔要求或报告。

② 索赔事件的真实性。

③ 干扰事件的原因、责任分析。如果干扰事件确实存在，则要通过对事件的调查分析，确定原因和责任。如果事件责任属于索赔者自己，则索赔不能成立；如果合同双方都有责任，则应按各自的责任大小分担损失。

④ 索赔理由分析。分析对方的索赔要求是否与合同条款或有关法规一致，所受损失是否属于非对方负责的原因造成。

⑤ 索赔证据分析。分析对方所提供的证据是否真实、有效、合法，是否能证明索赔要求成立。证据不足、不全、不当，没有法律证明效力或没有证据，索赔不能成立。

⑥ 索赔值审核。如果经过上述的各种分析、评价，仍不能从根本上否定对方的索赔要求，则必须对索赔报告中的索赔值进行认真细致的审核，审核的重点是索赔值的计算方法是否合情合理、各种取费是否合理适度、有无重复计算、计算结果是否准确等。

8.4.3 索赔费用的计算

8.4.3.1 索赔费用的组成

索赔费用的主要组成部分，与工程款的计价内容相似。根据我国现行规定（参见《建筑安装工程费用项目组成》），其与国际上通行的做法还不完全一致。按国际惯例，一般承包人可索赔的具体费用内容如图 8-1 所示。

从原则上说，承包人有索赔权利的工程成本增加，都是可以索赔的费用。但是，对于不同原因引起的索赔,承包人可索赔的具体费用内容是不完全一样的。哪些内容可索赔,要按照各项费用的特点、条件进行分析论证。

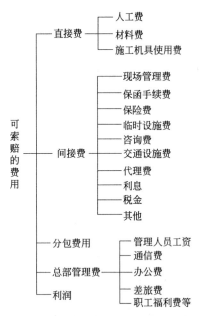

图8-1 可索赔费用的组成部分

① 人工费。人工费包括施工人员的基本工资、工资性质的津贴、加班费、奖金以及法定的安全福利等费用。对于索赔费用中的人工费部分而言,人工费是指:完成合同之外的额外工作所花费的人工费用;由于非承包人责任的工效降低所增加的人工费用;超过法定工作时间加班劳动;法定人工费增长以及非承包人责任导致工程延期的人员窝工费和工资上涨费等。

② 材料费。材料费的索赔包括:由于索赔事项材料实际用量超过计划用量而增加的材料费;由于客观原因导致材料价格大幅度上涨;由于非承包人责任工程延期导致的材料价格上涨和超期储存费用。材料费中应包括运输费、仓储费以及合理的损耗费用。如果由于承包人管理不善,造成材料损坏失效,则不能列入索赔计价。承包人应该建立健全物资管理制度,记录建筑材料的进货日期和价格,建立领料耗用制度,以便索赔时能准确地分离出索赔事项所引起的材料额外耗用量。为了证明材料单价的上涨,承包人应提供可靠的订货单、采购单,或用官方公布的材料价格调整指数。

③ 施工机具使用费。施工机具使用费的索赔包括:由于完成额外工作增加的机械使用费;非承包人责任工效降低增加的机械使用费;由于业主或监理工程师原因导致机械停工的窝工费。窝工费的计算,如系租赁设备,一般按实际租金和调进调出费的分摊计算;如系承包人自有设备,一般按台班折旧费计算,而不能按台班费计算,因为台班费中包括了设备使用费。

④ 分包费用。分包费用索赔指的是分包人的索赔费,一般也包括人工、材料、机械使用费的索赔。分包人的索赔应如数列入总承包人的索赔款总额以内。

⑤ 现场管理费。索赔款中的现场管理费是指承包人完成额外工程、索赔事项工作以及

工期延长期间的现场管理费，包括管理人员工资、办公、通信、交通费等。

⑥ 利息。在索赔款额的计算中，经常包括利息。利息的索赔通常发生于下列情况：拖期付款的利息；错误扣款的利息。至于具体利率应是多少，在实践中可采用不同的标准，如按当时的银行贷款利率、按当时的银行透支利率、按合同双方协议的利率、按中央银行贴现率加三个百分点等。

⑦ 总部管理费。索赔款中的总部管理费主要指的是工程延期期间所增加的管理费。包括总部职工工资、办公大楼、办公用品、财务管理、通信设施以及总部领导人员赴工地检查指导工作等开支。这项索赔款的计算，目前没有统一的方法。

⑧ 利润。一般来说，由于工程范围的变更、文件有缺陷或技术性错误、业主未能提供现场等引起的索赔，承包人可以列入利润。但对于工程暂停的索赔，由于利润通常是包括在每项实施工程内容的价格之内的，而延长工期并未影响削减某些项目的实施，也未导致利润减少。所以，一般监理工程师很难同意在工程暂停的费用索赔中加进利润损失。索赔利润的款额计算通常是与原报价单中的利润百分率保持一致。

8.4.3.2 索赔费用的计算方法

索赔费用的计算方法有：实际费用法、总费用法和修正的总费用法。

（1）实际费用法

实际费用法是计算工程索赔时最常用的一种方法。这种方法的计算原则是以承包人为某项索赔工作所支付的实际开支为根据，向业主要求费用补偿。

用实际费用法计算时，在直接费的额外费用部分的基础上，再加上应得的间接费和利润，即是承包人应得的索赔金额。由于实际费用法所依据的是实际发生的成本记录或单据，所以，在施工过程中，系统而准确地积累记录资料是非常重要的。

（2）总费用法

总费用法就是当发生多次索赔事件以后，重新计算该工程的实际总费用，实际总费用减去投标报价时的估算总费用，即为索赔金额，即：

$$索赔金额 = 实际总费用 - 投标报价估算总费用 \tag{8-1}$$

不少人对采用该方法计算索赔费用持批评态度，因为实际发生的总费用中可能包括了承包人的原因，如施工组织不善而增加的费用；同时投标报价估算的总费用也可能为了中标而过低。所以这种方法只有在难以采用实际费用法时才应用。

（3）修正的总费用法

修正的总费用法是对总费用法的改进，即在总费用计算的原则上，去掉一些不合理的因素，使其更合理。修正的内容如下：①将计算索赔款的时段局限于受到外界影响的时间，而不是整个施工期；②只计算受影响时段内的某项工作所受影响的损失，而不是计算该时段内所有施工工作所受的损失；③与该项工作无关的费用不列入总费用中；④对投标报价费用重新进行核算，按受影响时段内该项工作的实际单价进行核算，乘以实际完成的该项工作的工程量，得出调整后的报价费用。按修正后的总费用计算索赔金额的公式如下：

$$索赔金额 = 某项工作调整后的实际总费用 - 该项工作的报价费用 \tag{8-2}$$

修正的总费用法比总费用法有了实质性的改进，其准确性较高。

8.4.4 工期索赔的计算

8.4.4.1 工期延误

工期延误，又称为工程延误或进度延误，是指工程实施过程中任何一项或多项工作的实际完成日期迟于计划规定的完成日期，从而可能导致整个合同工期的延长。工期延误对合同双方一般都会造成损失。工期延误的后果是形式上的时间损失，实质上会造成经济损失。

工期延误的分类如下：

（1）按照工期延误的原因划分

① 因业主和工程师原因引起的延误。由于业主和工程师的原因所引起的工期延误可能有以下几种：

a. 业主未能及时交付合格的施工现场；

b. 业主未能及时交付施工图纸；

c. 业主或工程师未能及时审批图纸、施工方案、施工计划等；

d. 业主未能及时支付预付款或工程款；

e. 业主未能及时提供合同规定的材料或设备；

f. 业主自行发包的工程未能及时完工或其他承包商违约导致的工程延误；

g. 业主或工程师拖延关键线路上工序的验收时间，导致下道工序施工延误；

h. 业主或工程师发布暂停施工指令导致延误；

i. 业主或工程师设计变更导致工程延误或工程量增加；

j. 业主或工程师提供的数据错误导致的延误。

② 因承包商原因引起的延误。由于承包商原因引起的延误一般是由于其管理不善所引起，比如计划不周密、组织不力、指挥不当等：

a. 施工组织不当，出现窝工或停工待料等现象；

b. 质量不符合合同要求而造成返工；

c. 资源配置不足；

d. 开工延误；

e. 劳动生产率低；

f. 分包商或供货商延误等。

③ 不可控制因素引起的延误。例如人力不可抗拒的自然灾害导致的延误、特殊风险如战争或叛乱等造成的延误、不利的施工条件或外界障碍引起的延误等。

（2）按照索赔要求和结果划分

按照承包商可能得到的要求和索赔结果划分，工程延误可以分为可索赔延误和不可索赔延误。

① 可索赔延误。可索赔延误是指非承包商原因引起的工程延误，包括业主或工程师的原

因和双方不可控制的因素引起的索赔。根据补偿的内容不同，可以进一步划分为三种情况：

a. 只可索赔工期的延误；

b. 只可索赔费用的延误；

c. 可索赔工期和费用的延误。

② 不可索赔延误。不可索赔延误是指因承包商原因引起的延误，承包商不应向业主提出索赔，而且应该采取措施赶工，否则应向业主支付误期损害赔偿。

（3）按照延误工作在工程网络计划的线路划分

按照延误工作所在的工程网络计划的线路性质，工程延误划分为关键线路延误和非关键线路延误。

由于关键线路上任何工作（或工序）的延误都会造成总工期的推迟，因此，非承包商原因造成关键线路延误都是可索赔延误。而非关键线路上的工作一般都存在机动时间，其延误是否会影响到总工期取决于其总时差的大小和延误时间的长短。如果延误时间少于该工作的总时差，业主一般不会给予工期顺延，但可能给予费用补偿；如果延误时间大于该工作的总时差，非关键线路的工作就会转化为关键工作，从而成为可索赔延误。

（4）按照延误事件之间的关联性划分

① 单一延误。单一延误是指在某一延误事件从发生到终止的时间间隔内，没有其他延误事件的发生，该延误事件引起的延误称为单一延误。

② 共同延误。当两个或两个以上的延误事件从发生到终止的时间完全相同时，这些事件引起的延误称为共同延误。共同延误的补偿分析比单一延误要复杂一些。当业主引起的延误或双方不可控制因素引起的延误、承包商引起的延误共同发生时，即可索赔延误与不可索赔延误同时发生时，可索赔延误就将变成不可索赔延误，这是工程索赔的惯例之一。

③ 交叉延误。当两个或两个以上的延误事件从发生到终止只有部分时间重合时，称为交叉延误。由于工程项目是一个较为复杂的系统工程，影响因素众多，常常会出现多种原因引起的延误交织在一起的情况，这种交叉延误的补偿分析更加复杂。比较交叉延误和共同延误，共同延误是交叉延误的一种特例。

8.4.4.2　工期索赔的计算方法

（1）直接法

如果某干扰事件直接发生在关键线路上，造成总工期的延误，可以直接将该干扰事件的实际干扰时间（延误时间）作为工期索赔值。

（2）比例分析法

如果某干扰事件仅仅影响某单项工程、单位工程或分部分项工程的工期，要分析其对总工期的影响，可以采用比例分析法。

（3）网络分析法

在实际工程中，影响工期的干扰事件可能会很多，每个干扰事件的影响程度可能都不一样，有的直接在关键线路上，有的不在关键线路上，多个干扰事件的共同影响结果究竟是多少可能引起合同双方很大的争议,采用网络分析方法是比较科学合理的方法,其思路是:假设工程按照双方认可的工程网络计划确定的施工顺序和时间施工,当某个或某几个干扰事件发生后,网络中的某个工作或某些工作受到影响,使其持续时间延长或开始时间推迟,从而影响总工期,则将这些工作受干扰后的新的持续时间和开始时间等代入网络中,重新进行网络分析和计算,得到的新工期与原工期之间的差值就是干扰事件对总工期的影响,也就是承包商可以提出的工期索赔值。

网络分析法通过分析干扰事件发生前和发生后网络计划的计算工期之差来计算工期索赔值,可以用于各种干扰事件和多种干扰事件共同作用所引起的工期索赔。

一、单项选择题

1. 关于建设工程施工招标评标,正确的是(   )。
   A. 投标报价中出现单价与数量的乘积之和与总价不一致时,将作无效标处理
   B. 投标书中投标报价正本、副本不一致时,将作无效标处理
   C. 评标委员会推荐的中标候选人应当限定在1~3人,并标明排列顺序
   D. 初步评审是对标书进行实质性审查,包括技术评审和商务评审

2. 招标人和中标人在签订合同的谈判中,为了防范货币贬值或者通货膨胀的风险,一般通过(   )约定风险承担方式。
   A. 调整投标价格   B. 价格调整条款
   C. 调整中标价格   D. 调整工作范围

3. 投标人根据招标文件在约定期限内向招标人提交投标文件的行为,称为(   )。
   A. 要约   B. 承诺   C. 要约邀请   D. 合同生效

4. 根据《建设工程施工合同(示范文本)》(GF-2017-0201),工程未经竣工验收,发包人擅自使用的,以(   )为实际竣工日期。
   A. 承包人提交竣工验收申请报告之日
   B. 转移占有工程之日
   C. 监理人组织竣工初验之日
   D. 发包人签发工程验收证书之日

5. 采用单价合同招标时,对于投标书中明显的数字计算错误,业主有权利先做修改、再评标,当总价和单价的计算结果不一致时,以单价为准调整总价。这体现了单价合同(   )特点。
   A. 工程量优先   B. 总价优先
   C. 单价优先   D. 风险均摊

6. 某土石方工程实行混合计价,其中土方工程实行总价包干,包干价14万元;石方工程实

行单价合同。该工程有关工程量和价格资料如表 8-3 所示。则该工程结算价款为（　　）万元。

表 8-3　某工程有关工程量和价格资料

项目	估计工程量/m³	实际工程量/m³	承包单价/（元/m³）
土方工程	4000	4200	
石方工程	2800	3000	120

  A. 47.6   B. 48.3   C. 50.0   D. 50.7

  7. 采用固定总价合同，承包商需承担一定的风险。下列风险中，属于承包商价格风险的是（　　）。
    A. 设计深度不够造成的误差 B. 工程量计算错误
    C. 工程范围不确定   D. 漏报计价项目

  8. 关于成本加酬金合同的说法，正确的是（　　）。
    A. 成本加固定费用合同是指工程直接费加一定比例的报酬费
    B. 最大成本加费用合同是指承包商报一个工程成本总价和一个固定的酬金
    C. 成本加奖金合同是指对直接成本实报实销，同时确定固定数目的报酬金额
    D. 成本加固定比例费用合同是指按成本估算的60%~75%作为酬金计算的基数

二、多项选择题

  1. 依据《中华人民共和国招标投标法实施条例》，招标人以不合理条件限制、排斥投标人的行为有（　　）。
    A. 就同一招标项目向投标人提供有差别的项目信息
    B. 就同一招标项目对投标人采取不同的资格审查标准
    C. 招标项目以获得鲁班奖工程业绩作为加分条件
    D. 招标项目指定特定的专利作为中标条件
    E. 依照招标项目的总体特点设定专门的技术条件

  2. 根据《工程建设项目施工招标投标办法》，工程施工项目招标信息发布时，正确的有（　　）。
    A. 指定媒介可以酌情收取费用
    B. 招标文件售出后不予退还
    C. 招标人应至少在两家指定的媒介发布招标公告
    D. 招标人可以对招标文件所附的设计文件向投标人收取一定费用
    E. 自招标文件出售之日起至停止出售之日止，最短不得少于5日

  3. 关于总价合同的说法，正确的有（　　）。
    A. 当施工内容及有关条件未发生变化时，业主付给承包商的价款总额不变
    B. 采用总价合同的前提是施工图设计完成，施工任务和范围比较明确
    C. 总价合同中业主风险较大、承包人风险较小
    D. 总价合同中可约定在发生设计变更时对合同价格进行调整

E. 总价合同在施工进度上能够调动承包人的积极性

4. 下列成本加酬金合同的优点中，对业主有利的有（   ）。
   A. 可以确定合同工程内容、工程量及合同终止时间
   B. 可以通过分段施工缩短施工工期
   C. 可以通过最高限价约束工程成本，转移全部风险
   D. 可以利用承包商的施工技术专家帮助改进设计的不足
   E. 可以较深入介入和控制工程施工和管理

5. 建设工程索赔成立的前提条件有（   ）。
   A. 与合同对照，事件已造成了承包人工程项目成本的额外支出或直接工期损失
   B. 造成费用增加或工期损失额度巨大，超出了正常的承受范围
   C. 索赔费用计算正确，并且容易分析
   D. 造成费用增加或工期损失的原因，按合同约定不属于承包人的行为责任或风险责任
   E. 承包人按合同规定的程序和时间提交索赔意向通知及索赔报告

6. 下列信息和资料中，可以作为施工合同索赔证据的有（   ）。
   A. 施工合同文件   B. 工程各项会议纪要
   C. 监理工程师的口头指示   D. 相关法律法规
   E. 施工日记和现场记录

三、简答题

1. 依据《招标投标法》，试述工程强制招标的范围。
2. 什么是公开招标？什么是邀请招标？
3. 论述施工投标的程序。
4. 试述构成施工合同文件各组成部分的优先解释顺序。
5. 简要说明固定总价合同、成本补偿合同分别适用于哪些情况。
6. 依据《标准施工招标文件》，哪些情形属于工程变更？
7. 试述索赔成立的条件。
8. 依据《建设工程施工合同（示范文本）》，请简述索赔的程序。

四、案例分析题

某建筑公司（乙方）于某年 4 月 20 日与某厂（甲方）签订了修建建筑面积为 3000m² 工业厂房（带地下室）的施工合同，乙方编制的施工方案和进度计划已获监理工程师批准。该工程的基坑开挖土方量为 4500m³，假设直接费单价为 4.2 元 /m³，综合费率为直接费的 20%。该工程的基坑施工方案规定：土方工程采用租赁一台斗容量为 1m³ 的反铲挖土机施工（租赁费 450 元 / 台班）。甲、乙双方合同约定 5 月 11 日开工，5 月 20 日完工。在实际施工中发生如下几项事件：

事件一：因租赁的挖土机大修，晚开工 2d，造成人员窝工 10 个工日；

事件二：基坑开挖后，因遇软土层，接到监理工程师 5 月 15 日停工的指令，进行地质复查，配合用工 15 个工日；

事件三: 5月19日接到监理工程师于5月20日复工令,同时提出基坑开挖深度加深2m的设计变更通知单,由此增加土方开挖量900m³;

事件四: 5月20日～5月22日,因下罕见的大雨迫使基坑开挖暂停,造成人员窝工10个工日;

事件五: 5月23日用30个工日修复冲坏的永久道路,5月24日恢复挖掘工作,最终基坑开挖于5月30日完毕。

问题:

(1)建筑公司对上述哪些事件可以向厂方要求索赔?哪些事件不可以要求索赔?并说明原因。

(2)每项事件工期索赔各是多少天?总计工期索赔是多少天?

(3)假设人工费单价为23元/工日,因增加用工所需管理费为增加人工费的30%,则合理的费用索赔总额是多少?

单元9

建设工程项目信息管理

知识目标

1. 掌握建设工程项目信息管理的基本概念；
2. 熟悉建设工程项目信息的分类、编码和处理方法；
3. 熟悉建设工程项目信息管理计划与实施；
4. 了解最新信息技术的应用与发展。

 技能目标

1. 能够进行工程项目信息的分类、编码和处理；
2. 能够将新的信息技术应用到项目管理中。

 素质目标

应用信息技术提高建筑业生产效率，以及应用信息技术提升建筑业行业管理和项目管理的水平和能力，是21世纪建筑业发展的重要课题。然而中国建筑业的信息化程度一直低于其他行业，信息技术起步较晚。随着社会经济的长期发展，施工技术不断更新，特别是引进信息技术后，工作环境得到了极大优化与改善。BIM（Building Information Modeling，建筑信息模型）技术是建筑行业的一门新兴技术，它是顺应建筑行业信息化的发展需要而产生的，目前我国正在大力推广和普及。随着BIM技术的应用，工作效率明显提升，建筑工程质量也得到了大幅度优化。我国工程管理信息化任重而道远，我们应时刻关注最新信息技术的发展与应用并培养创新意识。

9.1 建设工程项目信息管理基础知识

9.1.1 项目信息管理的基本概念

（1）信息

信息指的是用口头的方式、书面的方式或电子的方式传输（传达、传递）的知识、新闻，或可靠的或不可靠的情报。声音、文字、数字和图像等都是信息表达的形式。建设工程项目的实施需要人力资源和物质资源，应认识到信息也是项目实施的重要资源之一。

（2）信息管理

信息管理指的是信息传输的合理组织和控制。

（3）项目的信息管理

项目的信息管理是通过对各个系统、各项工作和各种数据的管理，使项目的信息能方便和有效地获取、存储、存档、处理和交流。项目的信息管理旨在通过有效的项目信息传输的组织和控制为项目建设提供增值服务。

（4）建设工程项目的信息

建设工程项目的信息包括在项目决策过程、实施过程（包括设计准备、设计、施工和物资采购过程等）和运行过程中产生的信息，以及其他与项目建设有关的信息，它包括：项目的组织类信息、管理类信息、经济类信息、技术类信息和法规类信息。

9.1.2 项目信息管理的任务

9.1.2.1 信息管理手册

业主方和项目参与各方都有各自的信息管理任务，为充分利用和发挥信息资源的价值，提高信息管理的效率以及实现有序的和科学的信息管理，各方都应编制各自的信息管理手册，以规范信息管理工作。信息管理手册描述和定义信息管理做什么、谁做、什么时候做和其工作成果是什么等，它的主要内容包括：

① 信息管理的任务（信息管理任务目录）；
② 信息管理的任务分工表和管理职能分工表；
③ 信息的分类；
④ 信息的编码体系和编码；
⑤ 信息输入输出模型；
⑥ 各项信息管理工作的工作流程图；
⑦ 信息流程图；
⑧ 信息处理的工作平台及其使用规定；
⑨ 各种报表和报告的格式，以及报告周期；
⑩ 项目进展的月度报告、季度报告、年度报告和工程总报告的内容及其编制；
⑪ 工程档案管理制度；
⑫ 信息管理的保密制度等。

9.1.2.2 信息管理部门的工作任务

项目管理班子中各个工作部门的管理工作都与信息处理有关，而信息管理部门的主要工作任务是：

① 负责编制信息管理手册，在项目实施过程中进行信息管理手册的必要修改和补充，并检查和督促其执行；
② 负责协调和组织项目管理班子中各个工作部门的信息处理工作；
③ 负责信息处理工作平台的建立和运行维护；

④ 与其他工作部门协同组织收集信息、处理信息和形成各种反映项目进展和项目目标控制的报表及报告；

⑤ 负责工程档案管理等。

在国际上，许多建设工程项目都专门设立信息管理部门（或称为信息中心），以确保信息管理工作的顺利进行；也有一些大型建设工程项目专门委托咨询公司从事项目信息动态跟踪和分析，以信息流指导物质流，从宏观上对项目的实施进行控制。

9.1.2.3 文件与档案管理

项目管理机构应配备专职或兼职的文件与档案管理人员。项目管理过程中产生的文件与档案均应进行及时收集、整理，并按项目的统一规定标识，完整存档。项目文件与档案管理宜应用信息系统，重要项目文件和档案应有纸介质备份。项目管理机构应保证项目文件和档案资料的真实、准确和完整。文件与档案宜分类、分级进行管理，保密要求高的信息或文件应按高级别保密要求进行防泄密控制，一般信息可采用适宜方式进行控制。

9.1.2.4 信息工作流程

各项信息管理任务的工作流程，一般包含：
① 信息管理手册编制和修订的工作流程；
② 为形成各类报表和报告，收集信息、录入信息、审核信息、加工信息、信息传输和发布的工作流程；
③ 工程档案管理的工作流程等。

9.1.2.5 应重视基于互联网的信息处理平台

由于建设工程项目需要处理大量数据，在当今的时代应重视利用信息技术的手段进行信息管理。其核心的手段是基于互联网的信息处理平台。

9.1.3 建设工程项目信息的分类、编码和处理方法

9.1.3.1 项目信息的分类

建设工程项目有各种信息，业主方和项目参与各方可根据各自项目管理的需求确定其信息的分类，但为了信息交流的方便和实现部分信息共享，应尽可能作一些统一分类的规定，如项目的分解结构应统一。可以从不同的角度对建设工程项目的信息进行分类，如：

① 按项目管理工作的对象，即按项目的分解结构，如子项目1、子项目2等进行信息分类；
② 按项目实施的工作过程，如设计准备、设计、招标投标和施工过程等进行信息分类；
③ 按项目管理工作的任务，如投资控制、进度控制、质量控制等进行信息分类；
④ 按信息的内容属性，如组织类信息、管理类信息、经济类信息、技术类信息和法规

类信息。

为满足项目管理工作的要求，往往需要对建设工程项目信息进行综合分类，即按多维进行分类，如：

① 第一维：按项目的分解结构；
② 第二维：按项目实施的工作过程；
③ 第三维：按项目管理工作的任务。

9.1.3.2 项目信息编码的方法

（1）编码的内涵

编码由一系列符号（如文字）和数字组成，编码是信息处理的一项重要的基础工作。

（2）服务于各种用途的信息编码

一个建设工程项目有不同类型和不同用途的信息，为了有组织地存储信息、方便信息的检索和信息的加工整理，必须对项目的信息进行编码。

① 项目的结构编码。依据项目结构图对项目结构的每一层的每一个组成部分进行编码。
② 项目管理组织结构编码。依据项目管理的组织结构图，对每一个工作部门进行编码。
③ 项目的政府主管部门和各参与单位编码（组织编码）。包括：
  a. 政府主管部门；
  b. 业主方的上级单位或部门；
  c. 金融机构；
  d. 工程咨询单位；
  e. 设计单位；
  f. 施工单位；
  g. 物资供应单位；
  h. 物业管理单位等。
④ 项目实施的工作项编码（项目实施的工作过程的编码）。应覆盖项目实施的工作任务目录的全部内容，包括：
  a. 设计准备阶段的工作项；
  b. 设计阶段的工作项；
  c. 招标投标工作项；
  d. 施工和设备安装工作项；
  e. 项目动用前的准备工作项等。
⑤ 项目的投资项编码（业主方）/ 成本项编码（施工方）。它并不是概预算定额确定的分部分项工程的编码，它应综合考虑概算、预算、标底、合同价和工程款的支付等因素，建立统一的编码，以服务于项目投资目标的动态控制。
⑥ 项目的进度项（进度计划的工作项）编码。应综合考虑不同层次、不同深度和不同用途的进度计划工作项的需要，建立统一的编码，服务于项目进度目标的动态控制。
⑦ 项目进展报告和各类报表编码。项目进展报告和各类报表编码应包括项目管理形成的各种报告和报表的编码。
⑧ 合同编码。应参考项目的合同结构和合同的分类，应反映合同的类型、相应的项目

结构和合同签订的时间等特征。

⑨ 函件编码。应反映发函者、收函者、函件内容所涉及的分类和时间等，以便函件的查询和整理。

⑩ 工程档案编码。应根据有关工程档案的规定、项目的特点和项目实施单位的需求等而建立。

以上这些编码是因不同的用途而编制的，如投资项编码（业主方）/ 成本项编码（施工方）服务于投资控制工作 / 成本控制工作；进度项编码服务于进度控制工作。但是有些编码并不是针对某一项管理工作而编制的，如投资控制 / 成本控制、进度控制、质量控制、合同管理、编制项目进展报告等都要使用项目的结构编码，因此就需要进行编码的组合。

9.1.3.3 项目信息处理的方法

在当今的时代，信息处理已逐步向电子化和数字化的方向发展，但建筑业和基本建设领域的信息化已明显落后于许多其他行业，建设工程项目信息处理基本上还沿用传统的方法和模式。应采取措施，使信息处理由传统的方式向基于网络的信息处理平台方向发展，以充分发挥信息资源的价值，以及信息对项目目标控制的作用。

基于网络的信息处理平台由一系列硬件和软件构成，包括：

① 数据处理设备（包括计算机、打印机、扫描仪、绘图仪等）；
② 数据通信网络（包括形成网络的有关硬件设备和相应的软件）；
③ 软件系统（包括操作系统和服务于信息处理的应用软件等）。

数据通信网络主要有如下三种类型：

① 局域网（LAN），由与各网点连接的网线构成网络，各网点对应于装备有实际网络接口的用户工作站；
② 城域网（MAN），在大城市范围内两个或多个网络的互联；
③ 广域网（WAN），在数据通信中，用来连接分散在广阔地域内的大量终端和计算机的一种多态网络。

互联网是目前最大的全球性的网络，它连接了覆盖100多个国家的各种网络，如商业性的网络、大学网络、研究网络和军事网络等，并通过网络连接大量的计算机，以实现连接互联网的计算机之间的数据通信。互联网由若干个学会、委员会和集团负责维护及运行管理。

建设工程项目的业主方和项目参与各方往往分散在不同的地点，或不同的城市，或不同的国家，因此其信息处理应考虑充分利用远程数据通信的方式，如：

① 通过电子邮件收集信息和发布信息；
② 通过基于互联网的项目专用网站（PSWS, Project Specific Web Site）实现业主方内部、业主方和项目参与各方，以及项目参与各方之间的信息交流、协同工作和文档管理，如图 9-1 所示；或通过基于互联网的项目信息门户（PIP, Project Information Portal）ASP 模式为众多项目服务的公用信息平台实现业主方内部、业主方和项目参与各方，以及项目参与各方之间的信息交流、协同工作和文档管理；
③ 召开网络会议；
④ 基于互联网的远程教育与培训等。

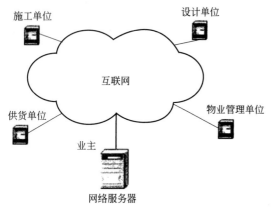

图9-1 基于互联网的信息处理平台

9.2 建设工程项目信息管理计划与实施

信息化是人类社会发展过程中一种特定现象,其表明人类对信息资源的依赖程度越来越高。信息化是人类社会继农业革命、城镇化和工业化后迈入新的发展时期的重要标志。

9.2.1 工程管理信息化

信息化最初是从生产力发展的角度来描述社会形态演变的综合性概念。信息化和工业化一样,是人类社会生产力发展的新标志。

9.2.1.1 工程管理信息化的含义

信息化指的是信息资源的开发和利用,以及信息技术的开发和应用。工程管理信息化指的是工程管理信息资源的开发和利用,以及信息技术在工程管理中的开发和应用。工程管理信息化属于领域信息化的范畴,它和企业信息化也有联系。

我国实施国家信息化的总体思路是:
① 以信息技术应用为导向;
② 以信息资源开发和利用为中心;
③ 以制度创新和技术创新为动力;
④ 以信息化带动工业化;
⑤ 加快经济结构的战略性调整;
⑥ 全面推动领域信息化、区域信息化、企业信息化和社会信息化进程。

与工业发达国家相比,我国建筑业和基本建设领域应用信息技术尚存在较大的数字鸿沟,它反映在信息技术在工程管理中应用的观念上,也反映在有关的知识管理上,还反映在有关技术的应用方面。

工程管理的信息资源包括：组织类工程信息，管理类工程信息，经济类工程信息，技术类工程信息，法规类信息等。在建设一个新的工程项目时，应重视开发和充分利用国内及国外同类或类似工程项目的有关信息资源。

信息技术在工程管理中的开发和应用，包括在项目决策阶段的开发管理、实施阶段的项目管理及使用阶段的设施管理中开发和应用信息技术。

自20世纪70年代开始，信息技术经历了一个迅速发展的过程，信息技术在建设工程管理中的应用也有一个相应的发展过程：

① 20世纪70年代，单项程序的应用，如工程网络计划的时间参数的计算程序、施工图预算程序等；

② 20世纪80年代，程序系统的应用，如项目管理信息系统、设施管理信息系统（FMIS，Facility Management Information System）等；

③ 20世纪90年代，程序系统的集成，它是随着工程管理的集成而发展的；

④ 20世纪90年代末期至今，基于网络平台的工程管理。

9.2.1.2　工程管理信息化的意义

工程管理信息化有利于提高建设工程项目的经济效益和社会效益，以达到为项目建设增值的目的。

① 工程管理信息资源的开发和信息资源的充分利用，可吸取类似项目的正反两方面的经验和教训，许多有价值的组织信息、管理信息、经济信息、技术信息和法规信息将有助于项目决策期多种可能方案的选择，有利于项目实施期的项目目标控制，也有利于项目建成后的运行。

② 通过信息技术在工程管理中的开发和应用能实现：

a. 信息存储数字化和存储相对集中，如图9-2所示；

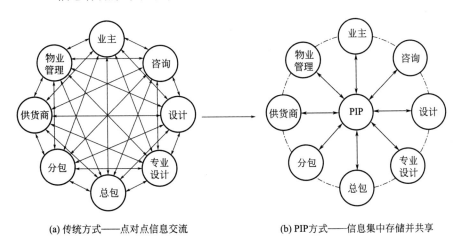

(a) 传统方式——点对点信息交流　　(b) PIP方式——信息集中存储并共享

图9-2　信息存储方式

b. 信息处理和变换的程序化；

c. 信息传输的数字化和电子化；

d. 信息获取便捷；

e. 信息透明度提高；

f. 信息流扁平化。

信息技术在工程管理中的开发和应用的意义在于：

① "信息存储数字化和存储相对集中"有利于项目信息的检索和查询，有利于数据和文件版本的统一，并有利于项目的文档管理；

② "信息处理和变换的程序化"有利于提高数据处理的准确性，并可提高数据处理的效率；

③ "信息传输的数字化和电子化"可提高数据传输的抗干扰能力，使数据传输不受距离限制并可提高数据传输的保真度和保密性；

④ "信息获取便捷""信息透明度提高"以及"信息流扁平化"有利于项目各参与方之间的信息交流和协同工作。

9.2.1.3 项目信息门户

项目信息门户是基于互联网技术为建设工程增值的重要管理工具，是当前在建设工程管理领域中信息化的重要标志。但是在工程界，对信息系统（Information System）、项目管理信息系统（PMIS, Project Management Information System）、一般的网页（Home Page）和项目信息门户（PIP, Project Information Portal）的内涵尚有不少误解。应指出，项目管理信息系统是基于数据处理设备的、为项目管理服务的信息系统，主要用于项目的目标控制。由于业主方和承包方项目管理的目标和利益不同，因此它们都必须有各自的项目管理信息系统。管理信息系统（MIS, Management Information System）是基于数据处理设备的信息系统，但主要用于企业的人、财、物、产、供、销的管理。项目管理信息系统与管理信息系统服务的对象和功能是不同的。项目信息门户既不同于项目管理信息系统，也不同于管理信息系统，如图 9-3 所示。

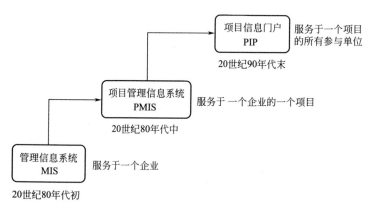

图 9-3 项目信息门户与管理信息系统、项目管理信息系统

（1）项目信息门户的概念

这里所讨论的项目信息门户指的是建设工程的项目信息门户，它可用于各类建设工程的管理，如：

① 民用建设工程；

② 工业建设工程；

③ 土木工程建设工程（如铁路、公路、桥梁、水坝等）等。

门户是一个网站，或称为互联网门户站（Internet Portal Site），它是进入万维网（World Wide Web）的入口。搜索引擎（Search Engine）属于门户，任何人都可以访问，以获取所需要的信息，这些是一般意义上的门户。但是，有些是为了专门的技术领域、专门的用户群或专门的对象而建立的门户，称为垂直门户（Vertical Portal）。项目信息门户属于垂直门户，不同于上述一般意义的门户。

项目信息门户是项目各参与方信息交流、共同工作、共同使用和互动的管理工具。

众多文献对项目信息门户的定义有不同的表述，综合有关研究成果，对项目信息门户可作如下的解释：项目信息门户是在对项目全寿命过程中项目参与各方产生的信息和知识进行集中管理的基础上，为项目参与各方在互联网平台上提供一个获取个性化项目信息的单一入口，从而为项目参与各方提供一个高效率信息交流和共同工作的环境。

"项目全寿命过程"包括项目的决策期、实施期（设计准备阶段、设计阶段、施工阶段、动用前准备阶段和保修期）和运行期（或称使用期、运营期）。"项目各参与方"包括政府主管部门和项目法人的上级部门、金融机构（银行和保险机构以及融资咨询机构等）、业主方、工程管理和工程技术咨询方、设计方、施工方、供货方、设施管理方（其中包括物业管理方）等。"信息和知识"包括以数字、文字、图像和语音表达的组织类信息、管理类信息、经济类信息、技术类信息及法律和法规类信息。"提供一个获取个性化项目信息的单一入口"指的是经过用户名和密码认定后而提供的入口。

（2）项目信息门户的类型和用户

① 类型。项目信息门户按其运行模式分类，有如下两种类型。

PSWS 模式（Project Specific Website）：为一个项目的信息处理服务而专门建立的项目专用门户网站，即专用门户。

ASP 模式（Application Service Provide）：由 ASP 服务商提供的为众多单位和众多项目服务的公用网站，也可称为公用门户。ASP 服务商有庞大的服务器群，一个大的 ASP 服务商可为数以万计的客户群提供门户的信息处理服务。

② 用户。正如前述，项目参与各方包括政府主管部门和项目法人的上级部门、金融机构（银行和保险机构以及融资咨询机构等）、业主方、工程管理和工程技术咨询方、设计方、施工方、供货方、设施管理方（其中包括物业管理方）等都是项目信息门户的用户。从严格的意义上讲，以上各方使用项目信息门户的个人是项目信息门户的用户。每个用户有供门户登录用的用户名和密码。系统管理员将对每一个用户使用权限进行设置。

（3）项目信息门户实施的条件

项目信息门户的实施是一个系统工程，既应重视其技术问题，更应重视其与实施有关的组织和管理问题。应认识到，项目信息门户不仅是一种技术工具和手段，它的实施将会引起建设工程实施在信息时代进程中的重大组织变革。组织变革包括政府对建设工程管理的组织的变化、项目参与方的组织结构和管理职能分工的变化，以及项目各阶段工作流程的重组等。

项目信息门户实施的条件包括：组织件、教育件、软件、硬件。

组织件起着支撑和确保项目信息门户正常运行的作用，因此，组织件的创建和在项目实施过程中动态地完善组织件是项目信息门户实施最重要的条件。

（4）项目信息门户的价值和意义

据有关国际资料的统计：传统建设工程中三分之二的问题都与信息交流有关；建设工程中 10%～33% 的成本增加都与信息交流存在的问题有关；在大型建设工程中，信息交流问题导致的工程变更和错误约占工程总投资的 3%～5%。据某机构预测，PIP 服务的应用将会节约 10%～20% 的建设总投资，这是一个相当可观的数字。

（5）项目信息门户的应用

① 在项目决策期建设工程管理中的应用。项目决策期建设工程管理的主要任务是：

a. 建设环境和条件的调查与分析；

b. 项目建设目标论证（投资、进度和质量目标）与确定项目定义；

c. 项目结构分析；

d. 与项目决策有关的组织、管理和经济方面的论证与策划；

e. 与项目决策有关的技术方面的论证与策划；

f. 项目决策的风险分析等。

为完成以上任务，将可能会有许多政府有关部门和国内外单位参与项目决策期的工作，如投资咨询、科研、规划、设计和施工单位等。各参与单位和个人往往处于不同的工作地点，在工作过程中有大量信息交流、文档管理和共同工作的任务，项目信息门户的应用必将会为项目决策期的建设工程管理增值。

② 在项目实施期建设工程管理中的应用。正如前述，项目实施期包括设计准备阶段、设计阶段、施工阶段、动用前准备阶段和保修期，在整个项目实施期往往有比项目决策期更多的政府有关部门和国内外单位参与工作，工作过程中有更多的信息交流、文档管理和共同工作的任务，项目信息门户的应用为项目实施期的建设工程管理增值无可置疑。

③ 在项目运营期建设工程管理中的应用。项目运营期建设工程管理在国际上称为设施管理，它比我国现行的物业管理的工作范围大得多。在整个设施管理中要利用大量项目实施期形成和积累的信息，设施管理单位需要和项目实施期的参与单位进行信息交流和共同工作，与此同时会形成大量工程文档。因此，项目信息门户不仅是项目决策期和实施期建设工程管理的有效手段及工具，也同样可为项目运营期的设施管理服务。

（6）项目信息门户的特征

① 项目信息门户的领域属性。电子商务有两个分支：

a. 电子商业/贸易（E-commerce），如电子采购、供应链管理；

b. 电子共同工作（E-collaboration），如项目信息门户、在线项目管理。

在以上两个分支中，电子商业/贸易已逐步得到应用和推广，而对于在互联网平台上的共同工作，即电子共同工作，人们对其作用尚未引起足够重视。应认识到，项目信息门户属于电子共同工作领域。

工程项目的业主方和项目其他参与各方往往分处在不同的地点，或不同的城市，或不同的国家，因此其信息处理应考虑充分利用远程数据通信的方式和远程数据通信的组织，这是电子共同工作的核心。

② 项目信息的门户属性。正如前述，项目信息门户是一种垂直门户，垂直门户也称为垂直社区（Vertical Community），此"社区"可以理解为专门的用户群，垂直门户是为专门的用户群服务的门户。项目信息门户的用户群就是所有与某项目有关的管理部门和某项目的参与方。

③ 项目信息门户运行的组织理论基础。远程学（Telematics）是一门新兴的组织学科，它已运用在很多领域，如：远程通信（Telecommunication）、远程银行/网上银行（Telebanking）、远程商店/网上商店（Teleshopping）、远程商业/贸易（Telecommerce）、远程医疗（Telemedicine）、远程教学（Telelearning）等。

远程学中的一个核心问题是远程合作（Telecooperation），其主要任务是研究和处理分散的各系统和网络服务的组织关系。应认识到项目信息门户的建立和运行的理论基础是远程合作理论。

④ 项目信息门户运行的周期。项目决策期的信息与项目实施期的管理和控制有关，项目决策期和项目实施期的信息与项目运营期的管理和控制也密切相关。为使项目保值和增值，项目信息门户应是为建设工程全寿命过程服务的门户，其运行的周期是建设工程的全寿命期。在项目信息门户上运行的信息包括项目决策期、实施期和运营期的全部信息。把项目信息门户的运行周期仅理解为项目的实施期，这是一种误解。

建设工程全寿命管理是集成化管理的思想和方法在建设工程管理中的应用。项目信息门户的建立和运行应与建设工程全寿命管理的组织、方法和手段相适应。

⑤ 项目信息门户的核心功能。国际上有许多不同的项目信息门户产品（品牌），其功能不尽相同，但其主要的核心功能是类似的，即：项目各参与方的信息交流、项目文档管理（Document Management）、项目各参与方的共同工作（Project Collaboration）。

⑥ 项目信息门户的主持者。对一个建设工程而言，业主方往往是建设工程的总组织者和总集成者。一般而言，它自然就是项目信息门户的主持者，当然，它也可以委托代表其利益的工程顾问公司作为项目信息门户的主持者。其他项目的参与方往往只参加一个建设工程的一个阶段，或一个方面的工作，并且建设工程的参与方和业主，以及项目参与方之间的利益不尽相同，甚至有冲突，因此，它们一般不宜作为项目信息门户的主持者。

应注意到，不但建设工程的业主方和各参与方可以利用项目信息门户进行高效项目信息交流、项目文档管理和共同工作，政府的建设工程控制和管理的主管部门也可以利用项目信息门户实现众多项目的宏观管理（如美国的PBS），金融机构也可以利用项目信息门户对贷款客户进行相关的管理。因此，对不同性质、不同用途的项目信息门户而言，其门户的主持者是不相同的。

⑦ 项目信息门户的组织保证。不论采用何种运行模式，门户的主持者必须建立和动态地调整与完善有关项目信息门户运行必要的组织件，它包括：

　a. 编制远程工作环境下共同工作的工作制度和信息管理制度；
　b. 项目参与各方的分类和权限定义；
　c. 项目用户组的建立；
　d. 项目决策期、实施期和运营期的文档分类和编码；
　e. 系统管理员的工作任务和职责；
　f. 各用户方的组织结构、任务分工和管理职能分工；
　g. 项目决策期、实施期和运营期建设工程管理的主要工作流程组织等。

⑧ 项目信息门户的安全保证。数据安全有多个层次，如制度安全、技术安全、运算安全、存储安全、传输安全、产品和服务安全等。这些不同层次的安全问题主要涉及：
  a. 硬件安全，如硬件的质量、使用、管理和环境等；
  b. 软件安全，如操作系统安全、应用软件安全等；
  c. 网络安全，如黑客、保密和授权等；
  d. 数据资料安全，如误操作（如误删除、不当格式化）、恶意操作和泄密等。

项目信息门户的数据处理属于远程数据处理，它的主要特点是：
  a. 用户量大，且其涉及的数据量大；
  b. 数据每天需要更新，且更新量很大，但旧数据必须保留，不可丢失；
  c. 数据需长期保存等。

因此对项目信息门户的数据安全保证必须予以足够的重视。

9.2.1.4　建筑信息模型技术

建筑信息模型（BIM，Building Information Modeling）是以建筑工程项目的各项相关信息数据作为模型的基础，进行建筑模型的建立，通过数字信息仿真模拟建筑物所具有的真实信息的技术。这项技术被称为"革命性技术"。BIM技术是一种多维模型信息集成技术，可使项目的各参与方在项目全寿命周期内都能够在模型中操作信息和在信息中操作模型，改变传统从业人员依靠符号、文字、图纸进行项目建设和运营管理的工作方式，以实现在建设项目全生命周期内提高工作效率和质量以及减少错误和风险的目标。

BIM的含义可以从以下三方面进行理解：

① 以三维数字技术为基础，集成了建筑工程项目各种相关信息的工程数据模型，是对工程项目设施实体与功能特性的数字化表达；

② BIM是一个完善的信息模型，能够连接建筑项目生命期不同阶段的数据、过程和资源，是对工程对象的完整描述，提供可计算、查询、组合拆分的实时工程数据，可被建设项目各参与方普遍使用；

③ BIM具有单一数据源，可解决分布式、异构工程数据之间的一致性和全局共享问题，支持建设项目全生命周期中动态的工程信息创建、管理和共享，是项目实时的共享数据平台。

BIM具有如下特点：

① 可视化：可实现设计可视化、施工可视化（施工组织可视化、复杂构造节点可视化）、设备可操作性可视化、机电管线碰撞检查可视化；

② 一体化；

③ 参数化：如参数化图元、参数化修改引擎；

④ 仿真性：如建筑性能分析仿真、施工仿真（施工方案模拟优化、工程量自动计算、消除现场施工过程干扰或施工工艺冲突）、施工进度模拟、运维仿真（设备的运行监控、能源运行管理、建筑空间管理）；

⑤ 协调性：如设计协调、整体进度规划协调、成本预算工程量估算协调、运维协调（空间协调管理、设施协调管理、隐蔽工程协调管理、应急管理协调、节能减排管理协调）；

⑥ 优化性；

⑦ 可出图性：如碰撞报告（建筑与结构专业的碰撞、设备内部各专业碰撞、建筑结构

专业与设备专业碰撞、解决管线空间布局)、构件加工指导(出构件加工图、构件生产指导、实现预制构件的数字化制造);

⑧ 信息完备性。

BIM5D 是基于 BIM 的施工过程的管理工具,可以通过 BIM 模型集成进度、预算、资源、施工组织等关键信息,对施工过程进行模拟。BIM5D 技术主要建立在 BIM 技术之上,同时增加了时间与成本这两个基本的维度,这样一来就组成了一个五维的信息载体。在空间的三个维度上再加上进度和成本两个维度,拓展了 BIM 的视角,并将为 BIM 贯穿整个建筑生命周期的其他方向拓展更多的维度。内容包括空间几何信息、WBS 节点信息、时间范围信息、合同预算信息、施工预算信息等,从而弥补了 BIM 只关注几何属性和构件属性的不足,拓展了 BIM 信息模型的建模能力与应用范围。

BIM5D 技术的出现将建筑行业引领到了一条新的道路上来,其影响意义是十分深远的。随着时间的推移,这一技术得到不断地完善,从 3D 建模技术直到现在所应用的 5D 技术,工程的质量以及成本都发生了明显的变化。随着建筑行业需要考虑的信息增多,传统的展示已经无法满足所有人,BIM5D 集成了工程量、工程进度、工程造价,不仅能统计工程量,还能将建筑构件的 3D 模型与施工进度的各种工作(WBS)相链接,动态地模拟施工变化过程,实施进度控制和成本造价的实时监控。

将 BIM5D 技术应用在建筑工程中尤其是建筑工程中施工量最大的钢筋工程中,可以有效地控制建筑材料的应用数量,建立起一个有关时间、成本以及内容信息等方面的模型,从多维的层面上对建筑工程的材料使用数量进行合理化的分析。这样就可以进一步地控制工程进度,降低工程成本,让钢筋工程的进度得到有效的控制,同时也让成本管理成为一种可能。

9.2.1.5　知识管理

组织应把知识管理与信息管理有机结合,并纳入项目管理过程,应识别和获取在相关范围内所需的项目管理知识,应确定知识传递的渠道,实现知识分享,并进行知识更新,确定知识应用的需求,采取确保知识应用的准确性和有效性的措施。需要时,实施知识创新。组织宜获得下列知识:

① 知识产权;
② 从经历中获得的感受和体会;
③ 从成功和失败项目中得到的经验教训;
④ 过程、产品和服务的改进结果;
⑤ 标准规范的要求;
⑥ 发展趋势与方向。

9.2.2　工程项目管理信息系统的功能

9.2.2.1　工程项目管理信息系统的内涵

工程项目管理信息系统是基于计算机的项目管理的信息系统,主要用于项目的目标控制。管理信息系统(MIS,Management Information System)是基于计算机管理的信息系统，但主要用于企业的人、财、物、产、供、销的管理。项目管理信息系统与管理信息系统服务的对象和功能是不同的。

工程项目管理信息系统的应用，主要是用计算机进行项目管理有关数据的收集、记录、存储、过滤和把数据处理的结果提供给项目管理班子的成员。它是项目进展的跟踪和控制系统，也是信息流的跟踪系统。

工程项目管理信息系统可以在局域网上或基于互联网的信息平台上运行。项目信息系统宜基于互联网并结合下列先进技术进行建设和应用：建筑信息模型、云计算、大数据、物联网。

项目管理机构应配备专门的运行维护人员，负责项目信息系统的使用指导、数据备份、维护和优化工作。项目信息系统应具有下列安全技术措施：身份认证、防止恶意攻击、信息权限设置、跟踪审计和信息过滤、病毒防护、安全监测、数据灾难备份。

9.2.2.2 工程项目管理信息系统的功能

项目信息系统应包括项目所有的管理数据，为用户提供项目各方面信息，实现信息共享、协同工作、过程控制、实时管理。

项目信息系统应包括下列应用功能：

① 信息收集、传送、加工、反馈、分发、查询的信息处理功能；
② 进度管理、成本管理、质量管理、安全管理、合同管理、技术管理及相关的业务处理功能；
③ 与工具软件、管理系统共享和交换数据的数据集成功能；
④ 利用已有信息和数学方法进行预测、提供辅助决策的功能；
⑤ 支持项目文件与档案管理的功能。

项目管理机构应通过信息系统的使用取得下列管理效果：

① 实现项目文档管理的一体化；
② 获得项目进度、成本、质量、安全、合同、资金、技术、环保、人力资源、保险的动态信息；
③ 支持项目管理满足事前预测、事中控制、事后分析的需求；
④ 提供项目关键过程的具体数据，并自动产生相关报表和图表。

9.2.2.3 工程项目管理信息系统的意义

于20世纪70年代末期和80年代初期，国际上已有工程项目管理信息系统的商业软件，工程项目管理信息系统现已被广泛地用于业主方和施工方的项目管理。应用工程项目管理信息系统的主要意义是：

① 实现项目管理数据的集中存储；
② 有利于项目管理数据的检索和查询；
③ 提高项目管理数据处理的效率；
④ 确保项目管理数据处理的准确性；
⑤ 可方便地形成各种项目管理需要的报表。

 能力训练

一、单项选择题

1. 项目信息管理的目的是通过对项目信息传输的有效组织和控制，为项目的（　　）提供服务。
   A. 技术更新　　　　　　　　B. 档案管理
   C. 信息管理　　　　　　　　D. 建设增值

2. 下列建设工程信息中，属于经济类信息的是（　　）。
   A. 编码信息　　　　　　　　B. 质量控制信息
   C. 工作量控制信息　　　　　D. 设计技术信息

3. 对建设项目投资项（或者成本项）信息进行编码时，适宜的做法是（　　）。
   A. 综合考虑投资方、承包商要求进行编码
   B. 综合考虑概算、预算、标底、合同价、工程款支付等因素建立编码
   C. 根据概算定额确定的分部分项工程进行编码
   D. 根据预算定额确定的分部分项工程进行编码

二、多项选择题

1. 项目管理班子中各个工作部门的管理工作都与信息处理有关，而信息管理部门的主要工作任务包括（　　）等。
   A. 负责工程档案管理　　　　B. 负责收集项目现场信息
   C. 负责编制信息管理手册　　D. 负责协调和组织项目管理班子的各项工作
   E. 负责信息处理平台的建立和运行维护

2. 关于工程管理信息技术的说法，正确的有（　　）。
   A. 管理信息系统可以实现项目各参与方的信息交流
   B. 项目信息门户不同于项目管理信息系统
   C. 项目管理信息系统主要用于企业人、财、物、产、供、销的管理
   D. 项目管理信息系统有利于项目各参与方的信息交流和协同工作
   E. 项目信息门户是项目各参与方共同使用、共同工作和互动的管理工具

3. 有关项目信息门户，下列叙述正确的是（　　）。
   A. ASP是国际上项目信息门户应用的主流方式
   B. 组织件是项目信息门户实施的最重要条件
   C. 项目信息门户的功能包括信息交流、文档管理和共同工作
   D. 施工总承包是项目信息门户的主持者
   E. 项目信息门户是一种水平门户

4. 下列工程项目管理系统的功能中，属于成本控制子系统的有（　　）。
   A. 投标估算的数据计算和分析　　B. 计划施工成本

C. 计算实际成本 D. 编制资源需求量计划
E. 计划成本与实际成本的比较分析

5. 工程项目管理信息系统中，进度控制的功能有（　　）。
A. 编制资源需求量计划 B. 根据工程进展进行施工成本预测
C. 进度计划执行情况的比较分析 D. 项目估算的数据计算
E. 确定关键工作和关键路线

三、简答题

1. 什么是信息？什么是信息管理？
2. 建筑工程项目的信息包括哪些内容？
3. 信息管理手册包括哪些内容？
4. 按项目管理工作的任务，项目信息如何分类？
5. 项目信息如何编码？
6. 基于网络的信息处理平台如何构成？
7. 我国实施国家信息化的总体思路是什么？
8. 何谓项目信息门户？
9. 项目信息门户实施的条件包括哪些内容？
10. 项目信息门户的核心功能有哪些？
11. 工程项目管理信息系统的功能有哪些？
12. 应用工程项目管理信息系统的主要意义有哪些？

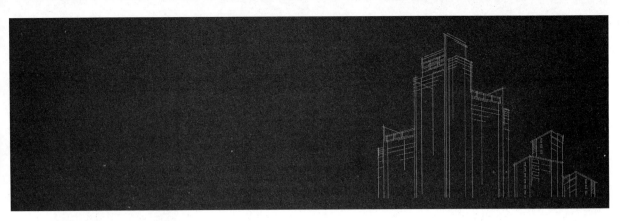

参考文献

[1] GF—2017—0201.建设工程施工合同（示范文本）.
[2] GB 50300—2013.建筑工程施工质量验收统一标准.
[3] GB/T 50326—2017.建设工程项目管理规范.
[4] GB/T 8223.1—2009.价值工程 第1部分：基本术语.
[5] GB/T 50502—2009.建筑施工组织设计规范.
[6] GB/T 19000—2016.质量管理体系基础和术语.
[7] 郝永池.建筑装饰施工组织与管理.北京：机械工业出版社，2016.
[8] 郝永池.建设工程招投标与合同管理.北京：北京理工大学出版社，2021.
[9] 罗中，张涛.建设工程项目管理.哈尔滨：哈尔滨工业大学出版社，2013.
[10] 全国一级建造师执业资格考试用书编写委员会.建设工程项目管理.北京：中国建筑工业出版社，2021.
[11] 全国二级建造师执业资格考试用书编写委员会.建筑工程管理与实务.北京：中国建筑工业出版社，2021.